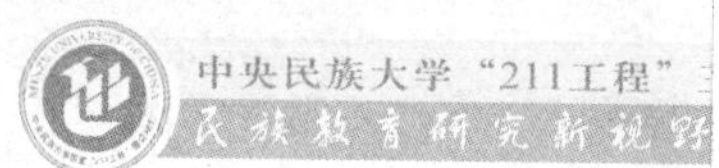

教育审美与教育批判

On Education Aesthetic & Education Critique

——解脱现代性断裂对民族教育发展的困扰

Extricating Minority Education Development from Harassment of Discontinuity of Modernity

◎ 李 剑 / 著

中央民族大学出版社
China Minzu University Press

图书在版编目（CIP）数据

教育审美与教育批判：解脱现代性断裂对民族教育发展的困扰/李剑著. —北京：中央民族大学出版社，2011.4

ISBN 978-7-81108-972-1

Ⅰ. ①教… Ⅱ. ①李… Ⅲ. ①少数民族教育—研究—中国 Ⅳ. ①G759.2

中国版本图书馆 CIP 数据核字(2011)第 029889 号

教育审美与教育批判

作　　者　李　剑
责任编辑　白立元
封面设计　布拉格
出 版 者　中央民族大学出版社
　　　　　北京市海淀区中关村南大街 27 号　邮政编码:100081
　　　　　电话:68472815(发行部)　传真:68932751(发行部)
　　　　　　　68932218(总编室)　　　　68932447(办公室)
发 行 者　全国各地新华书店
印 刷 厂　北京华正印刷有限公司
开　　本　880×1230(毫米)　1/32　印张:10.125
字　　数　260 千字
印　　数　1000 册
版　　次　2011 年 4 月第 1 版　2011 年 4 月第 1 次印刷
书　　号　ISBN 978-7-81108-972-1
定　　价　28.00 元

“民族教育研究”新视野系列丛书总序

我国是一个统一的多民族社会主义国家，民族教育是我国教育事业重要的组成部分，民族教育的发展是促进各民族共同团结进步、共同繁荣发展的重要基础。《国家中长期教育改革和发展规划纲要》中专门对民族教育作出全面的规划和部署，这无疑是对民族教育学科而言是加快改革、突破制约、实现跨越式发展的大好机遇。

中央民族大学作为党和国家为解决中国民族问题、培养少数民族干部和高级专门人才而创建的高等学校，在我国民族事务与民族教育事业中具有举足轻重的地位。该校是一所汇聚了 56 个民族师生的国家“985 工程”和“211 工程”重点建设大学。中央民族大学教育学院是一个院、所合一的教学科研单位，是中央民族大学“211 工程”、“985 工程”项目重点建设单位。

历经 50 余年的发展变化，特别是改革开放 30 年来的快速发展，通过“211 工程”、“985 工程”二期建设及其他项目的积累和历练，教育学院形成了以少数民族教育为特色和优势的教育学科，凝聚了一支在国内外有影响、团结协作并有奉献精神的少数民族教育学术创新研究团队。在民族教育学的学科建设方面取得了许多重要成果，尤其是出版了一系列学术精品著作，如《中国少数民族教育学概论》（孙若穷、滕星主编）、《中国民族边境教育》（王锡宏主编）、《中国少数民族教育本体理论研究》（王锡宏著）、《中国少数民族双语教育概论》（戴庆厦、滕星等著）、《民族教育学通论》（哈经雄、滕星主编）、《文化变迁与双语教育：凉山彝族社区教育人类学的田野工作与文本阐述》（滕星著）、

《中国少数民族教育史·达斡尔族教育史》（苏德主编）、《中国少数民族高等教育学》（哈经雄著）、《蒙古族儿童传统游戏研究》（苏德著）、《教育人类学研究丛书》（滕星主编）、《族群·文化与教育》（滕星著）、《文化选择与教育》（王军著）、《文化环境与双语教育》（董艳著）、《蒙古学百科全书·教育卷》（扎巴主编、苏德副主编）、《少数民族传统教育学》（曲木铁西著）、《文化多样性、心理适应与学生指导》（常永才著）等一系列重要学术著作，在国内外核心期刊发表了上百篇学术论文，其中若干成果已获得国家、省（部）级科研成果一、二等奖及国家图书奖，并成为该学科发展的标志性成果。

在“九五”和“十五”期间，中央民族大学教育学院中国少数民族教育学的学科建设实现了跨越式发展，民族教育学先后被列为中央民族大学“211 工程”重点学科建设项目（1999 年）和“985 工程”（2005 年）重点建设单位，并专门成立了“985 工程”中国少数民族地区基础教育研究中心（现更名为“中国少数民族教育研究创新基地”），在科研条件、研究经费等方面得到明显改善。民族教育学“211 工程”学科建设的目标是：经过重点建设，使中国少数民族教育学科处于国内领先水平，成为少数民族教育高层次人才培养的重要基地，为少数民族和民族地区的教育事业发展服务。通过“211 工程”二期民族教育学学科建设，出版了《中外民族教育政策史纲》（吴明海著）、《教育民族学》（王军主编）、《民族文化传承与教育》（王军、董艳主编）等“教育民族学丛书”，较好地推动了民族教育学学科的发展。

目前，教育学院承担着全国教育科学规划国家级重点课题、国家社会科学基金重点项目、教育部人文社会科学重点研究基地重大项目及多项省部级民族教育研究重点课题，主持开展了国家社科基金重点招标课题“民族教育质量保障与特色发展研究”、国家社科基金课题“内蒙古地区蒙古族中小学双语教学问题、对策与理论研究”（苏德主持）、联合国教科文组织西班牙千年发展目标促进基金“中国文化与发展伙伴关系”项目“中国少数民族基础教育政策研究”（苏德主持）、美国福特基金会“中国西部少数民族地区经济文化类型与地方性校本课程开发研究”（滕星主持）、加拿大女王大学国际合作项目“多民族社会的族群关系”（常永才参与设计与实施）等多项国际合作项目，相关研究成果在国内外民族教育研究领域产生了较大影响。

为贯彻落实《国家中长期教育改革和发展规划纲要》精神，进一步提高民族教育科学研究的质量和水平，促进我国民族教育科学事业的繁荣和发展，以科学发展观和构建社会主义和谐社会为指导思想，以世界眼光和时代精神，站在社会主义现代化建设的历史新起点上，围绕民族教育改革发展的重要理论和重大现实问题，基础研究和应用研究并重，促进民族教育理论创新，加强应用研究，增强民族教育研究的针对性和实效性。为新时期国家民族教育决策和实践革新服务，促进民族教育学科的进一步发展，中央民族大学教育学院在“211 工程”三期建设中成立了“民族教育研究”新视野系列丛书编委会，组织教育学院研究人员，邀请国内民族教育研究的优秀专家学者，研究撰写和出版中国少数民族教育的系列专业教材和学术著作，将其作为中央民族大学民族教育学学科建设的标志性成果之一，旨在为中国少数民族教育学科与民族教育事业的发展做出重要贡献。本“民族教育研究”新视野系列丛书的选题范围包括：

（1）中国少数民族教育的相关专业课程教材；

（2）中国少数民族教育的理论与方法研究成果；

（3）中国少数民族教育的实地调查成果；

（4）中国少数民族教育的应用研究成果；

（5）中国少数民族教育的课程改革和教学研究成果；

（6）中国少数民族教育的专业参考资料（如国外民族教育学

译著）。

“民族教育研究”新视野系列丛书第一辑出版的著作包括《民族院校教育管理研究》（李东光著）、《守望·自觉·比较：少数民族及原住民教育研究》（陈·巴特尔、Peter Englert 编著）、《亚太地区原住民及少数民族高等教育研究》（陈·巴特尔、Peter Englert 主编）、《跨文化心理研究》（高兵编著）、《少数民族审美教育研究》（邓佑玲主编）、《中国边境民族教育论》（苏德、陈中永主编）、《可持续发展与民族地区环境教育研究》（吴明海主编）、《教育审美与教育批判——解脱现代性断裂对民族教育发展的困扰》（李剑著）、《教育人类学视野下的少数民族濒危文化传承研究——以云南纳西族东巴舞蹈文化为个案》（胡迪雅著）等。

我们认为，民族教育研究应围绕《国家中长期教育改革和发展规划纲要（2010—2020）》制定的目标，聚焦当前少数民族教育中的重大理论和现实问题，以项目研究为依托，加强队伍建设，凝炼学科方向，推进学科建设，加快科学研究的自主创新和社会服务能力建设，为中国少数民族教育改革和发展建言献策。

我们相信，通过“民族教育研究”新视野系列丛书的出版，中央民族大学教育学院将秉承注重民族地区教育田野调查的优良传统，大力加强民族教育学的理论研究和应用研究，努力培养优秀的教学和科研人才，达到中国少数民族教育学科建设的一流水平，并为推动少数民族地区教育事业的发展，促进边疆安全、民族团结和国家统一发挥积极作用。

苏　德

2010 年 12 月

序

30 年前，中国改革开放之初暴富的“老板”们，生活得相当富足。30 年后，让这些“老板”相形见绌的一大批“时代先富”又脱颖而出。他们的社会存在，决定着他们的社会意识。这些“时代先富”，规劝后富还没富起来的中产阶级以下阶层，不必有孔子“修齐治平”的远大理想，谆谆教导中产阶级及其以上阶层，不要回眸人间世府，只要“点播”、“点拨”庄子，就可“独与天地精神往来”，就可与庄子逍遥共处。

历史具有惊人的相似之处。1977 年，南京大学一位普通的哲学教师，揭开了真理标准大讨论的序幕——实践是检验真理的唯一标准，而实践的本义是行善。30 年后，是一群普通的草根志愿者，用自己微薄的工资收入践行着教育行仁路。当有人说中国基础教育是中国教育的最后一块遮羞布，我们应当理解这种表达方式，我们的基础教育毕竟有许多不足，当然也就不能为这些不足进行袒护；相反，制度外的社会力量可在一定程度上对不足进行弥补，尤其在那些民族地区，需要教育志愿者由制度外向制度内切入，对那些极度弱势的女童群体给予特别的关注与彻底的救助。30 年前的真理标准大讨论，强调“实践是检验真理的唯一标准”。30 年后的今天，我们救助西部地区的贫困女童，在行动研究中做“临床指导式”师资培训，为的是以提高质量来促进社会公平。

实践的真实含义，在孔子那里是“行仁”，在亚里士多德那里是“行善”，在马克思那里是“力促生产力与生产关系这二者的和谐”，然而，面对资本主义经济全球化的逼迫，在我们经济飞速发展的同时，我们的教育者行仁了吗？教师如果很不专业，那就枉为师者。如果让富人无责任地逍遥，让穷人盲目地快乐，那就不是让“橄榄型”社会形成，贫富差距的加大，会使社会不和谐。

仁是做出来的，而不是凭嘴说。在红军长征路上腊子口战役发生地腊子口乡的一个深山沟里，有一位代课教师十九年如一日，独自地教着他所爱的、一届又一届的孩子，以实际行动在贫困中坚持行仁。他叫杨彩，现在每月代课费不到260元，他有爱孩子的境界，但他生活得并不快乐。在长江三峡库区重庆巫山县的一个叫下庄的那个深山沟里，有一位代课教师三十年如一日，独自地教着他牵挂的、一批又一批的孩子，但他也牵挂着贫困交加、上大学的女儿，孤独无助时更加怀念十年前就长眠地下的妻子。他叫沈洪保，那时他每月代课费300元左右，他有爱孩子的境界，但他无法逍遥。

蜗居在橄榄下端的人们渴望释放生活压力，位居在橄榄顶端的“时代先富”需要寻找心灵归宿，蛰伏在橄榄中段的草根志愿者需要坚忍地行仁。行仁是《论语》泽世的真谛。行仁者坚持自己的崇高理想，从而达到一种忘我境界，从中体味“颜回之乐”。乐得自于道，而贵在行仁、从事善的实践。孔子如此，亚里士多德如此，马克思亦如此。

无论是在商场、官场、职场，还是在西部行动研究的教育广场，行仁者要有境界。如果功利之心越多，仁心就越稀薄。然而，我们需要更多的人在缩小贫富差距的伟大事业中，坚定地行仁，解脱功名利禄之心而有澄明的境界。

鄢圣华

2010年10月

前　言

全球化（globalization）给发展中国家带来的影响既有积极的一面，也有消极的一面。仅就消极的影响来说，也是多方面的，其中尤为明显的是“新三大差别”（南北差别、城乡差别、贫富差别）的加剧与现代性断裂（modernity discontinuty），即现代社会制度形式外延的扩大与现代个人素质内涵的增加。这对发展中国家的教育的影响是钱权系统和西方文化对教育的双重殖民。这种双重殖民给教育带来的直接后果是分别在经济、政治、文化上的教育商品化、教育官僚化、教育殖民化。

所谓教育商品化，通俗地说，是指教育发展的价值取向唯经济是从，例如，世贸组织（WTO）关贸总协定中服务条款中的教育服务四项条款：境外消费、在服务消费国的商业存在、自然人流动、跨境交付，违背了联合国教科文组织（UNESCO）的教育四根支柱：学会认知（learn to know）、学会做事（learn to do）、学会共处（learn to live together）、学会存在（learn to be）的价值取向，在很大程度上牺牲了作为教育逻辑起点的人之全面发展、充分发展、和谐发展。

所谓教育官僚化，通俗地说，是指现代制度的固有特性与唯西方工具主义标准的联姻，即发展中国家在现代化进程中存留的封建社会痼疾（例如，科举制及其管理方式）所决定的“人治”与西方非人本主义的“技治”（犹如希腊神话中的大马斯特斯铁床）的结合，在相当程度上束缚了发展中国家的教育发展。

所谓教育殖民化，通俗地说，是指发展中国家的教育受西方不良文化的侵袭，即“冷战”结束后，独霸文化盛行于全球，文化殖民主义者凭借经济全球化的独占本性和政治全球化的霸权本性，发动了全球化的文化平整运动。这不仅表现在发展中国家对英语的重视甚至超过了对国语的重视，而且表现在依靠民语母语所承载的各少数民族文化也面临着因消隐而丧失其根性的危险。

面对教育商品化、教育官僚化、教育殖民化的三股“寒流”，发展中国家的广大民族教育工作者，是否应该响应百年前蔡元培先生倡导的“以美育代宗教”？是否应该有如朱光潜先生所追求的“以出世之心做入世之事”的境界？这就需要本书所做的研究，面对现代性断裂对民族教育发展的困扰，从教育本真、教育臻善、教育至美说起，提炼和论证教育审美的标准，用以作为教育批判的标准，来应对教育的商品化、官僚化、殖民化，从而解脱现代性断裂的困扰，以实现教育的返璞归真、长善救失、关系和谐。

本书是笔者在博士学位论文研究的基础上，进一步加强了理论与实践结合的力度，通过大量的田野工作和深度的调研，就中国目前民族教育发展所遇到的困扰而提出一些建议和解决方案，为民族教育的研究者、决策者、实践者提供佐证、建议、方案，以促进我国民族教育的均衡发展、特色发展、长足发展。

李 剑

2010 年 12 月于北京中关村

目　　录

图表目录

导　论

本书所做的研究以教育美学理论、批判教育学理论、教育现代性理论为指导，对民族地区教育发展的理论和实践进行了较为深入的研究，其内容包括三个方面：

1. 教育美学、批判教育学和教育现代性的理论研究，包括教育审美标准亦即教育批判标准的论证与提出。

2. 民族地区教育发展所遭困扰的因素分析，包括全球化（globalization）扩张、现代制度的固有特性、现代性（modernity）高速流变、工具理性猖獗、民族性与普世性失和、理性与感性对垒。

3. 针对民族教育长足发展的主张与建议：

①提出了民族素质的全面性；

②为何要对民语课程进行国家制度性安排；

③教育者为培养受教育者的创造性（creativity）而如何解脱体制僵化的困扰；

④在教育投入不足的情况下，学校如何为挑战教育商品化而进行教育创收；

⑤为摆脱教育殖民化而要扎实民族素质教育之根；

⑥教育者为追求发展性教育教学而如何克服教育官僚化；

⑦如何调整教育机会不均和平衡教育资源配置；

⑧强调教育教学过程中的道器结合与教育者要重树教师集体形象；

⑨抵御西方独霸文化。

本书导论部分包括“问题提出”、“概念界定”、“文献综述”、

“理论基础”、“研究方法”、“创新之处”和“书写逻辑”共七个部分。（如果是正式的开题报告，则还要有“不足之处”和“参考文献”。共九个部分，正式出版的作品一般把参考文献列在作品的最后，而不是在导论之中）

“问题提出”包括三个部分：“标题解释”（how）、“研究任务”（what）和“问题缘起”（why）。解释作品标题需要作者用凝练的语言聚焦其作品如何设置几面“承重墙”及其相互关系，大凡作者拟定标题都要“窄化”（narrower & narrower）；陈述研究任务需要作者思路清楚，拨冗去余而使研究对象确切（exact）；问题缘起是说作品研究的理论价值和实际意义，这要基于作者的某种敏感，有如“猫胡须”般的“问题意识”（problem probing）；核心概念的界定犹如“高楼大厦平地起”打地基所用的“金砖”，无之，则“建筑”无从做起，有之，而不明晰则“建筑”必然坍塌；与拟定标题所要求的“窄化”相反，“文献综述”需要“泛化”（wider & wider），尽量达到某种适宜的充分性；“理论基础”、“研究方法”和“书写逻辑”分别是高屋建瓴所需的“建材”、“工具”和“蓝图”，而“创新之处”则是“知识树上新增的嫩芽”，有之，则是作者对人类知识增长的贡献，无之，则作者建构徒劳，枉费心机，当然，类如学科史学的综述研究，则是例外。

一、问题提出

问题提出包括以下三个部分：标题解释、研究任务、问题缘起。

1. 标题解释

本书的标题是“教育审美与教育批判——解脱现代性断裂对

民族教育发展的困扰”。本书所做研究的意图在于：为促进民族教育的大力发展，要对现代性断裂给民族教育所带来的后果进行批判，这些后果是教育的失真、失善、失美，以及教育的商品化、官僚化、殖民化。

2. 研究任务

本书所做的研究要论证的是：教育审美与教育批判的标准是什么？依据教育批判标准，民族教育发展如何解脱现代性断裂的困扰以实现教育的返璞归真、长善救失、关系和谐。

3. 问题缘起

1870 年以后的工业都受到科学的影响，[①] 科学发现及其技术应用于人类生活的速度几乎呈几何级数增长，[②] 科技引领着现代性高速流变。然而，科技在造福人类的同时，其引领的现代性也显示出非延续性（discontinuty），即现代性断裂（见图 001），[③] 表现为现代社会制度形式的外延不断扩大与现代个人素质的内涵不断增加以及现代社会的新三大差别：南北差别、城乡差别、贫富差别，[④] 即全球化扩张不仅造成了新三大差别，而且造成了文化同质化（homogenization）和文化异质化（heterogenization）、全球主

---

① 参见［美］S. L. 斯塔夫里阿诺斯著，吴象婴、梁赤民译：《全球通史——1500 年以后的世界》，上海社会科学出版社，1992 年，第 292、第 579 页。

② 转引自 UNESCO：《学会生存——教育世界的今天和明天》，华东师范大学比较教育研究所译，教育科学出版社，1996 年，第 118 页。

③ 参见［英］安东尼·吉登斯著，田禾译：《现代性的后果》，译林出版社，2000 年，第 2 页。

④ 原先的三大差别是：工农差别、城乡差别、脑体差别。

图 001 现代性断裂（吕晓秋　画）

义与地方主义、忠信与理性、传统与现代性之间的二元紧张，[①] 在政治、经济、文化、教育等领域都严重地影响着人们的生活。

现代性的出现首先是一种现代经济秩序，即资本主义经济秩序的创立。[②] 现代性断裂的始作俑者是主客体二元对立的世界观。它引发理性与感性对垒，而理性中的工具理性在给人类以启蒙之后、在使科技引领现代性高速流变的同时，在资本主义社会条件下，猖獗到使钱权系统和生活世界之间发生严重失衡的程度，而每当经济和政治这两根支柱所支撑的钱权系统失去其效用性和合理性时，钱权系统就“凌驾于由交往行为作为再生产机制的生活世界之上，从而导致生活世界被非交往的力量侵蚀”[③]。

---

① Reference to Joseph Zajda: ***Globalisation and Comparative Research: Implications for Education*** from Joseph Zajda? Val Rust: ***Globalisation, Policy and Comparative Research: Discourses of Globalisation***, Springer Science+Business Media B. V., 2009, p. 6。

② 参见［英］安东尼·吉登斯、克里斯多弗·皮尔森著：《现代性——吉登斯访谈录》，新华出版社，2001 年，第 69—71 页。

③ 汪行福著：《走出时代的困境——哈贝马斯对现代的反思》，上海社会科学院出版社，2000 年，导言第 14 页。

这种病态现象被哈贝马斯（J. Habermas，1929—）称为“生活世界殖民化”。这种殖民可称为钱权系统对包括教育及其民族教育在内的生活世界的第一重殖民。

第二次世界大战结束以前，西方发达国家（developed country）奉行殖民主义策略，其主要特征是使殖民地国家领土不完整和丧失主权，例如，西方“列强”曾在中国“开辟”的台湾、香港、澳门等殖民地。“冷战”时期，西方发达国家奉行新殖民主义策略，其主要特征是在经济、政治和军事领域继续对发展中国家（developing country）进行控制、颠覆和威胁，例如，在与中国接壤的14个邻国的土壤上作祟，阻隔、围堵和威胁中国，曾先后策划“三蒙统一”、侵朝战争、侵越战争、入侵阿富汗等事端，并在中国周边形成军事基地包围圈；在海上，美国至今仍以印尼为“桥头堡”，对中国虎视眈眈。“冷战”结束后，西方超级发达国家奉行文化殖民主义策略，推行双重人权标准，打着“人权高于主权”等口号，大力推进文化殖民，不断地插手和干涉他国内政，其主要特征是力主在文化上控制已在政治上独立、经济上有所成功的发展中国家，即企图使发展中国家知识分子的思想意识形态“西化”，企图使发展中国家的邻国、境内边疆少数民族具有“分化”倾向，例如，“台独”、“藏独”、“疆独”等事件中都有西方发达国家文化侵略的因素。西方发达国家在经历了资本主义自由竞争阶段和国家垄断资本主义阶段以后，现以其国际垄断资本主义的本性，即经济全球化的资本主义独占（monopolization）本性、政治全球化的自然权利主义与基督教原教旨主义相结合的霸权（hegemony）本性，发动了让世界每个“被‘爱情’遗忘的角落”（包括边疆民族地区）、各个领域（包括教育领域）和人的精神家园都有其触角的全球化扩张。这种殖民可称为“独霸文化”对包括教育及其民族教育在内的生活世界的第二重殖民。

教育被双重殖民是现代性病症之一，而钱权系统和独霸文化恰是这种病症的病灶。就现代性断裂给教育带来的后果来说，中国作为一个后发外生型国家，虽然像其他发展中国家一样，在现代化的进程中，追求着臻善、至美的理想，但其现代民族教育却由于受现代性断裂的困扰而遭受着钱权系统和独霸文化的双重殖民。改革开放以来，中国的经济发展成就令世界瞩目，但与此同时，人们却往往受到如拜金主义等资本主义毒素的侵染，加之中国教育体制中还残留着为官取仕等封建主义的痼疾，导致一些人图钱谋权的功利主义思想浓重，其思想意识里充斥着二元对立的西化思维和世界观以及钱权至上的猖獗工具理性。当一些西方思想家为克服二元对立世界观的狭隘而努力摆脱猖獗工具理性对人类钳制的时候，中国的一些教育者（研究者、决策者、实践者）反而受工具理性钳制和全球化扩张影响而以“拜金”、“取仕”、“西化”的理念牵引其教育行为，致使当下中国的教育及其民族教育遭受着双重殖民，严重困扰着受教育者的全面发展、充分发展、和谐发展。换言之，以人为对象的教育及其民族教育，在中国现代化的历史截面上，遭受着现代性断裂的困扰，导致一定程度上的教育失真、教育失善、教育失美。

为解脱现代性断裂对民族教育发展的困扰，抵制双重殖民对中国现代民族教育的进一步侵袭，本书所做的研究通过对三才统一和二元对立的中西不同文化的比较，研究教育美，包括教育真善美统一、教育关系和谐与教育境界，从中析出教育审美标准，并以之作为教育批判标准，针对钱权系统和独霸文化导致的民族教育双重殖民进行批判，即对教育本原被遮蔽、教育生机被扼制和教育规律被违背所导致的教育失真，对教育者失忠失信于民所导致的教育失善，对教育有失公正、教育关系失和所导致的教育失美，进行理性反思和文化清理。在理念和技术的层面，探究人之全面发展的唯一途径、人之充分发展的有效途径和人之和谐发展的三才统一的人生境界，来解脱现代性断裂对民族教育发展的困扰；在精神品格的层面，探究教育者（尤其是教育管理者）追求或蕴有蓦然、浩然、澄明的教育境界，以应对钱权系统和独霸文化对民族教育的双重殖民，以实现美的超越，从而解脱现代性断裂对民族教育发展的困扰。

二、概念界定

1. 教育审美（education aesthetic）

教育美在于真善美统一的教育关系和谐与教育境界。审美是感性的鉴赏和理性的研究。教育审美是指以教育为审美对象，对教育美的鉴赏和研究。教育审美与审美教育的区别在于：教育审美是教育美学的核心概念之一，是对教育美的鉴赏与研究，而审美教育是指美育，即审美的教育；教育审美的对象是教育本身，而审美教育的对象是人；教育审美的任务是鉴赏与研究教育美，而审美教育的任务是人之审美心理结构的完善与提高。

2. 教育批判（education critique）

教育批判是对教育失真、教育失善和教育失美所进行的理性反思和文化清理，其目的是给予一定的建设性建议，以启迪教育者的批判意识，以牵引其教育实践、促进教育事业发展。教育批判与批判教育学（critical pedagogy）不同：在本书所做的研究中，教育批判只限于审美的维度和文化比较的视角，而批判教育学的任务是更广泛意义上的人之解放。

3. 现代性断裂（discontinuity of modernity）

现代性是现代社会的制度形式与现代个人的素质之间相互作

用的社会性。现代性断裂是社会制度形式的外延扩大与个人素质的内涵增加这两极之间的非延续性，[①] 即现代社会制度的某些方面在形式上异于所有类型的传统秩序，[②]，表现为社会制度与个人生活分化以及现代社会的新三大差别：南北差别、城乡差别、贫富差别，就中西文化差异来说，从根本上表现为三才统一与二元对立的思维和世界观的差异。现代性断裂的主要识别因素是：感性理性对垒、工具理性猖獗、现代性高速流变、全球化扩张、现代制度的固有特性、民族性普世性失和。

4. 民族教育发展（development of ethtic education）

教育的逻辑起点是人之发展。本书所做的研究从宏观和微观的角度来审视民族教育发展。民族教育是“中国少数民族教育的简称，特指除汉族以外，对其他 55 个民族实施的教育”[③]。民族教育发展，在宏观上是指民族教育的均衡发展和特色发展，在微观上是指中国少数民族地区的学生在全面、充分、和谐这三个维度上的发展。其狭义的发展是指中国少数民族地区的学生在德、智、体各方面的、最大可能的、身心和谐的发展；其广义是指中国少数民族学生个体都通过普及教育、终身教育、与自然和谐并且族际和谐而得到的发展。在三维发展中，全面发展具有决定性的作用，而充分发展与和谐发展是全面发展的意义延伸。

---

① 参见［英］安东尼·吉登斯著，赵旭东、方文译：《现代性与自我认同》，生活·读书·新知三联书店，1998 年，第 1 页。

② 参见［英］安东尼·吉登斯著，田禾译：《现代性的后果》，译林出版社，2000 年，第 2 页。

③ 顾明远著：《教育大辞典》（第四卷：民族教育），上海教育出版社，1992 年，第 77 页。

三、文献综述

本书所做的研究以教育美学、批判教育学和教育现代性理论为理论背景，因而有必要对世纪之交以来的中国教育美学理论研究、早期批判教育学理论和西方教育现代性理论进行梳理。

1. 教育美学理论研究

近代以来，国外审美教育的理论颇丰，尤以席勒（F. Schiller，1759—1805）的理论为要，但教育美学的理论却几乎是空白。在国内，20 年来的教育美学理论研究有了质的进展，主要体现在教育美学的范畴、特征、原理、问题和定义等方面。（如表 001 所示）

表 001　中国教育美学综述要览

	提出者	年份	来　源	称谓或内涵
范畴	钟以俊	1991	《教育美学简论》	教育审美、教育立美
范畴	檀传宝	1996	《德育美学观》	教育境界
特征	李吉林	1997	《为全面提高儿童素质探索一条有效途径》	形真、情切、意远、理蕴
原理	崔光宙	2000	《教育美学》	情感转移、和谐奇异、多样统一
问题	袁鼎生	2001	《教育审美学》	教育怎样成为审美活动
定义	冉铁星	2002	《简谈美学与教育融合中的歧误》	有关教育自身美的学问或学说
问题	彭文晓	2009	《教育美学散论》	美会带给学生自由

学者们的研究成果令人欣喜，所研究的教育美学虽有“教育审美”、“教育立美”和“教育境界”三范畴的提出，但至今还未

成体系，并且在一些主要的问题上，也未达成共识。第一，关于教育审美和教育立美，学者们确实突出了教育美学的要旨，但只是美学领域中的“欣赏”和“创造”这两个范畴向教育领域的简单移植，需要对欣赏和创造的对象做进一步的澄清。第二，在学者的心目中，教育境界是教育美学的灵魂，但内涵挖掘得不够深透、生成的途径不确知、没有相对的层次，需从中国美学和哲学发展的历史中借鉴有关易象、象罔、意象、意境、境界、灵境、天境和出世入世等美的超越的研究成果，同时也需要从西方美学和哲学中挖掘关于美的快乐、美的崇高、感性心灵化、活的形象、美的救赎、感性与理性、形象与抽象的关系的研究成果。第三，关于形真、情切、意远、理蕴等情境教学的美学特征研究成果，是中国 20 世纪 90 年代教育美学领域的突出成就，但这四个特征与教育美的关系还需进一步的挖掘。第四，关于情感转移、和谐奇异、多样统一等原则，学者们认为，这重要而且必要，但无法确定除了这三条原则之外，在教育美学范畴中是否还有其他原则。如钱锺书（1910－1998）所借用的“觑巧”见图 002、“行布”和“竹化”等美学原则都可作为教育美学的基本原则而用于教育审美的实践。“觑巧”的含义是：自然造化虽备众美，但不能全善全美，而模写自然需要精心选择；①“行布”的含义是：将精选内容意匠于胸，其技艺和抒

图 002　觑巧的盆景

① 钱锺书著：《谈艺录》（补订本），中华书局，1984 年，第 60 页。

情相辅相成，有感有悟、有意有境；[①]“竹化”的含义是：对精选内容做到胸有成竹，“节节而为之”，有条不紊，“叶叶而累之”，循序渐进，就好像画家脑中、眼中、手中、纸上都是有生机的完整的竹子形象，从而忘却自我，达到“其身与竹化”[②]的境界。第五，关于教育如何成为审美活动这一命题，已有的研究分析了教育活动是审美活动这一性质，但教育审美与审美教育的内涵分野不清。第六，关于教育美学的定义，目前的研究认为是有关教育自身美的学问或学说，但何谓教育美，则有待探讨。

2. 批判教育学理论研究

受法兰克福学派批判理论影响颇深的批判教育学，其主要代表人物是弗莱雷（P. Freire，1921—1997）和吉鲁（H. A. Giroux，1943—），其传统的定义是：提高学习者关于社会压迫条件的批判意识的教育学[③]。批判教育学奉行马克思主义的实践原则，旨在人际关系沟通和社会转型，其核心观点是：教育亦有价值取向、社会转型需要具有批判意识的个人来促进、实践（praxis）是解放教育与社会转型的链接域。现就其具体观点简述如下：首先是关于弗莱雷主要观点。知识即商谈性的认知型政治行动[④]是弗莱雷批判教育学的总纲。他反对教育的“银行式观念”（banking concept of education），主张培养被压迫者的批判

---

① 参见周振甫、冀勤著：《钱锺书〈谈艺录〉读本》，上海教育出版社，1992年，前言，第11页。

② 钱锺书先生引用苏轼语。参见周振甫、冀勤著：《钱锺书〈谈艺录〉读本》，上海教育出版社，1992年，第9页。

③ mryder@carbon. cudenver. edu，January 01，2004.

④ Peter McLaren：***Paulo Freire' s Pedagogy of Possibility in Freirean Pedagogy，Praxis，and Possibilities：Projects for the New Millennium***，edited by Stanley F. Steiner，H. Mark Krank，Peter McLaren，and Robert E. Bahruth，Falmer Press，A member of the Taylor & Francis Group，New York & London，2000，p. 7.

意识，并通过提问式的和商谈式的教育实践，使社会结构依次转型并使被压迫者获得解放。因此，他的批判教育学又被称为“解放教育学”。社会人性化是弗莱雷解放教育学的终极目标，其真谛在于学校的挑战应是克服社会经济不公正的方向。[①] 教育公共领域是他想要创建的政治乌托邦，因为在此领域内，多元文化的公民权能够通过意识化而得到参与力。[②] 培养批判思维（critical thinking）既是他的解放教育学的手段也是目的，其真谛在于如何转变社会不公正、不民主或压迫性的制度和社会关系，即“批判教育学聚焦于制度设置和个体间关系，而批判性思维聚焦于个体自己”[③]。弗莱雷早就意识到了新自由主义和新保守主义的危险。新自由主义粗暴地打断了发展中国家具有批判意识的学校的进步，而新保守主义对世界各国都有主要影响；对他来说，资本主义市场竞争的合法化怂恿新自由主义给日常生活带来新的不公平，由“我们都是消费者”所保证的平等、与之相伴的对政治的淡漠和随之产生的拥有主义个体，必须被抛弃[④]。其次是关于吉鲁及其他批判教育学学者与本书所做研究的相关观点：吉鲁认为

---

① Reference to Peter McLaren: ***Paulo Freire's Pedagogy of Possibility in Freirean Pedagogy, Praxis, and Possibilities: Projects for the New Millennium***, edited by Stanley F. Steiner, H. Mark Krank, Peter McLaren, and Robert E. Bahruth, Falmer Press, A member of the Taylor & Francis Group, New York & London, 2000, pp. x, 7—8.

② António Teodoro: ***Paulo Freire, or Pedagogy as the Space and Time of Possibility***, Comparative Education Review, vol. 47, no. 3. 2003, pp. 328、323.

③ Nicholars C. Burbules and Rupert Berk: ***Critical Thinking and Critical Pedagogy: Relations, differences, and Limits in Critical Theories in Education: Changing Terrians of Knowledge and Politics***, published by Thomas S. Popkewitz and Lynn Fendler, Editors in 1999, Routledge New York and London, pp. 47, 51, 52.

④ Michael W. Apple: ***Power, Meaning, and Identity: Essays in Critical Educational Studies***, 1999, Peter Lang Publishing, Inc., New York, pp. 211—212.

批判教育学积极构建师生、课堂与社区之间的关系①，追求社会公正、揭发霸权；他强调教师、管理者和家长不应把学生当成用标准化常模测验来进行管理的批量产品，应将其作为拥有言说权和自我表现权的多样社会角色的承担者②。这因为当知识传授取代人格养成作为教育目的，教育所培养出的人就只能是现存社会结构的填充者，而批判教育学要培养的是和谐一致，并且是自我认同的人③。吉鲁把知识分子划分为转换型、批判型、服膺型和霸权型四种。其中，批判型知识分子强调批判的功能，批判不平等和不公正，但以一种孤立的姿态，拒绝联合其他人来抗争，但转换型的知识分子强调学生与社会的关系，主张让教育政治化、政治教育化。这是因为批判教育学致力于公共领域内的团结合作，以批判的视野和道德的标准及协商的方式，来推进民主或重建民主。④

总之，批判教育学坚持解放的基本观点，其目的是实现社会民主与社会正义，其方法是通过培养受教育者的批判意识和批判

---

① Reference to H. A. Giroux：***Disturbing pleasures*：*Learning popular culture***，1994，New York：Routledge，p. 30.

② John A. Weaver and Toby Daspit：***Critical Pedagogy*，*Popular Culture and Creation of Meaning*：*Reading*，*Constructing*，*Connecting from Popular Culture and Critical Pedagogy***，edited by Toby Daspit and John A. weaver，Garland Publisher，Inc. A member of the Tailor & Francis Group New York and London，1999，pp. xiv—xv.

③ Siebren Miedema and Willem L. Wardekker：***Emergent Identity Versus Consistent Identity*：*Possibilities for a Postmodern Repoliticization of Critical Pedagogy*，*in Critical Theories in Education*：*Changing Terrians of Knowledge and Politics***，published by Thomas S. Popkewitz and Lynn Fendler，Editors in 1999，Routledge New York and London. pp. 71—73.

④ Reference to Barry Kanpol：***Critical Pedagogy*：*An Introduction*** （2nd Edition），edited in 1999 by Henry A. Giroux，Bergin & Garvey Westport，Connecticut，London，pp. 174—175，194.

思维以实现主体性的解放，其焦点在于批判意识的发展，因为意识是实践的必要的第一步，而实践介入理论、应用、评价、反思和新理论的循环，并在集体水平上的结果是社会转型和社会进步。

批判教育学理论研究成果对本研究的主题具有借鉴的意义，尤其是关于人之解放、社会正义、批判意识、批判思维、实践、社会转型、公共领域等观点，给本书所做的研究以深刻的启发，是本书所做的研究要关注的，但由于理论根源的社会背景不同、所指向的社会现实又有质的不同，所以，本书所做的研究要具体问题具体分析。现就上述观点中几个与本书所做研究的主题有较大差异或缺漏的观点简析如下：首先，该理论所议论的社会压迫条件与中国现行社会制度的性质不符，本书所做的研究也没有盲目照搬，但该理论反抗工具理性宰制的思想意识是非常可贵的。其次，关于“实践”之内涵，本书所做的研究还更多地考虑亚里士多德（Aristotle，公元前 384 至公元前 322）关于实践之善的论述。最后，对于新自由主义和新保守主义的危险，本书所做的研究认为，自人类进入新世纪以来，新自由主义和新保守主义所酝酿的独霸文化更加嚣张，这是因为现行世界体系的三个明星成员是国家间的实践、全球资本主义实践和转型的社会文化实践，而全球化的关键在于帝国主义和垄断资本，教师应参与建设多样性统一的弗莱雷式的乌托邦，以对抗新自由主义霸权①。关于新自由主义的定义，本书所做的研究引用乔姆斯基（N. Chomsky，1928—）的定义，即“新自由主义是我们这个时代明确的

① Ramond Morrow & Carlos Alberto Torres：***Reading Freire and Habermas*：*Critical Pedagogy and Social Change*，*reviewed in Paulo Freire*，*or Pedagogy as the Space and Time of Possibility***，by Antonio Teodoro from Comparative Education Review，vol. 47，no. 3，pp. 323—324.

政治、经济范式——它指的是这样一些政策和过程：相当一批私有者能够得以控制尽可能多的社会层面，从而获得最大的个人利益”①。新保守主义，从文化比较的角度说，在实质上则是狭隘的民族主义，是西方发达国家凭借其所谓“自然权力说”和“基督教原教旨主义”在全球实行文化殖民的代名词。

3. 西方教育现代性理论研究

英格尔斯（A. Inkeles，1941—）在微观上研究个人现代性，而巴茨（R. F. Butts，1910—）在宏观上研究教育现代性和教育现代化（modernization），展现了教育的历史和当今文明危机的历史根源，涉及教育历史的变化因素、现代化的定义与内涵、教育现代性的特征和东西方教育的鸿沟。

关于教育历史的变化因素，巴茨划分了三个组群：首先是第二次世界大战结束以后众多民族国家的政治独立及其影响；但全球贫富差距给现代生活带来的惊惧，并不亚于一国之内奴役与被奴役所带来的危险；“这种贫富差距所表现出的现代国家和非现代国家的差异，就是教育的差异”②。其次是 20 世纪 60 年代大量涌现的社会危机及其影响；这些危机使人反思教育的历史：教育何以使世界人口中的一半迅速成为现代人，而另一半却滞留在传统社会，工业化和技术在给人类提高生活水准的同时，也给全球带来贫富差距的拉大、环境危机和精神危机，而所有这些不利症状的主要原因就是教育的缺失。再次是在当代人文社会科学学术研究的新概念主题中，最重要的是呼吁人们要放眼全球，各国

① ［美］罗伯特·W·迈克杰斯尼著，徐海铭、季海宏译：《导言，诺姆·乔姆斯基，新自由主义和全球秩序》，江苏人民出版社，2001 年，第 1 页。

② R. Freeman Butts. ***The Education of the West: a Formative Chapter in the History of Civilization***, 1955, 1973, by McGraw—Hill, Inc. printed in the United States of America, p. ix.

教育不能局限于本土，而应通过比较的途径走向国际教育合作。[①]

关于现代化的定义与内涵，中外学者大多都以“过程说”来定义现代化，即认为现代化是一个动态的、不断发展的历史过程，“是历史性演进的制度借以适用于迅速流变功能的过程，这些功能反映出人类知识的空前增长、允许人类对其环境进行控制、并与科学革命相伴而生”。[②] 顾明远认为：“现代化是一个历史过程，是一个动态的、不断发展的过程。它发展到今天经历了工业化、信息化两个阶段”；工业社会的基本特征是工业化、城市化、社会结构的分化与集中化、世俗化和理性化；信息社会的基本特征是信息化、智能化、国际化、未来化。[③]

总之，这种“过程说”具有一定的代表性。在 1960 年日本箱根国际学术研讨会上，现代化的内涵被公认为有八项标准。但是，有学者认为，箱根八项标准是针对 20 世纪 70 年代以前的现代化而言的，这一时期的现代化可称为“第一次现代化”，对处在现代化进程中不同发展阶段的不同的民族国家（nation state）来说，具有不同的意义，对发展中国家来说，仍具有一定的实际意义，但对发达国家来说却未必，因为“对于主要发达国家，第一次现代化大致经历 200 年（1763－1970)，第二次现代化将大

---

① Reference to R. Freeman Butts: ***The Education of the West*: *a Formative Chapter in the History of Civilization***, 1955, 1973, by McGraw—Hill, Inc. printed in the United States of America, pp. ix—xi, xii—xiii.

② C. E. Black. ***The Dynamics of Modernization*: *a Study in Comparative History***, Garper & Row, New York, 1966, pp. 7, transferred from R. Freeman Butts: ***The Education of the West*: *a Formative Chapter in the History of Civilization***, 1955, 1973, by McGraw—Hill, Inc. printed in the United States of America, p. 298.

③ 顾明远著：《关于教育现代化的几个问题》，《我的教育探索》，教育科学出版社，1998 年，第 196—197 页。

致经历100年（1971－2100）"[①]。对两次现代化的内涵进行比较，如表002所示。

表002　两次现代化的内涵比较

领域	主要特征	
	第一次现代化	第二次现代化
政治	民主化、法制化、科层化	知识化、国际化、平权化、分散化
经济	工业化、专业化、规模化	知识化、信息化、全球化、智能化
社会	城市化、福利化、流动化、分化、传媒化	知识化、网络化、创新化、社区化
个人	开放性、参与性、独立性、平等性	创新、合作、学习化、个性化
文化教育	宗教世俗化、观念理性化、经济主义、普及初中等教育	文化多样化、文化产业化、自然主义、普及高等教育

资料来源：《第二次现代化理论——兼谈世界现代化研究的三个新热点》[②]。

关于教育现代性的特征，巴茨经过详尽的历史分析而得出的结论有五种[③]：世俗化与科学化——造就了西方教育的亚洲和非洲精英；实用性与专业化——是现代人群体形成的两个重要因素；分化与多样化——教育必须适应不断分化和细化的专业化分工和满足民众的多样性需求；教育参与的扩大化——是社会现代性和教育现代性的一个标记，并为更多的人提供更多的教育；教

---

① 何传启著：《第二次现代化理论——兼谈世界现代化研究的三个新热点》，载北京大学世界现代化进程研究中心：《现代化研究》（第1辑），商务印书馆，2002年，第159页。

② 何传启著：《第二次现代化理论——兼谈世界现代化研究的三个新热点》，载北京大学世界现代化进程研究中心《现代化研究》（第1辑），商务印书馆，2002年，第149、第161页。

③ Reference to R. Freeman Butts: ***The Education of the West: a Formative Chapter in the History of Civilization***, 1955, 1973, by McGraw—Hill, Inc. printed in the United States of America, pp. 300、542、546.

育的成绩取向与学习取向之间的矛盾——大众教育既要对理想社会具有形成性影响，又能使学习者成其所是，如何克服这种矛盾是现代教育不断要解决的问题。

关于东西方教育鸿沟，巴茨认为，随着世界现代化进程的加快和现代化重心的转移，教育作为决定民族国家现代化程度的基础因素在发达国家与欠发达国家之间产生了巨大差异，而影响现代化进程加快和重心转移的因素主要体现在政治、经济、科技和教育四个方面。在政治上，巴茨认为，到第一次世界大战结束，西方国家汇聚其组织和技术能力，从而在许多层面加强了它们已经攫取的社会权力，占据了世界传统社会的优势，加快了经济和社会的转型。① 在教育上，巴茨认为，美国遥遥领先于其他各国，是因为教育、技术和工业的联结是决定美国、德国超越英国的决定性因素，其中，教育是最基础的，因为国家现代化程度的高低主要取决于经济发展水平，而经济发展以教育为基础，即教育差异决定着国家现代化程度的高低。对此，巴茨转引对 75 个国家不同教育发展水平的研究成果加以说明。这项研究根据年龄组（中学 15－19 岁、大学 20－24 岁）入学水平的算术总标量来确定教育发展水平（如表 003 所示）②。

---

① R. Freeman Butts: ***The Education of the West*****: *a Formative Chapter in the History of Civilization***, 1955, 1973, by McGraw－Hill, Inc. printed in the United States of America, p. 329.

② R. Freeman Butts: ***The Education of the West*****: *a Formative Chapter in the History of Civilization***, 1955, 1973, by McGraw－Hill, Inc. printed in the United States of America, pp. 330－333.

表 003 20 世纪 50 年代教育发展的四种水平

水平一：欠发达		水平二：小量发达		水平三：半发达		水平四：发达	
苏丹	7.5	伊拉克	31.2	挪威	73.8	美国	261.3
乌干达	5.5	秘鲁	30.2	乌拉圭	69.8	新西兰	147.3
塞内加尔	5.5	土耳其	27.2	捷克斯洛伐克	68.9	澳大利亚	137.7
海地	5.3	牙买加	26.8	波兰	66.5	荷兰	133.7
尼日利亚	5.0	巴基斯坦	25.2	南斯拉夫	60.3	比利时	123.6
肯尼亚	4.7	厄瓜多尔	24.4	意大利	56.8	英国	121.6
利比里亚	4.1	黎巴嫩	24.3	韩国	55.0	日本	111.4
刚果	3.6	马来西亚	23.6	匈牙利	53.9	法国	107.8
罗得西亚	2.9	加纳	23.2	智利	51.2	加拿大	101.6
象牙海岸	2.6	巴拉圭	22.7	希腊	48.5	苏联	92.9
坦噶尼喀	2.2	哥伦比亚	22.6	台湾地区	48.4	芬兰	88.7
沙特阿拉伯	1.9	巴西	20.9	委内瑞拉	47.7	西德	85.8
阿富汗	1.9	中国大陆	19.5	哥斯达黎加	47.3	以色列	84.9
索马里	1.6	伊朗	17.3	葡萄牙	40.8	阿根廷	82.0
尼亚萨兰	1.2	突尼斯	15.2	埃及	40.1	瑞典	79.2
埃塞俄比亚	0.7	玻利维亚	14.8	南非	40.0	丹麦	77.1
尼日尔	0.3	多米尼加	14.8	西班牙	39.6		
		缅甸	14.2	古巴	35.5		
		利比亚	10.8	印度	35.2		
		印度尼西亚	10.7	泰国	35.1		
		危地马拉	10.7	墨西哥	33.0		

资料来源：巴茨转引哈比森（F. Harbison）和梅耶斯（C. A. Myers）：***Education, Manpower, and Economic Growth: Strategies of Human Resource Development***, McGraw－Hill, New York, 1964, pp. 45－48.

巴茨认为，一般来说，现代化开始得越早的国家，其现代化的程度越高（但英国、苏联、日本和以色列例外）；教育现代化鸿沟的加大，与国家教育投入的多少有关。巴茨也赞同如下观点：先发内生型国家的现代化致使其与后发外生型国家的现代化鸿沟加大，这促使后者把前者的理念、技术和社会制度作为修补鸿沟的手段，因为教育现代化不仅是社会的国家化、工业化或民主化，关键的是要依赖于知识分子和有教育水平的政府官员的作用，依赖于知识的增进和教育在大众中的传播。

就上述的理论研究成果，本书所做的研究主要有以下几点考虑：

第一，关于教育历史的变化因素，本书所做的研究赞同上述关于贫富差距的议论，所以要探讨有差距的教育又为何被双重殖民。而关于工业化和技术给人类带来的不利症状，本书所做的研究认为其主要原因不仅仅是教育的缺失，一个隐性的根本原因是西方文化二元对立世界观中的原初的理性启蒙演化为工具理性的猖獗。至于通过比较的途径走向国际教育合作，这正是比较教育的使命之一，但比较教育如果不发挥其批判性和审美性，就显得软弱无力，尤其在个别发达国家践踏国际法的情况下。当然，即使发挥了批判性和审美性，也未必就没有个别国家继续践踏国际法、破坏世界和平，但至少可以通过比较教育来培养既爱国又以天下为公的国际型人才，来促进国际关系的和谐。

第二，关于现代化的定义，本书所做的研究也认同“过程说”，关于对现代化的两次分期，本书所做的研究也是赞同的，但也因此认为，中国的职业教育，尤其是农村中等职业教育，不仅要面向农业现代化以及当地的支柱产业，而且在准职业人的职业现代性培养上，不要盲目超越现代化的发展阶段，其课群建设和课程设置要同时面向三次文明浪潮所对应的农业、工业和信息业。

第三，关于教育现代性特征（世俗化与科学化、分化与多样化）的表现，本书所做的研究认为，为避免西方教育的亚洲精英，即避免西化的人才的教育后果，中国现代教育应考虑在各级学校加强国学教育和民族文化素养、增强学生的民族优秀文化根性，而不是在大学里仅仅为了增强各科课程的实用性，就过度地削减大学语文的课时，也不是为提高少数民族学生们的学习成绩就加速其“汉化”进程，从而使其民语母语及其所承载的文化消隐。至于专业化分工，本书所做的研究将关注教育领域内的专业人士做专业之事，而不要误用人才。

第四，关于影响现代化进程加快和重心转移的因素，除了巴茨在政治上和教育上进行了精辟分析以外，在经济上和科技上，也许下述分析也很精当。英国在工业革命的第一阶段（1770－1870）领先，因为决定民族国家经济发展水平的工业化肇始于英国，但在第二阶段（1870－1914），英国丧失了领袖地位，为美国所取代，标志着世界现代化的工业化重心发生了转移，因为1870年以后的工业都受到科学的影响①。在科技上，美国把科学研究和理论探索应用于技术领域和行业管理之中，并在工业革命第二阶段凭借批量生产的技术而领先。虽然此时期德国在科学领域领先，但批量生产的技术的两种主要方法，即标准件和生产线，却是在美国发展起来的②。

第五，关于如何缩小东西方教育差距，本书所做的研究认为，如果中国太多的知识分子受西方文化殖民而被“西化”，进而崇洋式地把西方发达国家的理念、技术和社会制度盲目地作为

① ［美］L. S. 斯塔夫里阿诺斯著，吴象婴、梁赤民译：《全球通史——1500年以后的世界》，上海社会科学出版社，1992年，第292、第579页。

② ［美］L. S. 斯塔夫里阿诺斯著，吴象婴、梁赤民译：《全球通史——1500年以后的世界》，上海社会科学出版社，1992年，第293页。

修补鸿沟的手段，那么，中国的教育现代化进程就会受到梗阻，所以，批判独霸文化对教育的殖民，甚至比批判钱权系统对教育的殖民更重要。

四、理论基础

1. 美学基础

中国美学，滥觞于易，而自老子始，至孔子、庄子、孟子、刘勰、王国维、蔡元培，再到朱光潜、宗白华、钱锺书：出世入世，博大精深。

易以生命为美、以人格为美、以意象为美、以和谐为美①，把阴阳、刚柔等对立统一的辩证思想和观念贯穿于整个美学思想之中。《周易》之后，秦朝以前的中国美学，必言及老庄孔孟。中国美学始于老子（约公元前580至约公元前500）②。老子主张道法自然，强调生动化育的自然之美，提出“玄鉴”之说。庄子（约公元前369至公元前286）美学以“自然”为核心，强调法天贵真，提出“象罔”之说。可见，老庄主张美在自然、大美无言和美真统一，崇尚澄明自由的出世境界。孔子（公元前551—公元前479）主张美在中和、里仁为美、美善统一，追求“泛爱众”的普世境界，而孟子（约公元前372至公元前289）张扬人格之美，强调浩然之气的美、充实之美，主张“乐乐”的普世境界，即孔孟主张美善统一的宽宏浩然的入世境界。如果儒道合流，可见中国美学认同真善美统一以及出世入世的对立统一。

刘勰（465—521）恪守儒学风范，融合吸收释、道、玄诸

---

① 孔智光著：《中西古典美学研究》，山东大学出版社，2002年，第222页。

② 叶朗著：《中国美学史大纲》，上海人民出版社，1985年，第19页。

家，以道为本、以儒为用，其文艺理论巨著《文心雕龙》，持“自然之趣”之艺术观，表现出对立统一、运动变化的辩证思想。刘勰针对齐梁文风提出的审美标准（一观位体，二观置辞，三观通变，四观奇正，五观事义，六观宫商），不仅从形式上着眼，而且深入于内容。他首次铸就“意象”一词，其义理是中国古代艺术思维理论发展的一个里程碑。

王国维（1877—1927）在其《人间词话》中提出的境界说，是其艺术论的精髓。“词以境界为最上。有境界则自成高格，自有名句”（《人间词话·一》）。他提出的境界包括：写境和造境、有我之境和无我之境，而以隔与不隔作为判断标准，看景语和情语是否情景交融。他认为，以审美关照中的客观是否重于主观、艺术创造中的再现是否重于表现，看是否有境界；[①] 以对宇宙人生既入乎其内，又出乎其外，看境界是否高致。王国维对“意境”和“境界”有所区分：他认为，“意境的创造在于‘观物之微，托兴之深’以及‘语语都在目前’的‘不隔’”，即意境系指纯艺术，而境界所关乎的是在审美经验中一切艺术所要实现的最高目的，也就是叔本华（A. Schopenhauer，1788—1860）一再强调的，艺术活动要创造一种使人可以暂时摆脱生之意志和欲望束缚的状态[②]，即艺术境界包括人生境界，而这境界蕴涵着人生理想及其苦痛。

蔡元培（1868—1940）的美学思想主要表现在他的公共美学和以“以美育代宗教”的思想之中。蔡元培深受康德（I. Kant，1724—1804）美学之“第二契机”，即审美具有普遍的有效性这

---

① 佛雏著：《王国维诗学研究》（第 2 版），北京大学出版社，1999 年，第 225 页。

② 张志建著：《王国维学术思想研究》，教育科学出版社，1992 年，第 105、第 158—159 页。

一命题影响。鉴于中国古典美学在秦代以后，其儒家美学基本上是“美”被“善”同化和弱化，而道禅美学以其境界澄明并不能成功地解构儒家美学话语，只有先秦孟子对审美价值的普遍性和公共性作过阐述，但孟子“同乐”的民主性精华由于受封建时代的拘囿而只能在少数富有家庭领域中开展，因而不具有普遍性和公共性。到了近代以至现代，蔡元培认识到在中国的国民性当中潜伏着无信仰亦无境界的危机，因而认识到美育的重要，因为美育可以引人进入一种自美感以外、一无杂念的意境，这有助于人陶冶性情，摒弃利己损人的思念。于是，他运用康德美学第二契机的命题，形成自己关于公共空间、公共艺术和社会审美的公共美学思想，即美育所特有的公共情感是“以美育代宗教”的必要基础，可以向理想的道德情感过渡，是走向艺术公共性、社会审美、培养国民的公共性和开辟人与人之间的公平和公正的公共空间的必由之路。唯其如此，才能达到“独乐乐，不若与人乐乐”、“与少乐乐，不若与众乐乐”（《孟子·梁惠王下》的境界。

朱光潜（1897—1986）于 1936 年出版的《文艺心理学》提出美感经验三段论。这是基于对前人的承认和自己的见解：美与概念无关，是一种在聚精会神的状态下的心理享受；审美要有距离，不即不离是艺术的原则；因移情而欣赏时不知不觉达到物我两忘的境界；审美离不开联想。在美感经验之后，即意象转化为情趣后，又往往在人的整个心灵中回流，扩充人的想象，伸展人的同情，增进人对人情物理的深度认识；这样就消除了直觉与联想、艺术与道德的对立，形式美学与道德派美学被熔为一炉。他从美感经验入手阐释美学问题，特别强调康德审美感觉的非概念性，也是根据艺术即直觉、直觉即表现等命题来规定美的本质，认为美感经验的形成实际上就是境界的达成。

宗白华（1897—1986）在 1943 年出版的《中国艺术意境之诞生》中把美学研究对象设定为“审美活动”，认为审美意向性活动产生审美意象，即美。他认为人与世界的关系因层次不同而有功利、伦理、政治、学术和宗教等境界，分别主于利、爱、权、真、神，而艺术境界主于美，而艺术意境是一个境界层深的创构，有直观感相摹写、活跃生命传达和最高灵境启示三个层次。[①] 他认为，中国美学应以生意盎然的气韵、活力为主，以自强不息的儒家精神、齐物而逍遥的庄子哲学、并不否弃生命的中国佛学（禅学）和屈骚传统，构成中国美学的灵魂。他认为，美学对象拒绝逻辑分析，美学研究方法应不局限于抽象思辨，而主要在于无拘无束、自由自在，从而达至妙化的境界。

钱锺书于1948年出版《谈艺录》，1984年再版，即《谈艺录》（补丁本），其总的美学思想是人事之法天、人定之胜天和人心之通天；突出强调神韵之最高的和合境界追求与新雅之流变的和而不同。“人事之法天”是指人的学术和艺术都不能背离自然，摹写自然需选择；“人定之胜天”是指针对自然界无现成之美的“天无功”，有待艺术润饰自然、修补自然而不离自然；“人心之通天”是指对“选择”和“修补”兼有，二者看似相反而实相成，貌异而心则同；所谓妙悟和神韵是指在上述总思想指导下，通过实践和治学，才能有体验、有觉悟、有境界，使心物两契而获得妙合而凝的神韵。他认为，王国维的写境、造境，凭康德之想象力的自由纪律性、黑格尔（G. W. F. Hegel，1770—1831）之精神于必然性中的自由，抓捕“冷灰里豆爆”和“烟土里披纯”之灵感，以“水清石见”通艺术家所向往之境界；以“水中着盐”达席勒所谓内容尽化为形式之艺术高境。

西方美学，从鲍姆嘉登开始，至康德、席勒、黑格尔、马克思，再到波德莱尔以后：感性理性，精微辩证。

---

① 宗白华著：《中国艺术意境之诞生》，载《美学散步》，上海人民出版社，1981年，第74页。

西方美学的思想可溯至古希腊。毕达格拉斯（Pythagoras，约公元前580至约公元前500）认为数量关系和谐为美。赫拉克利特（Heraclitus，约公元前540至公元前480）认为和谐是宇宙事物相反相成的结果。苏格拉底（Socrates，公元前469至公元前339）主要从善、德行和理想的角度来把握人的内在和谐之美。前两者于人与自然的关系中探讨的美，属于形式美学，后者于人与社会的关系中探讨美，属于生活美学，两种美学都认为和谐为美。柏拉图（Plato，约公元前427至公元前347）认为，美之本身就是理念，因为理念至真、至善，因而至美。亚里士多德主张美是蕴涵着真与善的理想性和谐整体，[①] 即美是真与善相和谐的统一整体。

西方“美学之父”鲍姆嘉登（A. G. Baumgarten，1714—1762）在其1750年出版的《美学》一书中把感性和表象作为美学的核心，认为感性圆满地把握了的对象就是美，因为意象是从感官印象中再造出来的形象，而单个感觉不成和谐，所以，美的本质在多样性统一的完满里。他认为，心理学原理能指导感觉从感性方面认识事物；希腊哲学家对“可感知的事物”和“可理解的事物”的区分，预示着后者是通过高级认知能力作为逻辑学的对象去把握的，而前者是通过低级认知能力作为知觉的科学或“感性学”（美学）的对象来感知的。这样，在他的诗学或说修辞学里，出现了美学这个研究领域：美学即感性认识的科学。[②] 这包括：美是感性表现的完满，即多样性统一，所以，美存在于形式，是组成的东西；在组成物的中间存在着多样协调一致的关系；美仅对感觉而存在，而清晰的逻辑分析会取消美；美同时和

---

① 孔智光著：《中西古典美学研究》，山东大学出版社，2002年，第41页。

② ［德］鲍姆嘉滕，简明、王旭晓译：《美学》，文化艺术出版社，1987年，第13页。

人对它的占有欲结合着；美的真正目的在于刺激欲求，或因人所欲求的只是快适，故美产生着快乐，即美的快乐。

康德以其1790年发表的《判断力批判》而最终完成其批判哲学体系。康德美学具有形式主义主观的“审美无利害”的特质。他从质、量、关系和情状等方面分析美的本质规定。从“质”上说：对美的鉴赏判断不是逻辑上的而是感性上的，但美本身只涉及形式，因为美是一个对象的合目的性形式；判断力的一个方式是审美判断力，而审美判断凭借完全无利害观念的快感和不快感，对对象或其表现方式的鉴赏。从“量”上说：真正正确的审美判断应带有主观的普遍有效性，而不局限于个人，因为美感不带有利益兴趣，因而是自由的、无私的。从“关系”上说：判断力的另一个方式是达到和谐，即观照美在形式上所表现的各部分间的合目的性的和谐，停留在多样性统一的表象鉴赏里，不去问这对象的自身存在和它的实际目的，否则就会引起实际的利益，而离开静观鉴赏。从“情状”上说：美不依赖概念而成为愉悦的对象是出于必然；按照对象所感到的愉快的情状来看，在鉴赏、快适和善这三种愉悦方式中，唯有鉴赏的愉悦才是一种无利害的和自由的愉悦。鉴赏判断是想象力和知性的和谐活动，如果两者不能和谐，想象力就会跳过知性，去和理性达到和谐，从而产生美的崇高，即带来更高层次的愉快，因而同样显示为想象力的合目的性活动。尽管鉴赏的愉悦联系着“质”，却有限地拘囿于形式，而崇高的愉悦联系着“量”，能在人的情调和精神里展现其无限。总之，康德将美的感性形式与美的理性内容相结合，以“审美无利害”为基点，规定了审美在理性和人类生活中的自律性，规范了现代美学的方向。

席勒于1795年发表《审美教育书简》，第一次明确提出了“审美教育”的概念并对其性质作了系统阐释。他认为，审美教育可以恢复人的感性与理性的统一，造就完整人性，是实现人的自由的唯一途径，使人从必然王国经审美王国而进入自由王国。审美教育培养人的美的心灵和健全的人性，然后才能克服社会的腐朽和粗野，以及现代人的分裂现象，为将来全人类的和谐做准备。人的天性包括相互对垒的感性和理性，只有通过美，二者才平衡、统一，使人性得以圆满完成，而人性观念的圆满实现就是美。简言之，要使感性的人成为理性的人，必须首先使他成为审美的人。

黑格尔以其特有的辩证法与历史感，把艺术逻辑地叙述成一个运动着的整体系统，其美学主要是艺术哲学。他认为，美是理念的感性外显，美只有从较高境界产生出来时，才真正是美的；艺术是自由的艺术，用感性形式表现崇高；艺术源于想象的自由活动；心灵将其内在生活纳入艺术，通过艺术而外显其永久性；艺术凭心灵灌注自然以生气；艺术表现的普遍需要也是理性的需要；人要把内在世界和外在世界作为对象，提升到心灵的意识面前，以便从这些对象中认识自己；艺术诉之于对感性的掌握，其中的感性因素为人类心灵而存在，心灵凭借感性而显现，即感性心灵化。总之，黑格尔强调感性、心灵和理性之于艺术的重要，而理性尤为重要。

马克思（K. Marx，1818－1883）认为，美学与社会实践相联系，因而美的本质与人的本质是紧密结合的。在劳动中的生产关系之总和是人的一种本质，而美的本质是在自由自觉的活动中的生产关系的和谐。他认为，人类力量的实现是人的本质令人愉快的必然性，即美是人的本质力量的对象化；关于美的规律，他认为，动物只是按照它所属的那个物种的尺度和需要来塑造，而人则懂得按照任何物种的尺度进行生产，并且随时随地都能用内在的尺度来衡量对象，人按照美的规律来塑造自己；“劳动创造了美”是美的本质，而美的规律则是对异化的非人道的社会的否定；人类的真正生产是在直接的需要中创造自由，而无功利的艺术超越世俗的功利，与出于人类生理本能欲望的强制性劳动形成鲜明的对照。① 总之，马克思把美学与社会实践相联系，并把美的本质问题与人的本质紧密结合，认为美的本质是人在劳动生产中所体现的生产关系的和谐。

波德莱尔（C. P. Baudelaire，1821—1867）以“过渡、短暂、偶然”来对抗传统、消解一成不变的过去和拒绝中产阶级物欲的平庸而首先提出审美现代性。这一命题带有对抗启蒙的工具理性进行颠覆的革命性，是对康德“审美无利害”命题的率先实践。

王尔德（O. Wilde，1854—1900）主张为艺术而艺术、生活应该模仿艺术。这意味着现代社会物质水准的提高并不必然导致精神的升华，反到可能使人变得刻板和平庸，因而失去创造性。法兰克福学派美的救赎表现了把人之主体从现代社会的猖獗工具理性的宰制中解救出来的功能；纯粹的艺术，是对处于某种生活境况中人被贬低的无言批判，是对工具理性的批判。

本雅明（W. Benjamin，1892—1940）以破碎、救赎的角度来体验现代生活和规定审美现代性。可见，审美现代性突出强调孤独、颤抖和魂颠的震惊与救赎，扮演了一个社会批判者、越轨者和颠覆者的角色，也许“酒神精神”是审美现代性的文化象征。

总之，中国美学借助消解的途径超越生命，西方美学借助抽象的途径使生命对象化②和美的救赎。前者追求天地人三才统一，而后者拘囿于主客体二元对立，但二者都认同真善美的统一、美在和谐、美在境界。

上述的中西美学理论是本研究的美学基础，下面选取西方近现代哲学中的一些理论，作为本书所做研究的哲学基础。

---

① ［英］特里·伊格尔顿著，王杰、傅德根、麦永雄译，柏敬泽校：《审美意识形态》（第2版），广西师范大学出版社，2001年，第199—200页。

② 潘知常著：《中西比较美学论稿》，百花洲文艺出版社，2000年，第180页。

2. 哲学基础

康德研究理论理性、实践理性和判断力。关于理论理性，康德列举了理论意识的主要形态：直观、感性、知性、理性。关于实践理性，康德研究的是意志本性和意志原则。关于判断力，康德确定了其联结知性和理性的先天原则。他认为，知性的判断把特殊归于一般，得出的是知识；理性根据原理判断，得出的是行为善恶的道德实践；联结知性与理性的判断力，负责由自然概念此岸到自由概念彼岸的摆渡；判断力只能从特殊出发去寻求普遍，因而只能是反思判断力；反思判断力包括审美判断力和目的论判断力，其任务是从自然中的特殊上升到普遍，所以需要一个普遍性和特殊性相统一的原则；这个原则具有双重的合目的性，即主观的合目的性和客观的、逻辑的合目的性；客观的合目的性的判断就是审美判断；审美判断力联结着真与善，并通过愉快来评判主观形式的合目的性；目的论判断力通过知性和理性的关系来评判客观质料的合目的性；对于康德哲学自身之内的普遍性，康德则予以三分：知性、理性及二者的统一，即判断力（如表 004所示）①。

表 004　康德哲学要览

内心的全部能力	诸认识能力	诸先天原则	应用范围
认识能力	知性	合规律性	自然
愉快和不愉快的情感	判断力	合目的性	艺术
欲求能力	理性	终极目的	自由

资料来源：康德之《判断力批判》。

① ［德］康德著，邓晓芒译：《判断力批判》（第 2 版），人民出版社，2002 年，第 14—33 页。

马克思用实践来统一黑格尔的辩证法和费尔巴哈（T. Feuerbach，1804—1872）的唯物主义，终生研究人类如何实现生产力与生产关系二者关系的和谐，把人类引向获得彻底解放的共产主义。他凭借使用价值的概念重新联结感性与理性，但认为只要商品仍是最高支配者，使用价值就不能得到解放；他关注作为社会内容的生产力与作为社会形式的生产关系的和谐，但认为把资本投入作为物质生产以及财富增长的唯一形式的幻想，是对内容与形式和谐的一种反动。[①] 他认为，大工业在代表着人类进步的同时，却造成了人的异化，使人片面发展，而要想使人全面发展，唯一的途径是生产劳动与教育相结合。

伯格森（H. Bergson，1859—1941）研究绵延、直觉和人类的创造性进化，强调人类的生命体是一种创造的进化，而这种创造的进化基于生命本质的变化之连续，即纯绵延。他认为：人的生命是创造性的、流变的、绵延的，但不幸的是，近代哲学借助希腊的理性主义，有过之而无不及地把时间的任何时刻都对象化，其结果是赞同机械论的概念，赞同同质的空间化的时间，把动态的、内在的绵延绝对空间化，忽略了绵延中的生命冲动使人自身呈现多种生命形式的各种可能性；生物本能从内部有限地认识生命，而人类用以制造工具的理智又有限地敏感于空间化的对象，因此，这两种固有的不完善只有靠直觉来克服，因为直觉能够把握生命、通过激情和内在本能，把理智的灵活性、可延展性和自我意识结合起来，反思对象并把对象无限地加以扩大；但直觉一旦中断，人类理智所产生的复杂概念体系，就会把直觉空间化、把人降低为与物质等同的东西，违背了加强人自身生命力的人类进化目的，而要想重估人的价值，科学和哲学必须超越笛卡

① ［英］特里·伊格尔顿著，王杰、傅德根、麦永雄译，柏敬泽校：《审美意识形态（第2版）》，广西师范大学出版社，2001年，第203页、第212页。

尔（R. Descartes，1596－1650）、康德以来的传统，遏制理性的恶性膨胀，因为理性的恶性膨胀严重地扼杀了人的创造性，造成两千年来生命的蜕化。[①] 总之，伯格森反对二元对立的传统形而上学片面发展“智力－理智－科学－形而上学”的道路，倡导可以纠正这种片面发展的另一条道路，即“本能－绵延－直觉”的道路。[②]

海德格尔（M. Heidegger，1889－1976）存在主义哲学的核心问题是关于“此在”和“在世”的问题。他认为，传统哲学的错误在于“对哲学的本质要求过多”，这就极容易造成这样一种假象，仿佛哲学能够而且必须成为此在和文化的基础；此在，是当下的、将来的和历史的此在；文化，是一个民族的时代所创造出的文化。他对哲学的理解是：哲学按其本质只能是而且必须是一种从思的角度，面向“知”的渠道和视野而开放。他把人对“being”的直接领悟，理解和规定为“此在”，而“此在”的“存在”就是“生存”，即“在世”，因此，“存在”比“存在者”更具有明显的优先地位。例如，伟人或英雄往往在其过世后活在人们心中，因为，“此在”的基本情绪是“畏”，故而“在世”的存在状态是“忧”，伟人或英雄由“畏”而“忧”，忧国忧民，并且因先天下而忧，因而先行到死之中去，即把生命面向未来而开放。

哈贝马斯看准了现代社会的人与“他者”同化与被同化的弊端，倡导交往理性，以此来实现和完善现实社会中的合理性，因为工具理性“越位”到生活世界、人文理性“独尊”于物质世

---

① 尚新建著：《重新发现直觉主义——伯格森哲学新探》，北京大学出版社，2000年，第66－67页。

② 尚新建著：《重新发现直觉主义——伯格森哲学新探》，北京大学出版社，2000年，第101页。

界。他认为交往理性的观念在实践中更具有可理解性。① 在他看来，语言依存于生产关系，难以逃脱钱权系统的强制，这在组织上歪曲了人类的交往，内化于人，而导致人心理压抑；钱权系统是固有的强制的社会子系统，必须通过培育交往理性来抑制其臃肿，否则，就无法应对生活世界的殖民化。他把世界分成客观世界、社会世界和内心世界，分别对应三个适当要求：真理性、正当性、诚实性；他认为，要把生活世界从钱权系统的强制中解放出来，为使普世主义的道德不至于停留在非现实的理念上，要靠新生代在未来发挥决定性作用，以推进商谈伦理学，并在共同具有信念的领域行使没有强制的交往自由②。

五、研究方法

本书所做的研究主要以美学、哲学、社会学、人类学、心理学、教育学的综合视角来透视社会现象和研究教育问题。在马克思主义总的方法论指导下，具体采用文献法、调查法、质性研究、行动研究和比较法。

1. 文献法

文献法，即文献分析法，是对一系列文献进行比较、分析、综合，从中提炼出评述性说明的方法。文献可分为文字文献、数字文献、图像文献、有声文献。收集文献一定要有选择地、有分

---

① Reference to Lorraine Y Landry. ***Marx and the Postmodernism Debates——An Agenda for Critical Theory***, first published in 2000 by Greenwood Publishing Group, Inc., pp. 154—156

② ［日］中冈成文著，王屏译：《哈贝马斯交往行为》，河北教育出版社，2001年，第187、第116、第203页。

析地搜集与所研究的主题有关的文献。文献收集方法有直接利用文献目录及索引方法、咨询法、抄录和复印法。文献法具有间接性、历史性和继承性的特点。文献法侧重于对文献研究做到有案可查，批判地吸纳，如老吏断案，既要肯定和善用前人的研究成果，又要指出前人的不足与缺憾。

2. 调查法

调查法是研究者通过问卷、访谈、查阅档案、查看书信、自传、日记、回忆录等途径搜集有关资料，间接取得相关数据和信息的一种方法，主要包括问卷法（书面形式的提问）和访谈法（口头提问的现场调查）。问卷的形式包括开放式、封闭式、半封闭式，所得数据用以量化研究。量化研究批判质性研究将学科变成旅行者的故事，缺乏客观性和严谨与科学的控制研究结果而无法归类，无以建立人类行为的规则。访谈包括有组织的访谈和无组织的访谈，还包括个别访谈和集体访谈，访谈的对象最好是直接的研究对象，或业内人士“行家高手”。在本书所做研究中的调查法侧重于在少数民族地区自然状态下对事实依据和数据的主动收集及以开放式提问的方式对所需材料间接地获得。

3. 质性研究

质性研究是“以研究者本人作为研究工具，在自然情境下采用多种资料收集方法对社会现象进行整体研究，使用归纳法分析资料和形成理论，通过与研究对象互动对其行为和意义建构获得解释性理解的一种活动”①，是许多研究方法的统称，包括人类学、存在主义、解释学、女权主义、后现代主义、个案研究、田

① 陈向明著：《质的研究方法与社会科学研究》，教育科学出版社，2000年，第12页。

野工作、焦点访谈和文献分析等，注重人际意义、生活经历、现场情景、全面而深刻地理解，其目的是多角度地、游刃有余地解析当局者的存在意义。质性研究批判量化研究对人类思想和语言的变异性与适应性不具敏锐度，是干扰的、外来的和反人性的。

4. 行动研究

行动研究是由与问题有关的所有人员共同参与研究和实践，对问题情景进行全程干预，并在此实践活动中找到有关理论依据及解决问题的研究方法，其特点是为行动而研究（for action）、在行动中研究（in action）、由行动者研究（by actors），强调研究与行动合一、实践者主体深度参与，以批判思维对实际工作先做出关系和价值的评估，然后加以改善，而研究者只是指导，无涉内政，实践者可随时修正靶目标以逐渐实现总目标，其过程是批判性思维的反思，避免自卫反应，其步骤是：设计→行动→反思。

5. 比较法

比较法是根据一定的标准，对某类教育现象在不同情况下的不同表现进行比较研究，找出教育的普遍规律及其特殊本质的研究方法。简单地说，就是通过比较认识教育规律的方法。运用比较法有三个条件：一是必须存在两种或两种以上的事物；二是这些事物必须是同类并且在同一层面上；三是这些事物必须有不同的特性。比较法在本书的研究中特指贝雷迪的四步比较法、爱德蒙·金的框架比较法和霍尔姆斯的问题比较法。

贝雷迪（G. Z. F. Bereday，1920—1983）的四步比较法分为：描述→解释→并置→比较。描述，即收集资料、实地考察，并在此基础上对教育事实进行客观描述；解释，即对所描述的事实，用社会科学和人文科学的观点进行充分研究，对所描述的事实作出解释；并置，即分类整理描述和解释的教育事实，按具有可比性的形式分列，为比较分析建立假说；比较，即对并列的材料进行全面比较分析，验证假说，并提出定论。

爱德蒙·金（E. King，1914—2002）提出的比较分析的框架包括：概念、环境、制度、操作。概念，即术语语义问题；环境，即来龙去脉和空间社会背景，包括事物本身的发展演变、事物的依存条件和人对教育体制和问题的理解和看法；制度，即通过研究决策机构和实施机构的法规、章程和重要文献来分辨各制度之间的差异；操作，即制度的有效实施，从而获得关于一种制度的最终评价。

霍尔姆斯（B. Holmes，1920—1993）提出的问题（解决）比较法包括：分析问题→提出假设→细述背景→预言结果→比较结果。分析问题需要社会变革理论和分析模式，而要使假设得到验证，使政策后果得到预测，就需要一个分类框架——规范模式（如教育目标、政治意识形态、经济理论、宗教信仰、社会阶级观念）、体制模式（如政治机构、经济组织、法律组织、教会、教育体制结构）、精神模式（如传统观念、民族意识和特征等）、自然模式（如地理、地质、气候、环境、人口）。

本书所做的研究有意摆脱国别比较的窠臼，侧重于中西方文化深层比较和境内族际比较。东西方文化的特质差异关键在于三才统一与二元对立。“冷战”结束后，西方发达国家发动了独霸文化的全球化扩张，即国际垄断资本主义向全球各个角落的强势浸透。1993年，美国率先在全球提出了建设全国信息高速公路的设想之后，加拿大、日本、英国、法国、德国等国紧随其后，即“冷战”后的信息革命随着西方文化同质化的洪水渗入到所有自然科学、技术科学、社会科学和人们的日常生活之中，对整个社会的影响极其巨大，对发展中国家的教育发展的影响也十分巨大。信息革命使人们采用推理和数学方法和智力技术解决各种问题，进行决策。超级发达国家抢占信息制高点，挖宽了数字鸿沟，奉行信息网络技术帝国主义，为资本主义全球化以及文化殖民推波助澜。为抵御西方发达国家的文化殖民，一些发展中国家的比较教育学者勇敢而理性地倡导东方文化在比较教育研究中的不可估量的作用，强调文化参照系不应唯西方是从，不应远离了本民族文化之根，比如，要以儒家“和而不同”的思想来论证比较教育的西方中心主义的终结。[①] 文化参照需要研究者价值无涉，要客位地、平等地、充分地进行比较，如博厄斯（F. Boas，1858—1942）所强调的每种不同文化都有独特的价值标准[②]，也如奥格布（J. U. Ogbu，1939—2003）的文化参照框架差异理论既批评了主体文化教育理论，也批评了多元文化教育理论。这就需要廓清比较教育研究的各民族文化参照系，挖掘其文化底蕴及其伏流于现代化浪潮中的现代性，因为没有文化参照的比较等同于信口胡说，“如果要评价原著民的本体论和认识论，那么，必须首先借助一个接纳它们的内在的参考框架”[③]。总之，为抵御西方超级发达国家的独霸文化殖民，比较教育研究不仅要终结唯西方文化中心，而且要找出东西方文化的特质差异，以廓清文化参照系。

“9·11”袭击事件以来，仍处于文化分析时代的比较教育研究不可避免地要将其焦点之一落于境内少数民族比较，因为“9·11”袭击针对的是美国资本主义威胁他族生存的全球化扩张。

---

① 王长纯著：《孔子的哲学思想与中国比较教育——兼论与国际比较教育对话的立场》，载《外国教育研究》，1995年，第1—7页。

② ［美］卢克·拉斯特著：《人类学的邀请》，王媛、徐默译，北京大学出版社，2008年，第37页。

③ ［澳］道格拉斯·摩根著：《掠夺、认可和容纳：高等教育中原著居民的智慧和知识》，引自［英］马克·贝磊著，彭正梅等译：《比较教育学：传统、挑战和新范式》，华东师范大学出版社，2007年，第32页。

全球化扩张不仅造成了新三大差别，而且造成了文化同质化和文化异质化、全球主义与地方主义、忠信与理性、传统与现代性之间的二元紧张。[①] 全球化的类型，无论是文化（甚至语言）的同质化，还是以北美和西欧作为贸易自由主义模型的资本主义独占形式的加速，抑或知识传播、人员流动、民主和人权传播以及对环境的关注，[②] 西方发达国家发动的独霸文化全球化扩张，渗透到世界每个角落（包括边疆民族地区）、各个领域（包括教育领域）和人的精神家园。因此，从国家安全和文化人本主义以及可行性的视角来看，境内的族际教育比较研究非常必要。因此，面对复杂的国际关系和西方文化殖民的强势，发展中国家的比较教育研究应高屋建瓴地为境内民族教育的均衡与发展谏言献策。

所谓"文化人本主义"，在此专指对待和促进境内少数民族文化的存续时要站在"仁"之"忠"的人本主义立场，即对待他族文化要做到"己欲立而立人，己欲达而达人"（《论语·雍也》）。然而，发展中国家在应对全球化资本主义冲击的同时，在某种程度上也染上了全球化的通病，即漠视文化的多样性存在，甚至认为文化多样性存在有碍于现代化的进程与进步。然而，文化多样性意味着生机盎然，就像生物多样性意味着地球生机一样。可见，境内少数民族教育的比较研究是要"面向现代化、面向世界、面向将来"的，因而是在全球化背景下提升国家安全系

---

① Reference to Joseph Zajda：***Globalisation and Comparative Research*：*Implications for Education*** from Joseph Zajda? Val Rust：***Globalisation*，*Policy and Comparative Research*：*Discourses of Globalisation***，Springer Science＋Business Media B. V.，2009，p. 6

② Reference to Lynn Davies：***Comparative Education in an Increasingly Globalisation World*** from Joseph Zajda? Val Rust：***Globalisation*，*Policy and Comparative Research*：*Discourses of Globalisation***，Springer Science＋Business Media B. V.，2009，p. 14

数、促进民族团结、社会公平、充分提升少数民族教育质量和生活质量，进而增强综合国力的民族教育研究。正是在这种背景和意义下，顾明远先生指出："过去我国比较教育总是研究外国的教育，把比较教育局限于跨国性，其实在本土也有可比较的内容和课题……比较教育也应该包含本国的各地区、各民族之间教育的研究。"①

站在文化人本主义的立场，比较民族教育研究至少可以针对境内少数民族学生所具有的民族人种DNA生物性遗传和文化性格进行因材施教的微观研究。仅就DNA生物性遗传来论，不同民族的人种DNA具有一定的净遗传距离（如图003所示），比较民族教育研究可选取净遗传距离较远的两个或两个以上的民族就其文化性格对学习态度的影响和民族思维品质所决定的认知心理特征等方面进行截取数据的自然实验量化研究和剖析文化性格特质的质性研究，以及努力做到质性研究与量化研究的结合。因为质性研究与量化研究各有优缺，虽然二者彼此相互批判：公说公有理，婆说婆有理，但是，从严格的科学意义上说，两者还是结合得好，即采用混合法（mixed methodology）最好。之所以说是最好，是因为：如果此两者不可通约，没有一个共同的度量单位，那么，它们的结合应该会产生出两者之中的任何一个都不能单独拥有的力量。② 总之，从国家安全和文化人本主义的角度，根据民族人种DNA生物性净遗传距离，就不同民族学生的文化性格对学习态度的影响和民族思维品质所决定的认知心理特征，比较民族教育研究可为这些民族地区的一线教师进行因材施

① 顾明远著：《关于比较教育学科建设的几个问题》，载《比较教育研究》，2005年第4期，第1页。

② ［美］奈尔·诺丁斯著，陆有铨、石中英译：《教育哲学》，北京师范大学出版社，2008年，第159页。

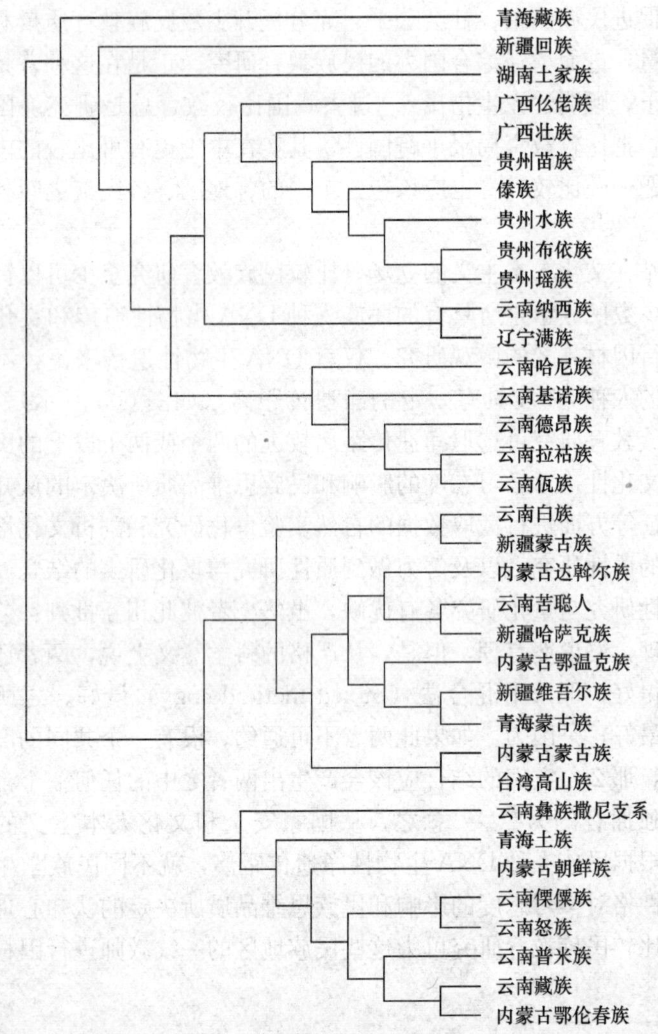

图 003 基于群体间遗传距离采用邻接法构建的少数民族群体遗传聚类关系

资料来源：金力、褚嘉祐：《中华民族遗传多样性研究》，上海科学技术出版社，2006 年，第 213 页。

教而提供诸多方面和认知指标上的差异性数据和教育教学建议，从而使比较民族教育研究具有实践意义。

六、创新之处

本书所做研究的创新之处在于：

首先，把三才统一与二元对立的中西文化比较作为本研究的经脉，因为经分析研究得知后者是工具理性猖獗和全球化扩张的核动力，是导致民族教育被双重殖民从而使民族教育失真、失善和失美的根本原因。

其次，研究教育境界如何生成，并分出蓦然、浩然和澄明三个层次，作为教育者抵御钱权系统和独霸文化的一种美的超越之途径。

再次，通过分析人自身质的进化的全面性、充分性、和谐性来确认看待人之发展的三维视角，即全面、充分、和谐，并且每个维度都有狭义和广义之分。

最后，通过对教育美的分析，按真、善、美的要求，把“教育求是”、“教育求诚”、“教育求公”，确定为教育审美标准，亦即教育批判标准，以此作为链接教育审美和教育批判的关键。

七、书写逻辑

导论部分包括“提出问题”、“概念界定”、“文献综述”、“理论基础”、“研究方法”、“创新之处”和“书写逻辑”等方面的内容。

第一章“教育困扰”分析现代性断裂如何困扰民族教育发

展。首先分析现代性断裂的主要识别因素及其内在根源，并进行中西文化比较。然后分析现代性断裂的因素分别在宏观和微观、广义和狭义各自的三维发展上如何困扰民族教育发展，如何致使民族教育失真、失善和失美。

第二章“教育本真”通过分析社会关系之总和与人面向未来而存在，推论人之本质；通过分析人类的生产、创造和进化，推论人之本能，进而推论“教育本真”的内涵，以作为“教育求是”之标准的根据。

第三章“教育臻善”通过分析善性、善行、正义之善和普遍之善，来确定善的层次；依据人之向善、人之完善和善行之本义，来阐述人之三维发展，进而推论“教育臻善”的内涵，以作为“教育求诚”之标准的根据。

第四章“教育至美”通过述评美在和谐、分析教育爱与教育之道，来说明教育关系和谐；通过分析美学境界来论述教育境界的生成，进而确定“教育至美”的内涵，以作为“教育求公”之标准的根据。

第五章“教育审美标准”分别根据教育本真、教育臻善和教育至美的内涵，以及通过分析“是”、“诚”和“公”的本义，来推导和界定“教育求是”、“教育求诚”和“教育求公”，作为教育审美标准，进而作为教育批判标准。

第六章“返璞归真”以“民族素质的全面性”、“教育投入的中美比较与区域比较”和“民语课程的制度性安排”为题，批判素质教育的本原被遮蔽，民族教育投入的缺口有多大、为何民语课程应有制度性安排；以“创造性的翅膀”、“教育商品化”和“教育创收”为题，批判教育生机为何被扼制，并探索教育归真的途径，即教育者为培养受教育者的创造性而如何解脱体制僵化的困扰，在教育投入不足的情况下，学校如何为挑战教育商品化而进行教育创收。

第七章“长善救失”以“摆脱教育殖民化”和“扎实民族素质教育之根”为题，分析教育殖民化的结果为何是失忠于民，以“克服教育官僚化”和“追求发展性教育教学”为题，分析教育官僚化的结果为何是失信于民。

第八章“教育和谐”以“调整教育机会不均”和“平衡教育资源配置”为题，提出克服教育有失公正的一些必要措施；以“道器结合与重树教师集体形象”和“抵御西方独霸文化”为题，提出教育者追求蓦然境界、浩然境界、澄明境界，是身心和谐、追求三才统一的人之和谐发展的理想途径，作为一种创造教育关系和谐美的探索。

综上所述，本书所做研究的书写逻辑脉络如下（如图004所示）：

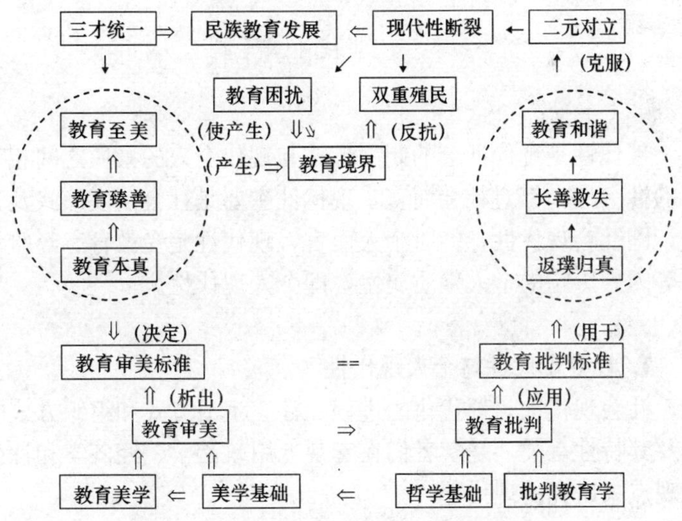

图004 本研究的框架与脉络

（注释：除了箭头旁边有标明以外，“单箭头”表示“前因后果”，“双箭头”表示“作用于”。）

第一章 教育困扰

教育困扰是指现代性断裂对民族教育发展的困扰，即现代性断裂在宏观上困扰着民族教育的均衡发展和特色发展，在少数民族学生作为人类个体自身质的进化与生产的全面性上，困扰着素质教育和普及教育；在充分性上，困扰着教育关系的和谐与终身教育；在和谐性上，困扰着少数民族学生的身心和谐与境内族际比较教育。

一、现代性断裂

现代性是现代社会的制度形式与现代个人的素质之间相互作用的社会性。针对社会而言，现代性主要是社会制度形式及其特性，即社会现代性；针对个人而言，现代性是受教育、经验和媒体等因素影响的个人素质属性，即个人现代性。

1. 社会现代性与个人现代性

社会现代性与现代化的进程、社会生活方式和组织方式的变化及其特性有关，是学者们在宏观上用政治学、经济学和社会学的观点来研究的现代性。

从社会学的角度看现代性，吉登斯（A. Giddens，1938—）认为，现代性是指 17 世纪以来出现于欧洲的社会生活方式与组织方式，是现代社会或工业文明的略缩语，它涉及对世界的系列态度和想法、复杂的经济制度（特别是工业生产和市场经济）和一系列的政治制度（包括民族国家和民主），而现代性的出现首先是一种现代经济秩序，即资本主义经济秩序的创立[①]。他认为现代社会具有以下四个特性：首先，现代社会具有诸如混沌性、耗散性和流变性等社会物理特性，就像物理学中的射流膨胀、沿杆爬升和无管虹吸等效应一样。其次，现代社会具有社会关系的矛盾统一性；例如，风险与信任、危险与安全、非地域化与再嵌入、专业化与知识再占有等。再次，现代社会具有制度维度的多样性；例如，资本主义的市场运作、工业主义的自然发展观、军事力量的存在和监督机制对信息社会的控制。最后，现代社会具有动力机制化的特点，动力机制包括：时空分离、抽离化机制和制度反思性[②]。时空分离是指在时空中发生的事情可通过先进的信息传媒技术而突破时空限制；抽离化机制是指社会关系跨越无限的时空而得以流动、提取和重建；制度反思性是指，“定期地把知识应用到社会生活的情境上，并把这作为制度组织和转型中的一种建构要素”[③]。

社会现代性的基本特征，在哈贝马斯看来，是生活世界与钱权系统之间的分化。现代性断裂体现了由经济和政治两大支柱支撑的社会系统，凌驾于生活世界之上，从而导致生活世界被具有非交往力量的社会系统所殖民；这意味着权力在市场和国家之间转换，排斥着主体之间的相互理解，意味着钱与权凌驾于主体之上，而现代化意味着一个社会释放合理的生活世界潜能，用于促进社会转型和社会进步。哈贝马斯认为，在资本主义早期，“在

---

① ［英］安东尼·吉登斯、克里斯多弗·皮尔森著：《现代性——吉登斯访谈录》，新华出版社，2001年，第69—71页。

② ［英］安东尼·吉登斯著，赵旭东、方文译：《现代性与自我认同》，生活·读书·新知三联书店，1998年，第22页。

③ ［英］安东尼·吉登斯著，赵旭东、方文译：《现代性与自我认同》，生活·读书·新知三联书店，1998年，第22页。

系统内部，国家和市场之间保持相对平衡，市场是由私人契约维持的自我调节的交换领域，国家以强制力量维持社会的秩序。在生活世界领域，私人的家庭伦理生活与道德、法律的公共领域之间保持平衡。但是，随着资本主义社会合理化地位进一步得到巩固，这种平衡逐渐被打破，强制性的权力越来越凌驾于市场和生活世界之上，劳动领域的异化和经济的剥削造成的生活世界的危机，系统的扩张所导致生活世界的异化，正是晚期资本主义社会的特征”①。

作为社会现代化结晶的个人现代性，是学者们在微观上以个人和文化的视角加以研究的现代性。依据发达国家和发展中国家的差异、以世界的眼光和面向未来的视角，个人现代性可分为必要的个人现代性、达成的个人现代性和转换的个人现代性。

个人现代性决定着社会现代化，因为个人执行和运用现代制度。从后发外生型国家的现代化过程来看，个人现代性体现着发展中国家为缩小与发达国家间的贫富差距的社会理想。这种理想影响着后发外生型国家的社会变迁，改变着后发外生型国家人民的心理、思想、态度、价值观和行为方式。英格尔斯等人认为，个人现代性是个人素质的复杂体或综合体，涉及个体对世界充满流变的经验、接受正规教育的机会、以终身学习来应对世界加速流变的期望和所处社会环境的前提条件，因此，经验、教育、学习和环境是决定个人现代性形成的四个因素，其中，教育是首要因素，因为教育效益的高低决定着个人现代化的程度，个体因受正规的学校教育而更加具有现代性②。他们经研究而指出，现代

---

① 汪行福著：《走出时代的困境——哈贝马斯对现代的反思》，上海社会科学院出版社，2000年，第266页。

② Alex Inkeles & David H. Smith. ***Becoming Modern*：*Individual Change in Six Developing Countries***，Harvard University Press，Cambridge，Massachusetts，1974，p. 10—143. 260.

人具有以下四方面的主要特征：现代人是一个有知识的参与型公民；他具有突出的个人效能感；他在处理个人事物而进行决策时，具有在与传统影响源的关系中的高独立性和高度自治；他具有针对新经验和新理念的准备性，即具有相对开放的头脑和认知的灵活性。但他们也指出，个人现代化最重要的是个人现代性形成的方式，按重要性大小排序的前三项分别是教育、职业经验和媒体影响，而最能影响个人现代性形成的方式、标志国家现代性的因素是现代制度、效能政府、效率生产和得当的社会服务[①]。现代制度要成功地发挥其功能，就要精密地依靠个人的素质。经济学家用国民生产总值的术语来定义现代性，政治家用执政效能制度的术语来定义现代性，而英格尔斯和史密斯却坚持认为，被引入的快速经济增长和效能政治制度，如果不在具有现代素质的大众中广泛传播的话，将不可能长期而持续地发展。在当代世界的现有条件下，个人现代性的素质并非是一种奢侈，而是一种必须，因为这些素质并非是一种得自于制度现代化的边际利润，而是这些制度获得长期成功的一个前提条件。总之，社会现代化取决于个人现代性，即公民参与力、效能感、独立性、自治力、开放性、认知力。因为民族国家要想成为现代国家，就必须由具有现代性的个人作为支持，所以，本书所做的研究把发展中国家的个人为了支持国家现代化所必备的上述现代性，称之为“必要的个人现代性”。

英格尔斯所研究的个人现代性具有国际眼光和世界意义，因为在该书中所研究的现代性并非仅属于发展中国家或西方发达国家，而是在全球范围内具有普遍意义的世界现代性。在以前研究

---

① Reference to Alex Inkeles and David H. Smith. ***Becoming Modern*：*Individual Change in Six Developing Countries***, Harvard University Press, Cambridge, Massachusetts, 1974, pp. 290. 264. 312—313.

成果的基础上，他通过话语主题的论证和行为检测的验证，在其分析模型中得出个人现代性的九要素：适切性和开放性，即乐于接受新经验和对创新与流变敞开胸怀；渐增性和豁达性，即个人对即时环境内外的大量问题拥有自己的见解，并对他人态度和不同意见有深刻的认识和给予肯定评价；守时惜时，即注重现在和未来，办事讲究效率；效能感，即对自立和与人协作的能力充满信心，以应对各层次的挑战；计划性，即相信把计划作为处理公务和个人生活的手段；信任感，即相信监督中的合理合法社会及其尽义务、负责任的成员；正义感（尤其针对技术技能），即现代组织的核心原则是按对组织的贡献成比例地进行奖赏分配；有抱负、受教育和再学习，即有志气，愿意接受更高级的正规教育，并为填补学科领域空白和解决人类问题而再学习；尊重性，即体谅他人的尊严并尊重他人，尤其是保护针对弱势群体的尊严①。简言之，具有世界意义的个人现代性具有10个主要特征是：适切性和开放性、渐增性和豁达性、守时惜时、效能感、计划性、信任感、正义感、求知性、上进心、尊重性。因为这现代性的十要素是国际视野中发达国家更容易达到或已经达到的个人现代性，所以本书所做的研究将其称为“达成的个人现代性”。

英格尔斯认为，个人现代性的转换对应制度发展中的结构性转换，在结构性转换的过程中，个人现代性有七个核心要素：对新经验的开放性；维护从传统和权威中分离出来的独立性；相信科学和医药的效能，并摒弃面对生活困难的被动性与宿命主义；具有接受高层次教育的雄心；守时、并且对未来事物的规划感兴趣；积极参与社区事务和地方政治；对新闻穷追不舍，关心国内

---

① Alex Inkeles. ***Exploring Individual Modernity***, Columbia Unoversity Press, New York, 1983, pp. 40—48, 35—39.

外大事。[①] 关于个人现代性如何面向未来，英格尔斯强调心理现代性，因为心理现代性是一个复杂的、多层面、多维度的综合体；尽管在所有社会及其所有层面都能找到这种综合体，但它趋向于更集中在经济较发达国家。如果个人现代性主要依赖于人们居其中的社会文化结构的本质及其系统中的经验传播，那么，为解读个人现代性的未来，就必须预测社会的未来。[②] 他指出，人类潜在的大灾难（如核毁灭和窒息死）、经济发展迟滞和全球贫富差距等都会导致全球的规范与调适，从而会调动经济动力和激发善良的政治愿望，进而导致人们理念的变化，最终促使个人现代性加强。简言之，这种现代性包括开放性、独立性、信任感、上进心、守时与认知性、公民参与力、时代感等要素，无论是体现在发展中国家的个人身上，还是体现在发达国家的个人身上，都具有面向未来的转换性，所以本书所做的研究把这种现代性称为“转换的个人现代性”。

这些转换的个人现代性分别具有哲学、心理学、经济学、政治学和社会学等学科领域的内涵，因为作为具有现代性的个人，其本身就是“八面玲珑”的。当今任何国家，如果其国民不经历这样一种心理上的和人格上的现代性转变，而是盲目“借鉴”和“受援”，不积极主动地抵制与反抗钱权系统和独霸文化对教育的双重殖民，就不能成功地使其从发展中的国家跨入自身拥有可持续发展潜力的现代化国家的行列。在现代人的人生的任何阶段，特别是在成年的早期和中期，人们不能不、也不得不经历非常重要的个人现代性的流变。制度、教育、职业固然能在相当程度上

---

① Reference to Alex Inkeles. ***Exploring Individual Modernity***, Columbia Unoversity Press, New York, 1983, pp. 311, 101.

② Reference to Alex Inkeles. ***Exploring Individual Modernity***, Columbia Unoversity Press, New York, 1983, p. 308.

决定和改变着个人现代性，但制度、教育、职业也必须由人来创造和改变。具有这些转换的个人现代性的个人面临着巨大的社会变迁，尤其是在“冷战”结束、世界贸易组织成立以后。因此，英格尔斯在20世纪80年代初研究出的这些面向未来的现代人的素质，也不可能不发生着变化，而在影响这些个人现代性发生变化，即影响人之发展的因素之中，最为显要的是现代性断裂及其识别因素。

2. 现代性断裂及其识别因素

现代性断裂是指现代的社会制度在某些方面是独一无二的，其形式异于所有类型的传统秩序；或者说现代性以前所未有的方式，把我们抛离了所有类型的社会秩序的轨道；在外延方面，现代性卷入的变革，确立了跨越全球的社会联系方式，在内涵方面，现代性卷入的变革，正在改变我们日常生活中最熟悉和最具有个人色彩的领域；现代性带来的变革如此剧烈，以至于我们在试图用以往的知识去理解时，显得很难理解而无可奈何。换言之，现代性断裂是现代社会制度的某些方面在形式上异于所有类型的传统秩序。[①] 这包括：现代与传统之间的对抗、社会制度与个人生活之间的分化、东西方文化差异的加大，其主要识别因素是感性理性对垒、工具理性猖獗、现代性高速流变、全球化扩张、现代制度的固有特性、民族性普世性失和。在当今国际垄断资本主义社会条件下，隐藏在这些识别因素之中的消极动因主要是：经济上的新自由主义、政治上的新保守主义、文化上的二元对立与三才统一之间的差异的加大。

现代与传统之间的对抗，主要表现在发展中国家普遍存在的

① ［英］安东尼·吉登斯著，田禾译：《现代性的后果》，译林出版社，2000年，第3—4、第2页。

"二元结构"中。"二元结构"是由迟发展效应而形成的社会结构多元化的表现形式，在实质上是后发展国家的现代性结构与传统性结构的一种分裂，它严重地制约着迟发展国家的现代化进程[①]，其明显识别要素有：现代性高速流变、全球化扩张、现代制度的固有特性。现代性高速流变的实现主要是技术方面。[②] 至少是造成大量传统工人结构性失业的一个主要外因。全球化扩张的明显罪恶表现在：结构性失业，发展中国家的社会生态景观的断裂，国际国内贫富差距的拉大，社会排斥，城市暴力以及恐怖主义。全球化扩张受到新自由主义的推动，并通过国际组织向全球倾销评价、资助、标准、师资培训、课程、教学和测验等特殊政策，民族国家因此在所有事务上的自治都受到侵蚀，包括教育决策；面对如此压力，需要捍卫与纯市场机制相对峙的公立教育；这就需要仔细分析私有化，因为它涉及民主形式的存活、公立教育角色的岌岌可危、国家对教育机会和平等的承诺失效、把公众看成是花钱买教育的消费者等。[③] 现代制度的固有特性是指某些现代社会的组织形式不能简单地从此前历史时期里找到的制度形式与特点。由私有化生出的现代制度的固有特性，已使劳动产品和雇用劳动本身完全商品化[④]。

社会制度与个人生活之间的分化的明显识别要素有两个：理

① 顾明远、薛理银著：《比较教育导论——教育与国家发展》，人民教育出版社，1998年，第149页。

② ［英］安东尼·吉登斯著，田禾译：《现代性的后果》，译林出版社，2000年，第5页。

③ Rrference to Nicholas C. Burbules, Carlos Alberto Torres. ***Globalization and Education*** : ***An Introduction***, in ***Globalization and Education*** : ***Critical Perspectives***, edited by Nicholas C. Burbules, Carlos Alberto Torres, published in 2000 in Great Britain by Routledge, p. 17.

④ ［英］安东尼·吉登斯著，田禾译：《现代性的后果》，译林出版社，2000年，第5—6页。

性感性对垒和民族性普世性失和。前者源于古希腊理性主义和基督教精神都内含的主客体二元对立，具体表现为理性主义和非理性主义的信仰冲突，也表现为理性与情感的分裂；后者源自物质、情感、精神三方的极致，具体表现为人类在认识自然时既崇尚理性又唯理性是从，在征服自然时既利用技术又唯技术独尊、唯我中心，在人与自然、人与人、民族与民族的关系上走了极端。中西方文化差异的最明显的识别要素是工具理性猖獗。工具理性猖獗是指人们为追求效益最大化和最佳收支比率，在只考虑用最经济的手段实现目的时，把所凭靠的合理性[①]肆意地放大。工具理性猖獗是西方二元对立的思维和世界观发展到极致的文化表现，与中国传统文化强调的三才统一，有着根本的不同。

3. 三才统一与二元对立

“东海西海，心理攸同；南学北学，道术未裂”[②]。学问之事，贵在融通，而融通需要比较。就人之发展所指向的各种关系的和谐与现代性断裂困扰人之发展的现实来说，本书所做的研究不可避免地要比较“三才统一”与“二元对立”的中西方不同的世界观。三才统一的中国文化有其强调诸种关系和谐的长处，也有其缺乏物器为用之锐性的短处；二元对立的西方文化有其善于物器为用、因而自然科学发达的长处，也有其唯我中心、唯我独尊，进而具有与自然、与其他族类不和谐相处的短处。对整个人类来说，融通的目的在于相互之间取长补短。

中国传统文化强调天、地、人的三才统一，不讲求主客体对立，具有物我协调、主客统一的浑然的特点。所谓三才，即天、

① ［加］查尔斯·泰勒著，程炼译：《现代性之隐忧》，中央编译出版社，2001年，第5页。

② 钱锺书著：《谈艺录》（补订本），中华书局，1984年，序，第1页。

地、人，或理解为天的生机、地的生机和人的生机；所谓统一，即运动变化着的宇宙万事万物皆源于一而归于一，即太极。“仰观吐曜，俯察含章，高卑定位，故两仪既生矣。唯人参之，性灵所锺，是谓三才”（《文心雕龙·原道》）。仰观天文、俯察地理，是以人为出发点，但又不唯人中心，而是把人作为一个小天地，讲求天、地、人合一的三才统一。通过仰观俯察，来认识宇宙万物的事实，并从中引出道理，即宇宙万事万物作用于人心，“心生而言立，言立而文明，自然之道也”（《文心雕龙·原道》），而仰观俯察、引出道理的主要方法是“立象以尽意”（《系辞·上十二》），即用形象来表达天、地、人的生机及其意义和相互关系，并且天、地、人都分别具有阴阳之两仪，即“兼三才而两之”（《系辞·下十》），而不是像西方哲学那样，单纯地以人为中心，把主体与客体、物质与意识（精神）对立起来，即使是用形象或用实践将主体和客体、物质和意识统一起来，也只是二元的统一，与中国文化的三才统一有着本质的不同。总之，三才统一是指人通过参悟阴阳天地而与自然和谐、与社会和谐，并使自己的身心和谐。也许从浑然的三才统一思维，到理性的二元对立思维，再到理性的三才统一思维，是人类思维螺旋式进化的发展过程。

西方近代文化明显地从笛卡尔开始具有极为鲜明的二元对立的特色。二元，即主体和客体，或精神与物质。二元对立的根源在于：人在把理性作为工具去认识宇宙万事万物时，假定认识就是主体以理性的不同形式去把握与其不同并处于其外的客体；虽然这是人类哲学思维和认识发展中的进步，但问题在于主客体被区分开来的同时，其相互依存和转化的关系被忽略，而往往被分裂和对立起来。[①] 二元对立的实质是指人唯我中心地将自己与对

① 刘放桐等著：《新编现代西方哲学》，人民出版社，2000年，绪论，第7页。

象化的客观物质世界对立起来。人类近现代科学技术的进步与飞速发展，确实主要得益于西方人的这种二元对立的思维，因为西方人讲求人与自然关系中的实用主义，因而自然科学发达、技术进步迅速，但是，在东方人看来，西方文化最核心也最不和谐的特征也恰是西方人主客体二元对立的思维和世界观。

主客体二元对立的思维和世界观，使西方人在人与自然的关系中崇尚物器为用、唯人中心，习惯于以静态的观念和形式化的思维，来研究动态的客观世界，从而否定了生成过程；率先在科学史上出现的几何学，以及相继出现的物理学，都习惯于用相继的点来规范物体的运动属性，把物体的运动属性理解为形态的依次更替，这种用连串静态的形态来理解运动的理念，是在假定整个世界有一种永恒不变性，因而伯格森认为这是一切形而上学的通病；这种思维方式假若针对物理学和数学来说还说得过去，但是，针对人的精神世界则说不通，因为人的精神世界不可能被数量分割；斯宾诺莎（B. Spinoza，1632—1677）认为，思维和广延是上帝这一实体的两个属性；莱布尼兹（G. W. Leibniz，1646—1716）认为，上帝在思维和广延之上，单子的存在是上帝的种种意象，上帝是超时空的存在，而在康德看来，知性与认识材料之间是截然对立的，所以，康德依然不能跳出传统形而上学的窠臼，传统形而上学始终无法逾越二元对立的鸿沟[①]。因受柏拉图理念论、亚里士多德演绎法，以及以后的培根（F. Bacon，1561—1626）归纳法、笛卡尔直觉理性的影响，西方文化长期以来拘囿于主客体二元对立，使启蒙的工具理性发展到了极端：理性压制感性、道德约束自由、工具理性反过来统治主体自身，人类反而受科技的宰制，启蒙走向其反面。这导致理性感性严重对

① 尚新建著：《重新发现直觉主义——伯格森哲学新探》，北京大学出版社，2000年，第94—95、第99—101页。

垒，结果是理性压制感性和生命本能、并把感性和生命本能隐性化或边缘化。随着科技引领的现代性高速流变，人类理性越来越集中在工具领域，并且是工具理性猖獗。工具理性猖獗的最大特点是其宰制性，包括物对心、人对自然、人对他人、钱权系统对生活世界、发达国家对发展中国家的宰制。因为有这一系列的宰制，才使民族教育的发展以及人自身质的进化与发展在全面性、充分性、和谐性这三个维度上都遭受着困扰。

二、现代性断裂对人之发展的困扰

现代性断裂在人之全面、充分、和谐这三维发展的广义上困扰着普及教育、终身教育、比较教育，在狭义上困扰着素质教育、教育关系和谐、受教育者的身心和谐。

1. 全球化扩张与现代制度的固有特性

全球化对发展中国家的影响有着积极和消极的两方面。从积极的方面说，最重要的一点是，全球化把所有发展中国家都纳入了世界体系，推动着各个发展中国家加快了各自的现代化进程。从这个意义上说，全球化是传统意义上的现代化在当今世界的延续与扩张。早在19世纪，“以世界贸易—工业—基督教—科技文明为特征的现代西方崛起，形成并扩展成为第一个真正的世界体系，于是以农业—儒教文明为特征的东亚世界和以农商结合—伊斯兰教文明为特征的阿拉伯世界都急剧衰落。远洋贸易，世界市场，新兴工业，这三者打破了前现代和区域世界的自然平衡，把整个世界，从西方到东方，卷入一场大交易、大生产、大转变的运动之中——这就是世界规模的现代化运动”[①]。尤其在“冷战”结束后的10多年里，“全球化意味着信息和通讯技术爆炸，市场经济迅速扩张，人口急剧变化，全球范围的都市化和向更加开放社会发展的基本趋向。在经济领域，用于直接投资和保险基金的私人资本迅速增加，降低关税壁垒已经成为遍及全球的普遍现象”[②]。全球化给发展中国家带来的好处，主要表现在全球化与地方化（localization）双向结合的本土化（glocalization）之中。以印度为例，印度文化具有吸纳外来文化的优良传统，它与西方文化的精髓相结合所产生的创造力，在印度社会现代化的进程中产生出巨大的能量：首先是英语的普及与应用，让印度真实地感受到它在世界体系中的地位。如印度能成为当今世界的信息业软件王国，表明印度人精湛的英语、卓越的数学思维和才能、极丰富的形象思维以及丰富的创造力。同时，全球化促进了印度金融管理的国际化，增强了印度人的民主和法律意识。[③] 从消极方面说，最重要的是，各发展中国家也要为全球化付出高昂的代价，因为在全球化进程中起主要作用的超级发达国家美国，从20世纪80年代开始，就把“推动美国利益主导的全球化作为最高目标，在海外全面贯彻执行新自由主义政策，开始肢解民族国家”[④]，并在“冷战”结束后，以其强大的政治、经济力量和文化渗透力，加速着全球化向世界的每个角落的扩张，使贫富差距

① 罗荣渠著：《现代化新论续编——东亚与中国的现代化进程》，北京大学出版社，1997年，第68页。

② ［美］杜维明著：《全球化与多样性》，哈佛燕京学社，《全球化与文明对话》，江苏教育出版社，2004年，第76页

③ 吴永年等著：《21世纪印度外交新论》，上海译文出版社，2004年，第286—287页。

④ 王立强著：《肢解民族国家，为垄断资本提供更多的空间是新自由主义的根本目标》，载何秉孟主编：《新自由主义评析》，社会科学文献出版社，2004年，第127页。

拉大、社会生态景观发生断裂。

对中国现阶段来说，社会主义的任务是解放生产力、发展生产力，消除剥削、消除贫富两极分化，最终达到共同富裕。中国在目前还处在社会主义初级阶段，受着全球资本主义的威胁。资本主义全球化扩张，使贫富差距拉大，集中地表现为发达国家与发展中国家的差别、城市与农村二元结构的差别和富有阶层与贫困人口的差别。全球化既给中国带来加速实现现代化的机会，也给中国带来克服难题的挑战。西方发达国家，以其主客体二元对立的宰制性思维和猖獗的工具理性，凭借其经济主义的“自然权利”和狭隘民族心理上的上帝“最优选民”的优越感，积极地策动和推进着全球化的扩张。在经济上，超级发达国家掌握着世界一半以上的财富，在很大程度上决定着全球资金流动的速度。“1971 年，90％的国际金融业务与实物经济——贸易或者长期投资项目——有关，只有 10％是投机性的。到 1990 年，该百分比倒了过来；到 1995 年，95％的巨大业务是投机性的，每天的资金流量超过了七个最大工业国家外汇储备的总和，超过了 1 万亿美元，并且周期极短：一个星期或更短的时间内，80％的资本就能周转一次”①。可见，超级发达国家掌握的财富与资金，在很大程度上决定着全球资金的流向和速度，对发展中国家的经济有着巨大影响（见图 005），所以说，经济全球化的本质是控制与反控制、剥削与反剥削，是发达国家与发展中国家的一场旷日持久的较量。全球化扩张所透露出的资本主义经济本性，使发展中国家的社会生态景观发生了明显断裂，具体表现为中心城市显现着第三次浪潮的信息业文明、城郊地带反映着第二次浪潮的传统工业文明，而广阔农村代表着第一次浪潮的农业文明。农业、工

① ［美］诺姆·乔姆斯基著，徐海铭、季海宏译：《新自由主义和全球秩序》，江苏人民出版社，2001 年，第 8 页。

图 005　资金的力量

业和信息产业的三次文明浪潮，在发展中国家的疆域内的不同地区有着层次鲜明的不同样态分布。三次浪潮所推进的三种文明，不均衡地吸纳着社会资源。这种社会资源分配的不均衡性，表现在教育领域则是教育投入的地域性失衡，在量和质的两方面困扰着中国境内少数民族地区的普及教育，例如，优秀教师从山区到坝区再到市区的非合理性流动、优秀学生非合理的地域性选拔以及一定数量的代课教师和大量的包班教师的存在。

全球化扩张与地方化固有的东西相结合，就会形成现代制度固有特性的新特点，即本土化的结果和特性。针对现代制度的固有特性，要从积极和消极的两方面来分析。从本土化的正面来说，对处在社会主义初级阶段的中国来说，以公有制为主体、多种所有制形式并存，以按劳分配为主体、多种分配形式并存和“一国两制”等都表现出本土化的中国特色，但是，从本土化的负面来说，全球化在东西方各民族国家的现代制度中都注入了宰制的力量，这使现代制度具有从前没有的非人性化特点，表现为劳动产品和雇用劳动本身的完全商品化[①]和公众被看成是花钱买教育的消费者等[②]。在目前中国现代化和社会经济发展的过程中，现代制度固有特性的新特点在教育领域比较明显的消极表现之一是：拜金主义思想泛滥。这使一些教育者因受过分的或不正当的“钱”的诱惑而违背教育规律，即把产业规律和商品规律应用于教育领域，从而遮蔽了人自身质的进化与生产这一教育本真，使受教育者的全面素质偏离了正确的发展方向，使素质教育在很大程度上牺牲了质量。

2. 现代性高速流变与工具理性猖獗

现代性高速流变是指感性的审美特性和理性的社会文化形式，受前所未有的现代性动力所鼓动而发生着神速变迁，尤其是表现在技术方面。“传统的文明形态也许比其他的前现代体系更富动力性，但是，在现代性条件下，变迁的程度却更加神速。这一点在技术方面表现得最为明显，它还渗透进了所有其他领域”[③]。如吉登斯所认为的现代性高速流变的动力：时空分离、抽离化机制和制度反思性，都受到技术的推进，即科学技术引领现代性高速流变。现代科学技术似乎决定着现代社会的一切，因为“1870 年以后，所有工业都受到科学的影响”[④]，而爆炸性增

---

① 参见［英］安东尼·吉登斯著，田禾译：《现代性的后果》，译林出版社，2000 年，第 5—6 页。

② Nicholas C. Burbules, Carlos Alberto Torres. ***Globalization and Education: An Introduction, in Globalization and Education: Critical Perspectives***, edited by Nicholas C. Burbules, Carlos Alberto Torres, published in 2000 in Great Britain by Routledge, p. 17

③ ［英］安东尼·吉登斯著，田禾译：《现代性的后果》，译林出版社，2000 年，第 5 页

④ ［美］L. S. 斯塔夫里阿诺斯著，吴象婴，梁赤民译：《全球通史——1500 年以后的世界》，上海社会科学院出版社，1992 年，第 292 页。

长的现代科学技术，左右着人们的生活方式，似乎也决定着人们的命运，因为现代科学技术的进步和应用于日常生活的步伐越来越快，几乎呈几何速率增长（如图006所示）。国际大市场淘汰

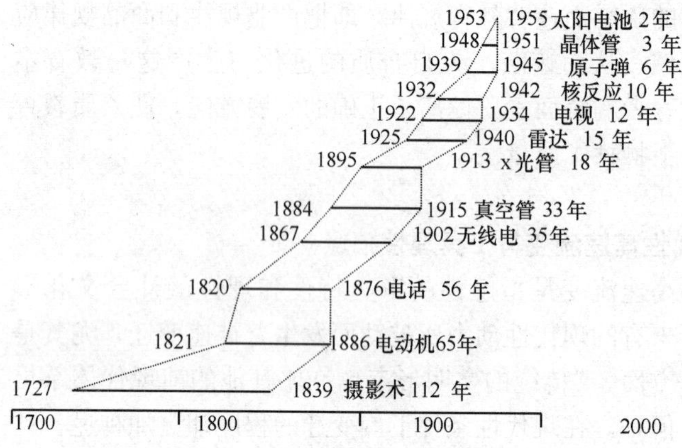

图 006　科技发明与实际应用的时间差

资料来源：物理科学上的发现与应用之间的间隔（根据伊莱·金兹伯格：《技术与社会变革》，哥伦比亚大学出版社，1964 年）①。

着传统工业的大量产业工人，因为传统工业面临着产品替代、工人的知识结构转换和职业能力的再培训②，而发展中国家的决策部门很难掌握这种速度，加之终身教育体系远未搭建成功、大学

① 转引自 UNESCO：《学会生存——教育世界的今天和明天》，华东师范大学比较教育研究所译，教育科学出版社，1996 年，第 118 页。

② Nicholas C. Burbules & Carlos Alberto Torres. ***Globalization and Education*: *An Introduction***, *in* ***Globalization and Education*: *Critical Perspectives***, edited by Nicholas C. Burbules, Carlos Alberto Torres, published in 2000 in Great Britain by Routledge, p. 17.

毕业生因缺乏社会工作经验和熟练的操作能力而“毕业即失业”、回归教育缺乏法律保障、继续教育和成人教育的实效性不强，蓝领工人和白领工人的终身教育都因此而遭受困扰。

现代性高速流变与工具理性猖獗，互为因果。工具理性发达、科技也发达，现代性才受科技的引领而高速流变。然而，现代性高速流变又通过技术诱发了工具理性的猖獗。工具理性把事物作为效用的尺度，而猖獗的工具理性非人性化地把技术应用于人类生活的所有领域，并且追求效益的最大化，在教育领域表现为教育管理没有把学生的全面发展、充分发展、和谐发展作为重心，而是受技治主义和固有的人治主义相结合的影响而把经济效益和政绩作为重心，从而把某些非发展性的技术手段和管理手段也应用到教育管理工作之中。工具理性猖獗实际上是由二元对立思维所导致，其宰制性的弊端，其实早为西方思想家所察觉，明显地是从胡塞尔（E. Husserl，1859—1938）开始，经过海德格尔、伽达默尔（H. G. Gadamer，1900—2002），甚至到哈贝马斯，都力图使这种二元对立发生转向，但都没能从根本上解决问题。中国人对西方工具理性的崇尚，一开始是由于中国近代科技落后，想学习西方先进的科学技术和研究其中的动因，这是无可非议的，因为不猖獗的工具理性可以唤醒法治意识和带来科学的管理，以克服人治主义的痼疾，但不幸的是，因人盲目崇尚工具理性而未克服二元对立思维中的宰制性弊端，加之中国封建致仕思想残余的作祟，反而加剧了固有的人治主义的宰制性，使中国现代教育及其民族教育在目前资本主义全球化扩张时期深受西方猖獗工具理性的危害，造成了诸种教育关系的机械和紧张，因而困扰着教育关系的和谐。

3. 民族性普世性失和与理性感性对垒

民族性与普世性的和谐是指向国际关系和谐与境内族际关系

的大和谐，感性与理性的和谐则是指向身心和谐的小和谐。大小两种和谐也需要和谐。民族性普世性失和，阻隔着全世界范围内的以及一国之内各民族之间的社会现代化的进程；理性感性对垒，是贯穿在个人现代性断裂中的一条命脉。

民族性普世性失和主要有两个方面的含义：一是指民族情感有可能陷于四重矛盾的旋涡，即日益嚣张的狭隘的霸权主义、地方化情绪骤增的民族主义、正当而不偏狭的民族主义和天下为公的天下主义；二是指在超越国界的全球化动态图景中，新自由主义和新保守主义与和而不同的双向全球化主张之间的冲突。就第一个方面来说，由于西方文化偏重于对物质的强调，而东方文化的擅长是情感和精神，因而民族性普世性失和是源自物质、情感、精神三方的极致。主客体二元对立思维和世界观是西方文化的潜流，过于看重物质效用的工具理性，由此生发，并达到了猖獗的宰制性程度，这种宰制性意味着“技术至上”、“唯我独尊”、“我对他者”、征服、控制和剥削，在人与自然、人际、族际、国际的关系上走了二元对立的极端，从而引发出超级发达国家嚣张的独霸文化。

理性感性对垒伏流于古希腊理性主义和基督教精神之中，其根源是主客体二元对立的思维和世界观。在人类历史发展长河中的理性感性对垒的过程中，理性在大多数的历史时间段上往往能占感性的上风，这不仅仅表现为工具理性对人类的启蒙，更能表现为猖獗工具理性对感性的宰制。从近代的笛卡尔开始，16 世纪、17 世纪形而上学的理性把人的认识从神学中解放了出来，18 世纪、19 世纪科学理性强调人要靠科学和技术来控制和利用自然，19 世纪末 20 世纪初的实证主义理性强调科学实证、反对思辨和内省、忽视人的直觉、情感和意志。第二次世界大战以后，科技迅猛发展，工具理性或说科学理性越发地危及人类“唯我独尊”的地位。人类转向从内心世界寻求新的价值目标，人本主义试图挖掘人类理性和感性等诸方面的整体潜力来重新确立人类价值标准，但明显地从20世纪七八十年代开始，二元对立的技治主义的工具理性又得到了复兴，而到了“冷战”结束以后，这种工具理性对西方发达国家来说又达到了某种猖獗的程度，在民族关系上表现为“我对他者”的思维模式和世界观，由之而盛行的资本主义经济全球化扩张及其独霸文化导致民族性普世性失和。

从根本上说，是二元对立思维和世界观导致理性感性对垒与民族性普世性失和，而二者分别对人之身心和谐与比较教育都有困扰。按上述的分析，由理性感性对垒引发工具理性猖獗，进而导致民族性普世性失和，最严重的是引发钱权系统和独霸文化对教育进行双重殖民：现在的一些教育者和受教育者，其拜金主义思想和功利主义思想浓重，教育者因此很难有教育境界、影响受教育者的身心和谐发展；比较教育及其两个支系（国际教育和发展教育）面对独霸文化而都显得软弱无力、面对民族性普世性失和而都显得无可奈何。如果缺乏三才统一的东方文化及其和谐思想去涵养二元对立的西方文化，超级发达国家独霸文化的宰制性必然会导致更严重的民族性普世性失和。民族性普世性失和在客观上还显示出比较民族教育的功能和作用还需要做进一步的挖掘和发挥，否则，比较民族教育就难于有效地培养身心和谐的、受三才统一之文化和各民族优秀传统文化充分熏陶的、既爱国又以天下为公的跨文化人才，从而使族际理解和促进民族和谐遭遇困难，从而使民族教育和谐发展失去更充分的条件。

总之，转换的个人现代性显示着本书所做的研究将要探索的全面素质的一些关键要素，而主客体二元对立的思维和世界观导致了人自身质的进化的另一个极端：理性感性对垒→工具理性（猖獗）→现代性高速流变→全球化扩张→现代制度的固有特性与民族性普世性失和。这些现代性断裂因素共同作用于经济、政治、文化，引发钱权系统和独霸文化对发展中国家的教育及其民族教育进行双重殖民，从而使民族教育失真、失善、失美，而要对民族教育失真、失善、失美进行批判，就需要一定的批判标准。这就需要通过鉴赏和研究教育的真、善、美而得出教育审美的标准。

第二章　教育本真

美离不开真和善。真未必美、善未必美，但无真无善，则必不美。真、善、美的关系，是后者以前者为前提，是三者的统一。美以真为先决条件，所以，黑格尔说："美本身必须是真的"[①]。善乃美之基础，故孔子曰："里仁为美"（《论语·里仁》），即内心仁厚或所居之处有仁厚之俗为美。因此，教育美是教育本真、教育臻善、教育至美三者的统一。本真是事物无遮蔽的赤裸状态。一切生命体的本真由其本质和本能所决定，而"本质是映现在自身中的存在"[②]，本能是存在的存在者。教育的对象是人，因此，人的本质和人的本能决定着教育本真。

一、人之本质

人之本质主要涉及人的社会属性和人类意识。由人的社会属性可知人之本质是社会关系之总和，由人类意识可知人之本质是人面向未来而存在。

1. 社会关系之总和

社会属性的产生始见于人类从树上移居到地面后的团结，因

① ［德］黑格尔著，朱光潜译：《美学》（第一卷）（第2版），商务印书馆，1979年，第142页。

② ［德］黑格尔著，贺麟译：《小逻辑》，商务印书馆，1980年，第241页。

为我们的祖先从栖身的树上下到比较危险的地面后，要靠团结来应对敌手才得以生存。[①] 如果第一个类猿人在发现树上的果类被吃光以后不得不到地面，当他（她）在乍落地面之时发现对面屹立着一只大老虎，那么，他（她）会如何选择呢？如果他（她）爬回树上，那么，他（她）就是“返祖”；如果他（她）不爬回树上，而是做出如下几种可能选择：与老虎独斗、投身于虎口、离开老虎跑掉、抚摸老虎与之和谐相处、与树上下来的同伴与老虎即做斗争又与之和谐相处。一般来讲，在人类生产力水平还很低下的情况下，面对大自然的不可抗力，人类选择后者，即既与自然和谐相处又改善（改造）自然。恩格斯（F. Engels，1820—1895）认为，在与自然作斗争的过程中，猿转变为人的决定性步骤，是猿的渐渐直立行走、手获得自由、眼界逐渐扩大和不断地发现对象性存在的新属性；劳动的发展必然促进社会成员的团结，因为劳动社会成员在很多场合下互助协作，并且清楚地意识到互助协作的益处；“一句话，这些正在形成中的人，已经到了彼此之间有些什么非说不可的地步了”[②]。劳动事件提供出的新奇，是植根于实践中的记号语言的创造性的源泉，而通过言语所达到的理解，显现出语言生命的特征。语言与人类的共生共存，其自身是身体行为的一种形式，起着交往的媒介作用[③]。可见，劳动创造了语言和人本身，猿变为人，并形成了人类最初的生产关系，之后有经济基础和上层建筑，所以，按马克思所说，“人的本质并不是单个人所固有的抽象物，在其现实性上，它是一切

---

① ［英］阿诺德·汤因比著，徐波等译，马小军校：《人类与大地母亲——一部叙事体世界历史》，上海人民出版社，2001 年，第 20 页。

② ［德］恩格斯著：《自然辩证法》，载《马克思恩格斯选集》（三），人民出版社，1972 年，第 510—511 页。

③ Reference to Sandra B. Rosenthal：***Time，Continuity，and Indeterminacy***，State University of New York Press，Albany，2000，p. 130.

社会关系的总和”[①]。

2. 面向未来而存在

如果说马克思是以宏观的角度，并在空间上探讨人的本质，那么，海德格尔则以微观的角度，并在时间上探讨人的本质。人之本质在微观上首先表现为畏和忧的人类意识，因为有了畏和忧，才有对未来的预见和设计，才把自己的生命向未来开放。

标志着人之本质在生物圈中最早出现的事件是人类意识的觉醒。[②] 人类之初，在人类生产力水平极为低下的情况下，人能够发展与自身存在的关系。人因为有这种与存在的关系，从而使存在成为生存。人就是从其生存中领悟自己，[③] 逐渐积淀下了对时间的感性体验和诸多心理潜质，其中就包括海德格尔存在主义哲学主要述说的畏与忧，以及人的历史性自我理解。

首先，畏是人类自我意识的肇始，而人类自我意识的觉醒是人本质的初显，即“标志着人的本质的在生物圈中最早出现的事件，既不是某种解剖学特征的发展，也不是某种技能的获得；这个历史性的事件，是人类意识的觉醒”[④]，因为在生产力发展水平不足以消解大自然不可抗力的情况下，人能够突破物我不分、主客体混同的浑然心理状态，而通过把自己与其对象性存在进行比较，在先验意识中积淀下了畏的心理潜质，即畏在人的生存之

① ［德］马克思著：《关于费尔巴哈的提纲》，载《马克思恩格斯选集》（一），人民出版社，1972年，第18页。

② ［英］阿诺德·汤因比著，徐波等译，马小军校：《人类与大地母亲——一部叙事体世界历史》，上海人民出版社，2001年，第19页。

③ ［德］比梅尔著，刘鑫、刘英译：《海德格尔》，北京商务印书馆，1996年，第40—41页。

④ ［英］阿诺德·汤因比著，徐波等译，马小军校：《人类与大地母亲——一部叙事体世界历史》，上海人民出版社，2001年，第19页。

中。因此，按海德格尔的理解，畏属于人生存的基本形态，即“畏之所畏者就是在世本身”①。由于生产力水平的限制，人在与大自然进行抗争的过程中时刻伴随着畏，在天人合一的理念中潜伏着畏。畏是创造性自我和自觉生命的一个有益瞬间，如果全部取消畏，人就会丧失自我②。所以，畏作为人之主体性的酵母，通过在自我意识中发挥核心作用来决定人的本质。

图 007 两猿抬木（吕晓秋 画）

其次，畏而生忧，即人始终要为自己的生存而忧这一心理状态由畏所决定。为了生存，为了突破自身的有限性，在类如“两猿抬木”的劳动事件中，猿变为人，结成生产关系，产生语言。“两猿抬木”见图 007 可做这样描述：两个类人猿从树上下到地面不久就来了冬天，为了避寒而要修建小木屋居住，于是，

---

① ［德］马丁·海德格尔著，陈嘉映、王庆节译：《存在与时间》，生活·读书·新知三联书店，1987 年，第 225 页。

② ［德］费迪南·费尔曼著，李健鸣译：《生命哲学》，华夏出版社，2000 年，第 172 页。

两猿不得不去抬运原木；当一猿准备好抬起他（她）的那一端时，另一猿还没有准备好，甚至根本就没有反应，而当这一端的她（他）准备好了要抬起时，另一端同样也没有反应；如此这般反复多次，终于有一猿"嗷"地大叫了一声，于是，原木被两猿同时抬起；那声"嗷"叫，是人类第一声言语，是在劳动中产生的，并联结了生产关系，同时也是人类第一首诗歌和第一首乐曲。从此，人类凭借语言促进了生产关系的发展和劳动的发展。随着劳动的发展、家庭的发展、劳动产品数量和社会财富的增加，社会制度在较大程度上摆脱了血族关系的支配。① 简单的生产关系凝结成社会关系之总和并在共同活动的范围内和在社会契约论的意义上生成了民族国家。虽然民族国家的本质由人民的总意志和民族性所决定，并且人在民族国家这一总的社会关系之和中不断地展现自我，但仍摆脱不掉由畏而生的忧。从"知我者谓我心忧"（《诗经·黍离》）到"先天下之忧而忧"（《范仲淹·岳阳楼记》），畏和忧，都交融在一起，即使"位卑"，也"未敢忘忧国"（《陆游·病起书怀》）。可见，根本意义上的忧，之于个人，是忧死的忧，之于国家，是忧民族兴亡的忧，"即作为领会着死亡，持守着死亡的忧"②。

最后，畏和忧共同生成时间的整体性，即生成含有过去、现在和未来的历史性。人对在世的过去经历中，至少有着畏的主观体验。人因为操心自己的存在，而于现在之中真实地感受着忧。人在向未来的先行中，有着面临死亡的觉悟性。例如，"见一叶

① ［德］恩格斯著：《马克思恩格斯选集》（四），人民出版社，1972年，第一版，序言，第2页。

② 黄裕生：《时间与永恒——论海德格尔哲学中的时间问题》，社会科学文献出版社，1997年，第69页。

落而知岁之将暮”（《淮南子·说山训》），“履霜，坚冰至”（《易·坤》）。又如，学生为能考入高一级的更好学校而积极努力，个人设计着自己的未来，民众憧憬着祖国的未来（见图008）。人类对时间的这种由畏而忧再先行于未来的先验性体悟，最终生成了时间的整体性。人类溯源过去，把握现在，瞻望未来，对历史的整体性有着先验的自我理解：赫拉克利特把过去和现在对立统一于同一条河流；柏格森用纯粹绵延把过去和现在统合为一个有机整体，其中存在着相互渗透和无区分的继起；海德格尔把未来纳入到这种纯粹绵延之中，并规定了未来的优先性。换言之，赫拉克利特的“人不能两次踏进同一条河流”、柏格森的纯绵延和海德格尔的先行到死中去，都体现着人之生的本能和死的本能，从而完成时间在“过去”、“现在”和“未来”三个向度上的统一，即完成时间的历史整体性。未来之所以优先，是因为在历史并未离人远去的同时，未来已提前到达。未来已提前到达，是因为死的本能提前触摸生的本能。弗洛伊德（S. Freud，1856—1939）认为，人有生的本能和死的本能，其中，死的本能表现为：“自我为了求得生存，为了对付焦虑，尤其是对待来自死的本能的危险，便力图通过改变本能的对象选择来转移危险”[①]。生的本能决定着人与自然、人际、族际和国际等空间关系，死的本能决定着人与未来的时间关系。生的本能决定着人之本质的现实社会性，而死的本能则决定着人之本质的未来历史性。简言之，在时间的整体性之中，人类个体、族群和民族国家都要让未来优先于过去和现在，把生命面向未来开放，人面向未来而存在。

总之，人要结成社会关系并且面向未来而存在，因为人的生

---

① 张传开、章忠民著：《弗洛伊德精神分析学述评》，南京大学出版社，1987年，第124页。

图 008　面向未来

成实际上是人为了突破自身的时空有限性而对自身进行超越。对自身超越，是由于危机感的时时降临而首先表现为一种社会性存在和先行于自身的存在。社会性存在，说得更充分一些，就是在社会关系中显现自身。“先行于自身的存在，说得更充分一些，就是：在已经在世的存在中先行于自身”①，所以，人的本质是人的社会关系之总和与人面向未来而存在的内、在外统一。

二、人之本能

人的生产、创造和进化都与生死攸关。弗洛伊德认为，生的

① ［德］马丁·海德格尔著，陈嘉映、王庆节译：《存在与时间》，生活·读书·新知三联书店，1987 年，第 232 页。

本能“代表着潜伏在生命自身中的创造力，它包括自爱、他爱，自我保存的本能、繁衍种族的愿望和生长并实现自己潜能的倾向”[①]，具体表现为生产的本能、创造的本能和进化的本能。

1. 生产的本能

人类有两种生产，即物质资料的生产和人类自身的再生产。“根据唯物主义观点，历史中的决定性因素，归根结底是直接生活的生产和再生产。但是，生产本身又有两种：一方面是生活资料即食物、衣服、住房以及为此所必须的工具的生产；另一方面是人类自身的生产，即种的繁衍”[②]。人类自身的再生产又包括量的生产和质的生产。生活资料的生产（通过劳动）和人自身再生产的量的生产（通过生育）都表现为物质性生产，使人类得以自我保存、延续和进化。劳动和生育所决定的生产方式之总和又决定着社会状况。伴随着人类连续不断的需要、语言的产生和人类意识的最初出现，人自身再生产的质的生产则表现为精神性生产，它使人类得以自我提升。生活资料的生产和人的自身再生产是物质与精神的双重生产，其间的物质生产力和文化生产力透露出人的本能，即生产是人的本能。

2. 创造的本能

人的生产也是创造。针对物质资料的生产来说，创造是把自然的东西改造为适于自己的目的的东西，主要表现为制造工具和创造产品。针对人类自身的再生产来说，创造是改善和延续自己

---

① 张传开、章忠民著：《弗洛伊德精神分析学述评》，南京大学出版社，1987年，第125页。

② ［德］恩格斯著：《马克思恩格斯选集》（四），人民出版社，1972年，第2页，第一版，序言。

的存在，因为“对于一个有意识的生命来说，存在在于变化，变化在于成熟，成熟在于不断地自我创造”[①]，主要表现为生命的创造和精神上的创造。在伯格森看来，决定人类进行创造的因素是智慧和本能；智慧在物质资料的生产中起主要作用，“从最初活动看，智慧是制造人造工具，尤其是制造用于制造的工具，以及不断改进制造的能力”，是制造和使用无机工具的一种能力，而本能是制造和使用有机工具的一种能力，因此，智慧和本能代表了问题有效解决的两种不同方式，其中本能的先天认识以事物为基础，而智慧的先天认识以关系为基础，或者说，本能意味着对一种内容的认识，而智慧意味着对一种形式的认识。

可见，创造的实现要凭借智慧，而智慧要凭借本能[②]，即创造本来就是人的一种本能。在中国传统文化中，创造还意味着“生生之谓易”（《系辞·上五》）的“生”，既涉及宇宙中的物质运动、发展和变化，又涉及生物的生殖和生命。[③]广义上，宇宙中的物质进行着生生不息的动态演化；狭义上，一切生物都具有强烈的生命意识，或具有伯格森所说的生命冲动，而无论乾坤、阴阳、天地、正负、男女，都显现着自强不息和厚德载物的生命本能。

3. 进化的本能

进化意味着人类生命一代又一代地不断生产和创造，即生命体面向未来的历史性自然生成。在伯格森看来，绵延是生命的冲动入侵将来并在前进中对过去进行扩展的持续推进，即生命好像

---

① ［法］亨利·伯格森著：《创造进化论》，商务印书馆，2004 年，第 13 页。

② ［法］亨利·伯格森著：《创造进化论》，商务印书馆，2004 年，第 118、第 121、第 125、第 127 页。

③ 孔智光著：《中西古典美学研究》，山东大学出版社，2002 年，第 222 页。

是一种通过成熟的有机体，从一种质到另一种质的流动；绵延把自己的印记刻在生物上，推动着生命的进化，而进化就意味着生命形式从低级向高级的演进，从而通过支撑进化的活物质的统一性和持续性构成了一部不可分割的唯一历史；在这部历史中，生命既保持着同一，又发生着变异；“同一”意味着一种“和”的存在，“变异”意味着物种从共同的祖先分离后，其差异将在进化中不断增加。[①] 只有变异就不会有“和”的存在，而只有“和”的存在，则意味着“同则不继”，所以，在生命进化的过程中，中国儒家文化强调“和而不同”，即强调具有多样性的事物在统一的和谐中展现和保持流变的生命力和创造性，即所谓“夫和实生物，同则不继”（《国语·郑语》）。“和”是阴阳既对立又统一的结果，即阴与阳通过相互激荡的“冲气”而达到统一，所谓“万物负阴而抱阳，冲气以为和”（《老子·生一》），而“不同”是指不同的事物在求统一的过程中，保持自己的独特性和生命力，否则，事物因被同化导致其创造性受到钳制而生命力衰退。可见，人为了突破自身的有限性，为完善而向善，因向善而趋于完善，这种生命冲动一直推动着人类的进化，即进化也是人的本能。

总之，人要通过生产和创造来完善自我，在进化中实现自我，在社会关系的总和中历史地展现自我，因此，生产、创造和进化都是人的本能。

综合以上两方面的论述，可见人之本质和人之本能决定教育本真，既表现为人自身质的进化与生产，又表现为人面向未来的社会性创造。就人自身质的进化与生产来说，可从“教育”的字义来加深理解。人类自身的再生产是量与质的统一。教育是人类

---

① ［法］亨利·伯格森著：《创造进化论》，商务印书馆，2004 年，第 10、第 29、第 37、第 78 页。

自身再生产的质的生产。在量上，人类自身的再生产是生物意义上的种的繁衍，体现出“育”的本义，即生育。在质上，人类自身的再生产是教育意义上的精神生产，体现出“教”的本义，即“执杖授”而使作善。“授”是指“把一个群体的文化遗产一代一代地传递下去”①。一代一代地传递，是为了克服人类自身的有限性，为完善而向善。完善意味着人之进化的全面性与和谐性，即人之全面发展与人之和谐发展。向善意味着人从对存在的自我意识到对存在的自我改善、意味着人之进化的充分性，即人之充分发展。人之进化的全面性，在为完善而向善的过程中，时时受到限制，但也不断地冲破限制。例如，在大工业阶段，人受大工业的“异化”的同时，也在克服着“异化”。由于生产和进化都是人的本能，因而在冲破限制和克服“异化”的过程中，人自身的质也在进化，即人自身质的生产也在进化。教育的这种质的进化表现在社会发展的任何阶段。在有阶级社会，人自身质的进化与生产，会受到阶级的限制而发生“扭曲”。正如大工业在标明历史性进步的同时，也“异化”着人，教育的这种阶级性“扭曲”和非阶级性的“进化”都是一种历史的必然。所以，教育是人类永恒的、普遍的范畴，具有无限性；教育又是历史的、阶级的范畴，具有有限性，教育是有限性与无限性的统一。可见，人只有通过教育才使自身得到全面、充分、和谐的进化与发展，即教育本真的一个侧度是：教育是人自身质的进化与生产。

就面向未来的社会性创造来说，可对“教育是培养人的社会活动”这个经典的定义加深理解。其中，包含着“社会之总和”的人之本质，包含着“面向未来”人之本质，包含着“创造”的人之本能。随着生产力水平的提高，人类进步的程度将越来越少

① ［美］艾萨克·康德尔著，顾明远主编，王承绪等译：《教育的新时代——比较研究》，人民教育出版社，2001年，第19页。

地受制于为生存而创造的人之本能，而将越来越多地得自于为改善自然和顺应自然而自由地创造的人之本能。[①] 人的生产和创造需要协作，所以，就有了生产关系、社会性、语言和共同的活动范围，进而产生了民族、民族性和民族意志。由于每个民族都要在放大了的生产关系中谋求发展，因而民族关系所体现的社会性决定着民族的本质。民族性把个人的忧死提升为民族的忧亡，每个民族由于忧亡而都把自身向未来开放。教育面向未来的根本就在于教育是面向未来的创造。因为面向未来而开放的社会性创造集中地表现出民族意志，所以，人民在契约中写满了民族意志，并在此基础上创造了民族国家。因为国家是人民契约的产物，所以，人把自己的人身及全部力量共同置于国家总意志的最高指导之下。[②] 由于总意志和民族性构成了民族自我，由畏而忧进而向未来开放的社会性创造就生成了教育本真的另一个侧度：教育是人面向未来的社会性创造。

总而言之，人之本质是人的社会关系之总和与人面向未来而存在的内外在统一，而人之本能是生产、创造和进化，所以，将教育本真的两个侧度合二为一：教育本真是人自身质的进化与生产和面向未来的社会性创造。

① 桑新民著：《呼唤新世纪的教育哲学——人类自身生产探秘》，教育科学出版社，1993年，第80页。

② ［英］罗素著，马元德译：《西方哲学史》，商务印书馆，1976年，第238页。

第三章　教育臻善

教育臻善是人为完善而向善的教育努力。人之完善意味着人自身质的进化的全面性与和谐性，人之向善意味着人自身质的进化的充分性。真、善、美三者，善为中项，所以，教育臻善以教育本真为基础，并指向教育至美，关乎人之向善完善，即人之全面发展、充分发展、和谐发展。

一、善的层次

善是伦理学的核心范畴，在哲学上是无法定义的[①]，但对善的理解可分为以下四个层次：遵循自然之理的善性、把善性付诸实践的善行、有益于人的正义之善和不负苍生大众的普遍之善。

1. 善性和善行

遵循自然之理的善性是指人的思想、言语、行为符合自然规律之道的天德。在中国古文化中就有天德之说和先人对善的基本理解。“元者，善之长也”（《易·乾》），是说天德之善是众善之首。“一阴一阳之谓道，继之者善也”（《系辞·上五》），是说“一阴一阳，矛盾对立，互相转化，是谓规律。阴阳交替，来者

① 茅于轼著：《中国人的道德前景》，暨南大学出版社，1997 年，第 13—15 页。

继往者，来者为善；后者继前者，后者为善”[①]。人之向善本源于益己愿望的满足，因为人要突破自身的有限性、以求完善，但是，当人为求得完善而与自然或与他人产生冲突时，人们就学会了共处、学会了存在，于是，渐次地具有善的不同层次的表现：善待自己、与人为善、孝慈于家、仁德于乡、精忠报国和追求世界大同，并在天、地、人三才统一的关系中持守着向善的无限性。

人只有把善性付诸善行之实践，才能做到善世，才有可能实现真正的善。在中国古文化中，古人把躬行于善行之实践的人视为能领导大众的君子。“君子体仁，足以长人”，是说“君子行仁，是为元德。有元德足以为君长”[②]。在印度文化中，印度人既关注修行，又关注亲身验证。佛教大乘的两大支柱理论，即由龙树创立的“中观”（一切缘起都无自性，但以“空”冠以假名，既不着实有，也不着虚空，是为取中[③]）和由无著创立的“唯识”（一实体非另一实体——“无”；这一实体被误认——“假有”；对误认的澄清——“实有”；以上三次第的认识是唯一达到真理的认识，即唯识[④]），都与宗教的躬行密不可分。印度人既珍视现实（求学）、享受现实（居家），又力图超越现实（林栖），获得解脱（出家）并达到永无生命苦乐的美妙境界，从而把人生哲学的“灵肉二元”观念转化为民族生活的实践性活动。[⑤] 在西方文化中，亚里士多德把善分为外在的善、灵魂的善和身体的

---

① 高亨著：《周易大传今注》，齐鲁书社，1998年，第387—388页。

② 高亨著：《周易大传今注》，齐鲁书社，1998年，第48页。

③ 吕澂著：《印度佛学源流略讲》，上海人民出版社，2002年，第124—125页。

④ 吕澂著：《印度佛学源流略讲》，上海人民出版社，2002年，第224页。

⑤ 邱紫华、王文戈著：《东方美学简史》，高等教育出版社，2004年，第181页。

善，认为“如果一种活动在以合乎它特有的德性的方式完成时就是完成得良好的；那么，人的善就是灵魂的合德性的实现活动”①，即善的实践。可见，以善性为基础的善行之实践，是人类走向完善的必经途径，即只有善性见诸善行，正义之善和普遍之善才能在善世的过程中，逐渐趋向于真正的善。

2. 正义之善和普遍之善

有益于人的正义之善是自然之理在善性和善行中的显现。益人以忠诚为基础、以正义为准绳，并且要体现于人的行为。“正义之善”中的“正义”，无法用美学观点来定义，只能换角度来理解：正义是符合规则，无论是自然规则还是社会规则。因为符合规则，所以，个人具有美德，社会拥有美德。当然，若从另一角度来理解，正义之善是社会的基本价值在兼顾效率与公平的前提下被平等地分配，其中贯穿着表现公民权利的平等自由原则和表现社会和经济利益的差别原则与机会均等原则。②

不负苍生大众的普遍之善，是以“老吾老，以及人之老；幼吾幼，以及人之幼”（《孟子·梁惠王上》）之心，以天人协调、人际关系和谐、族际关系和谐、国际关系和谐为目标，被人类普遍追求的正义之善。普遍之善在于明诚。明诚是善性在善行中的益人显现，即普通人需经后天努力而达“诚”。如果说儒家重人际，而道家则重自然（顺其而然）。人生天地间，其行为融于天地间。“大地之为大地，仅仅是作为天空的大地，而天空之为天

---

① ［希］亚里士多德著，廖申白译：《尼各马可伦理学》，商务印书馆，2003年，第20页。

② ［美］约翰·罗尔斯著，何怀宏、何包钢、廖申白译：《正义论》，中国社会科学出版社，1988年，第7—8页，译者前言。

空，只是由于天空高屋建瓴地对大地产生作用”①；天空作用于大地，因为宇宙规律决定着万事万物的运作；道作用于天空，因为道作为万事万物之本原、生机和规律，自身具有不受强制力量主宰而顺任自然的善的状态。人源于天地，亦归于天地，而天地宇宙中充满生命运动的节奏。人的生命节奏契合于大地母亲的呼唤，感通着宇宙的生命节奏，表达着“天行健，君子以自强不息”（《易・乾》）之生命意志的坚不可摧，透显着“地势坤，君子以厚德载物”（《易・坤》）之自然万物的灵气圆通，体现出人在俯仰太玄、流观宇宙过程中的“人法地，地法天，天法道，道法自然”（《老子・混成》）的普遍之善。

总之，人不仅要把善性付诸善行，且要在善行中把持着有益于人的正义之善和不负苍生大众的普遍之善。因此，人之向善是人以善性和善行对正义之善和普遍之善的追求。

二、人之向善与人之完善

人因向善而完善，人为完善而向善。向善是人的质（素质）的进化的充分性，也是善行的充分性，即人之充分发展。完善是人的质（素质）的进化的全面性与和谐性，也是善行的全面性与和谐性，即人之全面发展与和谐发展。

1. 全面发展

人之全面发展，在狭义上是指个人在德、智、体各方面的发展，对应于素质教育，在广义上是指所有人的发展，对应于普及

① ［德］海德格尔著，孙周兴译：《荷尔德林诗的阐释》，商务印书馆，2000年，第197页。

教育，并且后者为前者提供条件。人之全面发展是人之完善的重要方面。人为何要全面发展？因为人要完善。人为何要完善？因为人要充分地克服自身的有限性。也就是说，人的质的进化实际上是人为了突破自身的时空有限性而对自身进行面向未来的超越。

从马克思和恩格斯在《德意志意识形态》一书中第一次正式和明确提出人的全面发展理论的那个历史横截面上分析，人为摆脱大工业对人的“异化”而极力寻求全面发展。马克思和恩格斯认为，只有通过逐步消灭分工，才能最终实现人的全面发展，因为分工虽然表现为生产力范围的职能分化、带有技术属性，但与生产关系也有着密切联系，包含着资本和劳动之间的分裂以及所有制之间本身的各种不同的形式。[①] 马克思从经济学角度，把人作为一种生产力要素来加以历史考察，强调以人的智力和体力为核心的全面发展，因为每当人生产某种使用价值时就运用体力和智力的总和。[②] 恩格斯把人作为通晓整个生产系统的人来加以社会学考察，认为“个人是受分工所支配的，分工使他变成片面的人，使他畸形发展，使他受到限制”（恩格斯：《德意志意识形态》）。如果实现了全面发展，人就可以“根据社会的需要或他们自己的爱好，轮流从一个生产部门转到另一个生产部门”[③]，以摆脱分工给人造成的片面性。

关于大工业对人的“异化”，可做如下描述：假定甲、乙、丙、丁、戊五人在生产线上制造标准件曲别针，甲负责选料→乙

---

① 陈桂生著：《马克思主义教育论著研究》，华东师范大学出版社，1993 年，第 57—59 页。

② ［德］马克思著，中共中央马克思、恩格斯、列宁、斯大林著作编译局译：《资本论》（第一卷），人民出版社，1975 年，第 190 页。

③ ［德］恩格斯著，中共中央马克思、恩格斯、列宁、斯大林著作编译局：《共产主义原理》，《马克思恩格斯选集》（第一卷），人民出版社，1972 年，第 223 页。

负责掐丝→丙负责弯曲→丁负责镀膜→戊负责包装，虽然各司其职，但由于每人只局限于自己的工种，天长日久，他（她）的能力发展就只囿于其单一的工种能力，所练就的能力是一种片面的能力，而在其他工种领域无能或低能，这是大工业给个人造成的“异化”，例如，负责掐丝三十年的乙，生命对于他（她）来说不是生命，而只是一双手而已。为避免此类“异化”，甲、乙、丙、丁、戊都需要换工种，即实现岗位流动，而实现“岗位流动”，需要教育。即使甲、乙、丙、丁、戊在制造标准件曲别针这个事项上通过“岗位流动”而实现全能，那也不标志他们已经完全摆脱了“异化”，因为他们目前还不会“制鞋”、不会制造其他产品，也不会生产知识，所以，为进一步摆脱“异化”，通过教育，甲、乙、丙、丁、戊都需要“职业流动”，进而还是需要通过教育进行“地域流动”，人类个体，通过教育，全面实现“岗位流动”→“职业流动”→“地域流动”，走向共产主义社会，才能最终实现完全意义上的人之全面发展，因此，马克思指出，生产劳动与教育相结合是人之全面发展的唯一途径（马克思：《资本论》）。人之全面发展具有历史相对性，并始终处于由低级向高级动态发展的过程之中。恩格斯指出，只有在消灭私有制、消灭旧有分工，生产力高度发展的社会条件下，生产劳动才能给“每一个人提供全面发展和表现自己全部的即体力和脑力的能力机会”①，才能造成全面发展的一代生产者，人类因此把自身解放的终极目标锁定在生产资料公有制的共产主义，最终追求的是生产力与生产关系在内容与形式上的充分和谐，最终达至完善。

从生产力发展的历史纵向来分析，人为保持自己生命的延续，或如同伯格森所说，绵延中的生命冲动使人自身呈现多种生

① ［德］恩格斯著，中共中央马克思、恩格斯、列宁、斯大林著作编译局编：《反杜林论》，人民出版社，1970年，第290页。

命形式的各种可能性，而不断地进行着自身的再生产。人为抵抗自然力以维持生存而在不断地改进生产工具：石器、铜器、铁器、机器（蒸汽机、电动机、计算机）、信息网络、电子传媒、破译模拟，不断地提高生产力的发展水平。从政治经济学的角度看，人为突破物的限制而进行物质资料的生产，人为占有交换双方之对方的商品使用价值而突破时空的局限，把价值固定在一般等价物上。从信息技术或社会学的角度看，人为把彼处正在发生或彼时已经发生的事情拉近到此处或此时，而采用先进的信息传媒技术实现时空分离，进而使生产关系跨越无限的时空而得以流动、提取和重建，从而打破了时空的局限。① 从哲学和美学的角度来看，人为突破自身的有限性而具有人之本质，人之本质决定着人为达到自由王国的完善而不断地在必然王国里向善；人必须经由必然王国与自由王国之间过渡到审美王国，使人在美的王国能够达到的范围内成为审美的人、从物质状态中解放出来。② 总之，人总是要突破身系必然王国的有限性，通过审美王国的和谐涵养而获得自由王国的完善。

在知识经济时代和目前的全球化扩张时期，人之全面发展对人之完善和教育臻善都更具有特殊意义。首先，必须一贯坚持教育与生产劳动相结合这一人之全面发展的唯一途径，因为传统意义下的生产劳动已经扩展为信息时代更为宽泛的社会实践，教育更应该与社会实践相结合。其次，必须加强人的岗位流动性、职业流动性、地域流动性和信息流动性，因为工具理性和人文理性之两端的交流理性，在信息流动为主要特征的流动的生产关系的

① ［英］安东尼·吉登斯著，赵旭东、方文译：《现代性与自我认同》，生活·读书·新知三联书店，1998年，第22页。

② ［德］弗里德里希·席勒著，冯至、范大灿译：《审美教育书简》，北京大学出版社，1985年，第14、第118页。

总和中更能显现人的本质。再次，现代人必须透视全球化背景来把握人之全面发展的广义内涵，利用人文理性（如“唯人类中心”、“唯我独尊”）与工具理性（狷獗的）二元关系紧张所生出的交流理性、主体性（二元对立之单极）与客体性（二元对立之单极）相结合所生出的主体间性（inter-subjectivity）、全球化与地方化双向结合所生出的本土化等成果，以形成发展中国家自己的教育特色（如图 009 所示）。最后，在新的历史条件下，要领导潮流就必须把握人之全面发展的狭义性新内涵，即教育的四根支柱所包含的素质教育的全面素质的要义：学会认知（learn to know）、学会做事（learn to do）、学会共处（learn to live together）和学会存在（learn to be）。

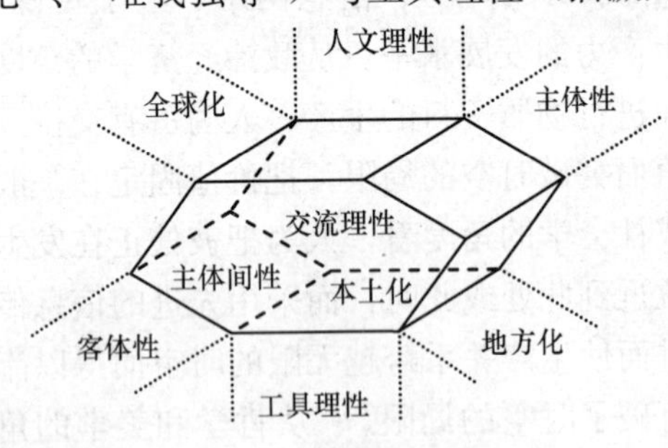

图 009　二元的紧张与结合

2. 充分发展

人之充分发展，在狭义上是指个人的德、智、体各方面最大可能的发展，对应于发展性教育教学，在广义上是指个人在人生纵向上的充分发展，对应于终身教育。狭义的充分发展必须以狭义的全面发展为前提，即在德、智、体的每个方面都要充分发展，广义的充分发展既以广义的全面发展为前提，又不与之顾此失彼，即兼顾普及教育与终身教育二者的关系。人之充分发展是人之向善的重要方面。至于人为何要充分发展，那是因为人为完善而要向善。关于人之充分发展，教育史上有许多教育家发表过深刻的见解。例如，裴斯泰洛齐

(J. H. Pestalozzi，1746—1827）认为，“人的一切天赋力量和能力，具有从不活动状态到充分发展的倾向”[①]。又如，维果茨基（Л. С. Выготский，1896—1934）提出的最近发展区理论指明了儿童发展的过程应该跟随着建立了最近发展区的教学，最近发展区“是指儿童在有成人帮助或与比之更有能力的同伴合作的情况下，所能达到的解决问题的水平和独立活动中所能达到的解决问题的水平之间的差异状态”[②]；赞科夫（Л. В. Занков，1901—1977）提出的一般发展理论强调教学要最大限度地引起和发展学生学习的内部诱因；达维多夫(В. В. Давыдов，1930—1998）提出的主导活动理论，以辩证唯物主义为哲学基础、以逻辑—心理学为依据，把目标指向儿童最大可能的一般发展。总之，人之充分发展是在人的全面发展基础之上的更高的教育要求，是在人类生产力发展水平达到一定程度之后的人类的更高理想之一。正如在 1948 年联合国大会通过的、中国于 2001 年签署的《世界人权宣言》第二十六条第（二）款中所宣布的那样：教育的根本目的是促进人的充分发展。

人生纵向上的充分发展是终身教育所指向的发展。让每一位国民都在人生纵向上获得充分发展，是终身教育的根本要求，因为在朗格朗（P. Lengrand，1910—）看来，“对儿童和青少年的教育工作不管怎样重要和必要，它都只是一种准备，只是真正的教育过程的一种不完美的开端。这种教育只有在成人中进行时，才能体现它的全部意义和发挥它的全部潜能”；他提倡终身教育，认为完全意义上的教育包括“教育的所有各个方面、各项内容，

① 赵祥麟著：《外国教育家评传》（第二卷，第 2 版），上海教育出版社，2003 年，第 15 页。

② L. S. Vygotsky. *Mind in Society*：*The development of higher psychological processes*，Cambridge，MA：Harvard University Press，1978，p. 86.

从一个人出生的那一刻起一直到生命终结时为止的不间断的发展，包括了教育各发展阶段各个关头之间的有机联系”①。换言之，教育要为人创造条件，在人生纵向上充分地发展人的潜能，进而达到教育的目的。学生和国民的充分发展，是社会可持续发展的关键，因此，个人要努力通过终身学习以实现自己的充分发展，教师要为学生搭建充分发展的舞台，国家要通过为终身教育立法和配以相应的薪金制度与福利政策，为国民开辟其充分发展的空间。

3. 和谐发展

人之和谐发展在狭义上是指受教育者在德、智、体各方面的身心协调发展，在广义上是指人与自然、人际、人与社会、族际、国际之间相互和谐的发展。人之和谐发展是人之完善的另一个重要方面。和谐是宇宙万物和人类社会得以相安的必要前提，人的发展也需要和谐，因为大自然保持着四时之气的皆极调谐，不越自然规律，因而普利万物，② 所以，真正的教育必须为尊重教育生机而维护受教育者内在外在的和谐。对此，古今中外也不乏典要。和谐发展在希腊语里表示健美体格和高尚道德的结合。柏拉图强调“用体操来训练身体，用音乐来陶冶心灵”③，使身体与心灵保持和谐，使心灵的和谐达到完善的境地。亚里士多德反对“过分”与“不及”，强调人天性中就有植物、动物、理性三种灵魂的和谐，对儿童应实施体、德、智、美全面和谐发展的

---

① ［法］保尔·朗格朗著，周南照、陈树清译：《终身教育引论》，中国对外翻译出版公司、联合国教科文组织出版办公室出版，1985 年，第 6 页、第 15—16 页。

② 高亨著：《周易大传今注》，齐鲁书社出版，1998 年，第 43 页。

③ ［希］柏拉图著，郭斌和、张竹明译：《理想国》，商务印书馆，1986 年，第 70 页。

教育。[1] 裴斯泰洛齐指出教育的目的在于全面而和谐地发展人的一切天赋力量和能力。身体、情感和理智三者统一于人本身，其和谐一致天性使然。[2] 苏霍姆林斯基（B. A. Сухомлинский，1918—1970）把和谐教育应用于全面发展的理论之中，强调把相互渗透的德、智、体、美、劳等诸多方面的需要与兴趣化到积极的活动之中。[3]

总之，全面发展在与充分发展及和谐发展的辩证统一关系中具有决定性作用，而充分发展与和谐发展又有对立统一的关系，即充分发展要使人之发展的各个方面保持和谐，而在一定阶段上的和谐发展，又为进一步的充分发展奠定基础。

综合以上两方面关于善的层次和人之向善与人之完善的论述，可见教育臻善是由人自身质的进化的全面性、充分性、和谐性所决定，既表现为培养人具有善性并付诸善行从而实现正义之善和普遍之善的教育过程，又表现为人为完善而向善的教育努力。

就臻善过程中的教育决定性来说，可从人突破自身有限性的角度来加深理解。教育目的既是人之发展，亦是人之解放，而人之解放意味着人为了冲破自然力的限制、摆脱生产关系的困扰，而要在遵循自然规律的前提下，获得认识、改善和顺应自然，消除剥削、消除贫富两极分化和使社会转型的能力。换言之，人为克服客观必然性的限制，不断地提高人类的生产力发展水平，通过教育来提高能力水平和民族文化根性强度，因而在生产力要素

① 赵祥麟著：《外国教育家评传》（第一卷，第2版），上海教育出版社，2003年，第113页。

② ［瑞］阿图尔·布津迈尔著：《裴斯泰洛齐选集》（第一卷），教育科学出版社，1994年，第128页。

③ ［苏］B. A. 苏霍姆林斯基著，毕淑芝等译：《育人三部曲》，人民教育出版社，1998年，译者的话。

中起决定性作用，并通过批判意识的增强，来促进社会转型，即为克服旧的生产关系的限制、不断地破旧立新、促进社会转型。批判意识和学以致用能力的获得、岗位性流动和职业性流动以及地域性流动能力的获得，需要通过教育，并在社会转型过程中，教育始终持守着使人向善而完善的价值追求，通过实践来链接教育解放和社会转型，唯有当教育与生产劳动及社会实践相结合，人才能实现人的全面发展，最终完成向善的过程，一步一步地走向自由王国，达到完善。

就向善完善的充分性、全面性、和谐性来说，需以视阈融合（fusion of horizons）的方法来审视。解释学所强调的视阈融合，其视阈意指看的区域，包括人从某个立足点出发所能看到的一切，单个的视阈也正是偏见产生的基础，类如盲人摸象，“远近高低各不同，只缘身在此山中”，而通过视阈融合，就可以使过去和现在、主体和客体、自我与他者都融为一体，在此基础上，理解才得以形成、修正和更新，理解的过程正是多种视阈不断调整和不断融合的过程。人自身质的进化呈现多种生命形式的各种可能性，表现为人之向善的充分性和人之完善的全面性与和谐性。针对大工业对人造成的“异化”，马克思当年的道德评判标准是：对于每个人来说，全面发展是一种确切的善，而针对现代性断裂对人之发展的困扰、双重殖民导致的教育失真、失善、失美，评判标准就不仅仅是道德上的，而且是真理观上的和审美的，即在全面发展的“全面性”上到底有哪些素质为“真”，在充分发展的“充分性”上如何不滞不越才为“善”，在和谐发展的“和谐性”上又以什么尺度进行“美”的鉴赏和创造。然而，人之发展即使做到了全面，即人通过教育而具备了全面素质，但所有这些素质未必都充分。同理，人之发展即使做到了全面和充分，全面素质彼此之间也未必都和谐。因此，按照真、善、美的要求，按照人之向善完善过程中人自身质的进化的根本要求，人之发展有以下三个不可或缺的维度：全面、充分、和谐。

总而言之，教育臻善是人为完善而向善的教育努力，即为实现人之全面发展、充分发展、和谐发展而使人具有正义之善和普遍之善的教育过程。

第四章　教育至美

教育美是教育本真与教育臻善相统一的教育关系和谐。教育爱与教育之道的和谐决定着教育关系的和谐。教育真、善、美统一是教育关系中的真、善、美统一。教育至美是教育真－善－美统一、教育关系和谐和教育境界这三者的统一。

一、教育关系和谐

和谐为美，美在和谐。真、善、美统一，因而教育关系和谐。本真的教育不断臻善，进而至美，而教育如果失真、失善，教育关系则不会和谐，更不会有教育美。教育本真的源泉是教育爱，教育臻善的依据是教育之道，二者的和谐决定着教育关系的和谐。

1. 美在和谐

中国古人以和谐为美。关于和谐之美的说法，在中国古文化中非常显见。“保合太和乃利贞”（《易·乾》），是说自然和谐，即“四时之气皆极调谐，不越自然规律；天能保合太和之景象，乃能普利万物，乃为天之正道”；“履，以和行”（《系辞·下七》），是说人人和谐，即“人之利害有矛盾，皆循礼而行，其行始能和而不争”；“圣人感人心而天下和平”（《易·咸》），是说人与社会和谐，即“圣人以其德感人心，因而天下和平”[1]。在“诗言志，歌永言，声依永，律和声，八音克谐，无相夺伦，神人以和”（《尚书·尧典》）的古典论述中，也可以看出，和谐为美是华夏传统。西方美学思想，可追溯至古希腊。在柏拉图以前，主要有毕达格拉斯、赫拉克利特和苏格拉底的美学思想最为显见。毕达格拉斯认为，数的原则是宇宙中一切事物的总原则，数的适当比例关系表示出宇宙事物间的比例对称，而美把对立的杂多协调成和谐的统一，所以，美是数量关系的和谐；但他把和谐绝对化、偏重于静态的和谐美。赫拉克利特则辩证而动态地看待宇宙事物。他说“人不能两次踏入同一条河流”，并认为和谐是宇宙事物相反相成的结果，因而和谐产生的美是相对的。赫拉克利特以朴素的唯物论思想深化了和谐为美的美学内涵；苏格拉底也认为美是和谐的、相对的，但他看待美不是从人与自然的角度，而是从人与社会的角度，即主要从善、德行和理想的角度，来把握人的内在和谐之美[2]。可见，毕达格拉斯和赫拉克利特在人与自然的关系中探讨的美，属于形式美学；苏格拉底在人与社会的关系中探讨的美，属于生活美学，而无论生活美学还是形式美学，西方古人也认为：和谐为美。

2. 教育爱与教育之道

对教育来说，教育本真与教育臻善的统一决定着教育关系的和谐，而教育本真源于教育爱，教育臻善决定于教育之道（教育本原、教育生机、教育规律），所以，教育爱与教育之道的和谐决定着教育关系的和谐。

---

① 高亨著：《周易大传今注》，齐鲁书社，1998 年，第 43、第 219、第 438 页。

② 孔智光著：《中西古典美学研究》，山东大学出版社，2002 年，第 12—第 13 页。

教育本真是人自身质的进化与生产和面向未来的社会性创造，而生产、创造和进化都源于爱，因为“真正的爱是植根于生产性之中的”；人因爱而生产，无论这种生产是物质资料的生产，还是人类自身的再生产；生产是人的本能，即“生产性是人类固有的能力”，因而爱被称为“生产性的爱”。[①] 教育是人类自身再生产的精神生产，存在于这种精神生产中的生产性的爱就是教育爱。爱最初产生于人与母体的分离，接着产生的是由孤独所唤醒的母爱，即母亲担忧孩子孤独而奉献出的爱。“尽管爱的对象不同从而爱的强度不同，但其基本成分仍可以说是生产性的爱的各种形态的特征，这就是：关切、责任感、尊重和了解”[②]。母爱分三个层次：第一层次的母爱主要是母亲的自我之爱。这个层次的爱，随着孩子的成长而逐渐进化，因为母亲在与孩子的关系中定义自己。第二层次的母爱是对自己的孩子的精神的爱，因为“精神是内在的神圣本质，是在时空之外的人的组成部分”[③]。母亲通过精神来体验与孩子一体，因为在母亲的精神中有母亲最深邃的情感和渴望。第三层次的母爱是对天下所有儿童的精神之爱，即如“幼吾幼，以及人之幼”（《孟子·梁惠王上》）。因此，母爱表现为自爱（love of self）、亲爱（love of kin）和泛爱（universal love）[④]。以亲爱为起点，母爱开始具有教育性，母亲最终以精神之爱为动力，对孩子进行精神生产，即教育。由生物

---

① ［德］弗洛姆著，林方主编，《生产性的爱和生产性的思维》，刘小枫译，《人的潜能和价值》，华夏出版社，1987 年，第 235 页。

② ［德］弗洛姆著，《生产性的爱和生产性的思维》，林方主编，刘林风译：《人的潜能和价值》，华夏出版社，1987 年，第 241 页。

③ John P. Miller. *Education and Soul*: *Toward a Spiritual Curriculum*, published by State University of New York Press, Albany, 2000, p. 24.

④ John P. Miller. *Education and Soul*: *Toward a Spiritual Curriculum*, published by State University of New York Press, Albany, 2000, pp. 24—28.

性占主流的母爱，是初级的母爱；高级的母爱是精神性的，而教育性占其主流的母爱，是最高级的母爱，因为作为精神生产之动力的教育爱，“就是劳作，关心对象的成长，对此负有责任感……关切和责任感是爱的组成部分，但如果没有对所爱的人的尊重和了解，爱就会变成支配和占有”[①]，所以在这种最高级的母爱之中，最伟大的母爱显见于“幼吾幼，以及人之幼”（《孟子·梁惠王上》）的善行之中。

真正的教师（或其他教育工作者），作为伟大母亲的象征，其教育爱在本质上超越血缘、超越私利，爱生如子、视教育为生命、为人类之伟大事业，崇高博大而永恒。没有教育爱，就没有真正的教育。有了教育之爱，教育工作者的教育行为就充满了人性的光辉和天行健的生命力、就充满了艺术性和创造性，为教育实现真善美统一而奠定基础。可见，教育爱是教育本真的源泉。教育爱不是天生的，而是历经昨夜西风千磨万击般的凋敝、使心灵得以陶冶、升华、沉淀而成。教育爱是仁爱的具体化，因为仁爱的光辉，使人克服情欲的诱惑，消融自私的坚冰，按照道德规则来修齐治平。源于仁爱的教育爱，使人有善性，身心和谐，见之于善行，发挥于事业，达至境界，是为至美，可谓“君子黄中通理，正位居体，美在其中，而畅于四肢，发于事业，美之至也”（《易·坤》）。

教育之道，是教育生机和教育规律，即教育的自然之理。教育的逻辑起点是人之发展。教育之道的运行，从这个逻辑起点开始。教育之道的根本性内涵是教育要促进人自身质（素质）的进化，也就是使人的全面发展、充分发展、和谐发展。从人生的角度说，孔子强调“仁”，本义是爱人，即“泛爱

---

① ［德］弗洛姆著：《生产性的爱和生产性的思维》，林方主编，刘小枫译：《人的潜能和价值》，华夏出版社，1987年，第237页。

众”；老子强调“德”，其本义是符合道，即言行不违背自然之理，也就是彰显本原、尊重生机和遵循规律。如此看来，虽然说教育爱是教育本真的源泉，没有教育爱，就没有真正的教育，但更重要的是，教育爱不能有悖于教育之道，即不遮蔽教育本原、不扼制教育生机、不违背教育规律，否则，必然导致教育行为不德，因而不善、教育关系也就不能和谐。遮蔽教育生机的爱和扼制教育生机的爱以及违背教育规律的爱，不能称为教育爱，而只有与彰显教育生机、尊重教育生机、遵循教育规律相和谐的爱，即与教育之道相和谐的教育爱，才能使教育关系和谐、使教育臻善。

二、教育真善美统一

真、善、美统一决定着教育关系的和谐。教育关系的和谐体现为教育内部关系和教育外部关系等诸多关系的和谐，为人之全面发展、充分发展、和谐发展创造条件，即为人之向善完善创造条件。

1. 真善美统一

中国古文化崇尚天、地、人三才统一。蕴藏在三才统一之中的真、善、美是统一的，具体表现为天人合一、知行合一、情景合一。虽然道家侧重于强调美真统一、儒家侧重于强调美善统一，但儒道融合的中国古代美学认同真、善、美统一。

中国美学始于老子。[①] 在老子看来，道是宇宙世界的规律和万物的生机，道生万物、负阴抱阳，阴阳之精气、冲和万象，所

① 叶朗著：《中国美学史大纲》，上海人民出版社，1985 年，第 19 页。

以道法自然，道是万事万物的本原，即所谓“道生一，一生二，二生三，三生万物。万物负阴而抱阳，冲气以为和”（《老子·生一》），因而体现出生动化育的自然之美。在庄子看来，美以自然为核心，而自然与真在实质上是一致的，其所谓“法天贵真”是指实行自然无为的道，而道是精神解放的终极之地，是自由对必然的超越，可总称为“自由的象征”，即至美。老子之道，大得趋向于无声无音、无形无象，因而庄子说，“天地有大美而不言，四时有明法而不议，万物有成理而不说”（《庄子·知北游》），只能用心灵去体悟无言的大美。可见，老庄主张美在自然、大美无言，但无论是美在自然，还是无言之大美，都在说明美真统一。孔子主张美在中和、里仁为美、美善统一。美在中和，是说人的思与行，不走极端，不偏不倚，执两用中，在对立统一之中，做到中正和谐，达到美的理想境界：修身齐家、治国有道、德博而化。里仁为美，是说里仁内蕴着“泛爱众”的种种善德，即做人要有“忠”和“恕”，因而最美。孟子主张浩然之气的美、充实为美、美善统一。孟子张扬人格之美，把“仰不愧于天、附不怍于人”（《孟子·尽心上》）作为君子三乐之一，即君子顶天立地，善养“配义与道”、“至大至刚”的“浩然之气”（《孟子·公孙丑上》）。在此基础上，孟子提出“可欲之为善，有诸己之谓信，充实之谓美，充实而有光辉之谓大”（《孟子·尽心下》），即将善人、信人所奉行的仁义道德原则贯注全身，与己融为一体，使美包容善而超越善，实现美与善的内在统一。[①] 可见，无论是美在中和、里仁为美，还是浩然气美、充实之美，都在说明美善统一。总而言之，儒道合流的中国美学，认同真善美统一。

西方美学思想，在苏格拉底之后的古希腊时期，必涉及柏拉图和亚里士多德。柏拉图认为，美之本身是理念，因为理念至

① 廖群著：《中国审美》，山东画报出版社，2000年，第298页。

真、至善，因而至美。说理念至真，是因为他唯心地认为，从一个理念推论到另一个理念的辩证思维世界，先天地独立自存于人的心中。[①] 说理念至善，是因为他完善了苏格拉底“知识即道德”的观点，把作为真知的理念看成是最高的善，人只有借助理性，才能达到至善（包括智慧、勇敢、节制、正义）的境界。但他的理念论将世界分成两个对立的部分，包括诸如下列的分裂：主体与客体、理性与感性、本质与现象、一般与个别。[②] 亚里士多德主张，美是内蕴着真与善的理想性和谐整体，[③] 而真与善的关系在实质上就是质料和形式的关系，质料和形式是统一的，这就意味着，美是真善和谐统一的整体。关于真，他认为真在于具有共相的、形式质料相统一的客观事物。关于善，他认为善有相统一的三类：身体的善（健康、强壮、健美、敏锐）、灵魂的善（智慧、勇敢、节制、正义）、外在的善（财富、高贵、友爱、好运）。[④] 关于美，他认为美既是形式的和谐，包括排列得当的顺序和大小适中的体积，[⑤] 又是形式质料相统一的和谐。但他的形式与质料说，把进入思维世界的各种要素看成是真实的世界，而思维以外的事物则根本不予以考虑，[⑥] 这在实质上也是主客体的二元对立与分裂。由于受柏拉图的理念论、亚里士多德的演绎法，以及以后的培根的归纳法、笛卡尔的直觉理性的影响，西方美学拘囿于主客体二元对立，直至康德才开始有了转向：康德以

---

① ［希］柏拉图著，郭斌和、张竹明译：《理想国》，商务印书馆，1986年，第270页。

② 周春生著：《直觉与东西方文化》，上海人民出版社，2001年，第121页。

③ 孔智光著：《中西古典美学研究》，山东大学出版社，2002年，第41页。

④ ［希］亚里士多德著，廖申白译注：《尼各马可伦理学》，商务印书馆，2003年，第21—22页。

⑤ ［希］亚里士多德著，陈中梅译注：《诗学》，商务印书馆，1996年，第74页。

⑥ 周春生著：《直觉与东西方文化》，上海人民出版社，2001年，第159页。

感性、伯格森以直觉、席勒以活的形象、海德格尔以老子的道，企图弥合主客体二元分裂。可见，中西美学都从原初的和谐开始，螺旋式上升到境界的和谐与统一的和谐，并在和谐之中寻求真善美的统一。

2. 教育关系中的真善美统一

教育关系是人自身质的进化与生产过程中的生产关系。教育实践以尊重教育生机和遵循教育规律为道，可谓教育之德，即一种教育善。以此可逐渐地达到教育的多重和谐：身心和谐（“道”与“器”的和谐)、人因通晓自然之理而与自然和谐，人因正位居体而使人际和谐。教育者把教育的善性付诸善行，或说把善的教育理念应用于教育实践，同时也使受教育者能把所接受的教育与生产劳动及社会实践相结合，此可谓畅于四肢。教育者凭借教育之德而修齐治平，此可谓发于事业，进而达到至美的境界。

教育关系和谐是下列诸关系的和谐：内部关系是学生的身心关系、师生关系、教师相互关系、教育管理者与教师之间的关系、教育研究者和决策者及实践者之间的关系；外部关系是教育与经济、政治、文化、国家发展、国际关系与人类发展之间的关系。内部关系要和谐，为的是解放和发展教育生产力；外部关系要和谐，教育才得以有效施行，以使个人不仅以天下为家、守礼守法、致富达到小康界，还要以天下为公、促进国际关系和谐、世界和平与人类进步。如何使真善美统一于教育关系之中，需要教育研究者、教育决策者和教育实践者的共同努力。对教育研究者而言，其研究要揭示教育规律和尊重教育生机，发现各国教育的优劣长短，指出教育关系和谐的价值所在，不仅为国家教育发展献计献策，而且要克服民族狭隘性，为世界和平与人类共同进步而努力；针对教育决策者来说，其决策不能违背教育规律和扼制教育生机，而要使教育发展与经济发展保持和谐；对教育实践者来说，其教育实践要以遵循教育规律和尊重教育生机为基准，把泛爱众和普度众生的爱心投放于各种教育关系以及贫富差别悬殊的区域关系之中，以使受教育者的三维发展成为可能，最终使受教育者乐业敬业、生活富裕、内心丰富，继而追求国际关系和谐，即让新生代既能脚踏实地、改善自己的生存境况和提高自己的生活质量与生命质量，又能以天下为公、不懈地追求着人类的共同进步。唯其如此，教育者才能从中体味到天下为公的教育至美——感受到得天下英才而尽教之的人生之乐和所教英才成为国家栋梁和社会中坚时的蓦然境界，感受到泛爱众和普度众生使世人超越必然王国而获得解放的浩然境界，感受到以出世之心做入世之事、"无己"、"无功"、"无名"（《庄子·逍遥游》）之"吾丧我"（《庄子·齐物论》）的澄明境界。

三、教育境界

面对教育殖民化、文化根性消隐，反求诸己，教育者应具有相应的境界。美学境界，是中国美学的范畴；人之解放，则是兼取中西哲学的理论精华。可谓人谋天成、在于觑巧，简而约之、取其精妙，然后有教育境界生成和教育境界分层。

1. 美学境界

美在境界，乃中国美学之所长。以美为基础，美的境界是审美本体的高级形态，它涵养着真和善，自然地也通向真和善，是一种真善美统一的高尚的精神状态和品格。美的境界不仅以关系和谐以及真善美统一为基础，而且超越理性与感性、抽象与形象、入世与出世等范畴的对立，使各自双方达到美的和谐。

滥觞于易而始于老子的中国美学，经庄子、刘勰、王国维，再到朱光潜、宗白华和钱锺书，有一延伸至今的发展脉络：易象、玄鉴、象罔、意象、意境、境界、灵境、天境。

在中国易学中，意象之美显现在意与象的关系之中。华夏祖先“立象以尽意，设卦以尽情伪”（《系辞·上十二》）。阳爻“⚊”象天、阴爻“⚋”象地，因为“古人目睹天体浑然为一，苍苍无二色，故以一整画象之；地体分水陆两部分，故以两断画象之”[①]。阳爻象征阳刚之美、阴爻象征阴柔之美，由阳爻和阴爻组成的各种卦象，也都含有丰厚的文化意蕴，意蕴美于对立统一的爻象和卦象的形式美之中展现出意象之美，即中国古人崇尚三才统一、天人合一，强调阳刚阴柔、创生终成、变易求通、生生不息，在于天象与地形，即于“在天成象，在地成形”（《系辞·上一》）的关系中，以象显美，可称为易象。

老子认为，有无相生、虚实相长，虚极守静、“涤除玄鉴”（《老子·载营》）。“玄鉴”意为排除贪欲后而得到的澄明之象，而以此象观道，则可探万物本源。

庄子美学以“自然”为核心，强调法天贵真的自然无为之道。由自然之真导向性情之真，而最真最美。真见于诚、见于朴，以物观物、去迹返真，物化而超越。庄子的“象罔”（《庄子·天地》），是用以象征宇宙人生真际的再造境相，[②] 是以道之真显于内的审美形象。庄子以道象征自由，通过逍遥游来求得精神的无限自由快适，凭借齐物化而达快适无差别的境界，最终是以真通向“象罔”之空明审美境界，即“生人之心静乎！天地之鉴也，万物之镜也”（《庄子·天道》）。

刘勰视圆活为艺术成熟的表现：笔圆须磨炼，意圆学力深，

---

① 高亨著：《周易大传今注》，齐鲁书社，1998年，第25页。

② 宗白华著：《中国艺术意境之诞生》，载宗白华：《美学散步》，上海人民出版社，1981年，第81页。

神圆最上乘，为最高境界，即“独照之匠，窥意象而运斤”（《文心雕龙·神思》）。匠所以独照，是因为其艺术圆活，运斤“不徐不疾，得之于手而应于心”（《庄子·天道》）。刘勰首次铸就的“意象”一词，是指意隐象秀，释为“夫象者，出意者也；言者，明象者也。尽意莫若象，尽象莫若言。言生于象，故可寻言以观象；象生于意，故可寻象以观意。意以象尽，象以言著。故言者所以明象，得象而忘言；象者所以存意，得意而忘象”（《三国志·王弼传·略例明象篇》），[①] 其义理是中国古代艺术思维理论发展的一个里程碑，为后人提出“意境”、“灵境”、“境界”和“天境”奠定基础。

王国维提出的境界，蕴涵着人生理想及其苦痛。“当王国维使用‘境界’这一词时，他是在把艺术放在普通人生之境界下来进行衡量的。在这种情况下，他所强调的不是艺术作为艺术时的某些特征，而是艺术作为表现人生之大目的的一种工具（手段）时的共同特征”[②]。王国维把境界分为三个层次，认为“古今之成大事业、大学问者，必经过三种之境界”（《人间词话·二十六》）。第一境：“昨夜西风凋碧树，独上高楼，望尽天涯路。”此句是王国维引自晏殊（991—1055）的《蝶恋花》，原写秋日怅惘，王国维用来描摹：“似水的新寒蓦然唤起了自我的反省与内心的寂寞，感受到熟悉的往昔，渐去渐远，不免生出一份怅惘之感”；第二境：“衣带渐宽终不悔，为伊消得人憔悴。”此两句是王国维引自柳永（约987—约1053）的《凤栖梧》，原写别后相思，王国维用来描摹：“择一固执殉身无悔的精神，此种操守常人不常有，因为择一难、固守难、殉身无悔更难，并且难在成败

① 转引自范文澜著：《文心雕龙》（上），人民文学出版社，1958年，第338—339页。

② 张志建：《王国维学术思想研究》，教育科学出版社，1992年，第159页。

得失茫茫然不可预料”；第三境：“众里寻他千百度，蓦然回首，那人却在灯火阑珊处。”此三句是王国维引自辛弃疾（1140－1207）的《青玉案》，原写乍见之惊喜，王国维用来描摹：理想得到实现后的满足的喜乐。①

图 010　天涯憔悴

自王国维以后，对境界之美进行鉴赏与创造者不绝如缕，而朱光潜、宗白华和钱锺书，脱颖而出。

朱光潜认为，美感经验的形成实际上就是境界的达成。“美感经验就是凝神的境界”，是一种在聚精会神的状态下的心理享受；由于移情的外射作用，在欣赏时全部精神聚会于意象，致使意象成为一个独立自足的世界，即欣赏者不知不觉达到物我两忘的境界；在美感经验之中，精神须专注于意象，不容联想，有联想则离开了欣赏对象，但意象的产生须借助于联想，联想愈丰富则意象愈明晰而深广，审美离不开联想；艺术的意象因有美感的心灵综合作用而有别于非艺术的意象，艺术就是情感表现于意象，情感赋予意象以生命和形式，于是情趣与意向融为一体。② 在美感经验之后，即

① 叶嘉莹著：《王国维及其文学评论》（第 2 版），河北教育出版社，2000 年，第 334－335 页。

② 朱光潜著：《文艺心理学》，安徽教育出版社，1996 年，第 16－17、第 94、第 155 页。

意象转化为情趣后，又回流于人的心灵，扩充人的想象，人的道德情感得到伸张，所领略到的境界成为他所创造的境界，其性格和经验得以在境界中返照，所谓出世之心见之于入世之事。

宗白华的美学思想主张境界层分和儒、道、释融合为一。他认为，美是审美意向性活动产生的审美意象，而艺术意境有三个层次，即直观感相的摹写、活跃生命的传达和最高灵境的启示。“艺术家以心灵映射万象，代山川而立言，他所表现的是主观的生命情调与客观的自然景象交融互渗，成就一个鸢飞鱼跃，活泼玲珑，渊然而深的灵境；这灵境就是构成艺术之所以为艺术的‘意境’”；他认为，“中国艺术意境的创成，既须得屈原的缠绵悱恻，又须得庄子的超旷空灵。缠绵悱恻，才能一往情深，深入万物的核心，所谓‘得其环中’。超旷空灵，才能如镜中花，水中月，羚羊挂角，无迹可寻，所谓‘超以象外’”；艺术境界净化、深化心灵与宇宙，使人于超脱的胸襟之中，体味到宇宙的深境[①]。心映万象、立象尽意，超旷空灵、境生象外。两种意境，虚实结合，将儒、道、佛熔为一炉。[②]

钱锺书美学思想贵在“学与术者，人事之法天，人定之胜天，人心之通天者也”[③]。在法天、胜天、通天的实践中，显现神韵之最高的和合境界与新雅之流变的和而不同。“人事之法天”指人的学术和艺术都不能背离自然，摹写自然需选择，即“觑巧”；“人定之胜天”指针对自然界无现成之美的“天无功”，有待于艺术润饰自然，对自然加以“修补”而不离开自然；“人心之通天”是指对“选择”和“修补”兼而有之，二者看似相反而

① 宗白华著：《中国艺术意境之诞生》，载宗白华：《美学散步》，上海人民出版社，1981年，第70、第77、第86页。

② 蒲震元：《中国艺术意境论》（第2版），北京大学出版社，1999年，第51页。

③ 钱锺书著：《谈艺录（补订本）》，中华书局，1984年，第60页。

实相成，貌异而心则同。人之实践与治学，技艺抒情、相辅相成，意匠经营、"行布"于胸，有感有悟、有意有境，身与"竹化"、心物两契，从而获得妙合而凝的神韵。

总之，中国美学有一个易象→玄鉴→象罔→意象→意境→境界→灵境→天境的命脉，"借助消解的途径超越生命"①。

2. 教育境界的生成

教育境界的生成缘起于人为了自由而求解放。人为克服自身之局限性，总为完善而向善、为获自由而求解放。纵观历史，中外历代思想家都为此做出了不懈的理论探索。仅从西方近代开始说，康德、马克思、伯格森、海德格尔、哈贝马斯和吉登斯等人都关注人的解放。

康德研究理论理性、实践理性和判断力，为的是人类获得解放而达到普遍之善。他把理论理性中的知性作为一种认识能力，把实践理性中的理性作为一种欲求能力，而把判断力作为愉快和不愉快的情感来联结认识能力和欲求能力，以使知性和理性二者相统一的判断力来负责人由自然状态到自由状态的过渡。然而，他并没有令人信服地找到使人获得真正解放，即从个人实践的特殊之善上升为人类普遍之善的真正力量。

席勒在康德美学的基础上提出把"审美"介于"必然"和"自由"之间，作为人类逐步获得解放的必要条件，即以审美王国介于必然王国与自由王国之间，以游戏冲动调和感性冲动与形式冲动的矛盾，通过"活的形象"（living image）来建立审美王国，以使人成为审美的人。黑格尔也认为审美带有令人解放的性质，因为审美让对象保持其自由和无限，而不把对象作为工具加

① 潘知常著：《中西比较美学论稿》，百花洲文艺出版社，2000年，第180页。

以利用和占有。①

马克思主义哲学对人类获得解放起着巨大的指导作用。马克思研究人类如何实现生产力与生产关系二者关系的和谐，为的是把人类引向获得彻底解放的共产主义。

伯格森以生命哲学的视角来探讨人类的解放，认为理性的恶性膨胀扼杀了人的创造力，造成了两千年来生命的蜕化，主张靠直觉来克服人类理智所固有的不完善。

海德格尔不仅探讨人为何把自己向未来开放，且有意识地探讨自由本身的纯构成性，求索人类摆脱二元对立思维而获得终极解放的理性形态。他企图从老子道家思想中得到启迪，因为老庄之道具有自然、无为的特性。这“自然”是指一种不受强制力量主宰而顺任自然；这“无为”是要求统治者不钳制百姓，而要还百姓以自由，使其自治自生。②

哈贝马斯把人类的兴趣分为技术的、实践的和解放的兴趣，其中，解放的兴趣是指人类对自由、独立和主体性的兴趣，其目的是把主体从依附于对象化的力量中解放出来。③

吉登斯探讨解放政治，认为解放政治是将人从对其生活机遇有不良影响的束缚中解放出来，其中包含两个主要因素：一是力图打破过去的枷锁，因而也是一种面向未来的改造态度；二是力图克服某些个人或群体支配另一些个人或群体的非合法性统治。④

---

① ［德］黑格尔著，朱光潜译：《美学》（第一卷，第2版），商务印书馆，1979年，第147页。

② 安继民、高秀昌、王守国著：《道家双峰——老庄思想合论》，河南大学出版社，2001年，第23、第25页。

③ ［德］哈贝马斯著，郭官义、李黎译：《认识与兴趣》，译林出版社，1999年，译者前言，第13页。

④ ［英］安东尼·吉登斯，《现代性与自我认同》，赵旭东、方文译．生活·读书·新知三联书店，1998年，第247—248页。

可见，康德、伯格森和海德格尔侧重于研究人自身，而马克思、哈贝马斯和吉登斯则更多地关注人的社会性。

中国天道思想由来已久。在《说文解字》中，“天”从“大”配“一”。“大”字像人形，在“大”之上配“一”，以示天之至高无上，[①] 即人抬头仰观的是一个无边但有界的广大视阈，这个“天”既非形式的或主体中心的，亦非超越现象界的，而是给予这个世界和人生以意义的居中之极；“巍巍乎，唯天为大”（《论语·泰伯》），周人以人的生存方式来配天，用礼乐典制来维持天意于人间。[②] 孔子践行周礼，为的是体认中庸那与天地相通的至诚状态，从而一通百通，知命知天，达到儒家之仁的最高境界。孟子继孔求义，为的是知天同天，知自然而同民意，行仁天下、以民为贵，施有义之举，达到至大至刚、贫贱不移、富贵不淫、威武不屈的浩然境界。老子求道，须涤除贪欲和有害的知识，才能达到以天地为大炉、以造化为大冶、不容人之主体杂质的玄鉴之境；庄子求道，须以自然为核心、法天而贵真、齐万物而心不为物役、通过逍遥自由而通向象罔之境。无论老子玄鉴之境，还是庄子象罔之境，都是无贪欲的“吾丧我”之澄明境界。

总之，西方近现代哲学探讨人之解放，走理性的途径，中国古代天道思想中的儒道境界，凭借对宇宙万事万物和人生的感悟，走的是感性的途径，而无论途径是理性的还是感性的，殊途同归，都为克服人类的有限性而寻求人之解放，其终极指向是人类的自由。

人的终极目的是自由，追求自由是人之本质的一种体现，而人在通过教育来克服人自身的有限性、为完善而向善的过程中，

---

① 许慎著，徐铉校：《说文解字》，中华书局出版，1963 年，第 7 页。

② 张祥龙：《海德格尔思想与中国天道——终极视域的开启与交融》，生活·读书·新知三联书店，1996 年，第 237、第 245 页。

需要超越理性与感性、抽象与形象、入世与出世的对立，才能生成教育境界。

从哲学角度讲，人强调理性，表现为对理智、逻辑和科学的崇尚，但忽视直觉、感性和意志，产生理性对感性的钳制和工具对心灵的宰制。解决这种人类困境的一种较为有效的途径是通过心灵化的感性来生成自我实现的境界，以审美来摆脱二元对立的困惑。

鲍姆嘉登把美学认作感性认识的科学，把美学的目的看成感性认识的完善，[①] 美是感性表现的完满。康德以“审美无利害”为基点，认为审美需要无利害的愉快感和自由的愉快感。席勒强调用具有活的形象的艺术来培养人的美的心灵和健全的人性，以克服社会的腐朽与粗野和现代人的分裂，为将来全人类的和谐做准备；这要求人之天性中的理性与感性对垒，需通过美的作用才可能达到平衡，[②] 即用审美调协理性与感性。黑格尔认为美就是理念的感性显现，而艺术是自由的和感性的，因为艺术来自于感性事物、诉诸感性，凭感性而心灵化、以感性形式来表现崇高，[③] 但要从感性中净化出来，到企图表达无限崇高之中寻找精神解放。[④] 马克思强调感性的基础作用，认为真正的科学从感性和感性需要的两重形式开始[⑤]。肇始于波德莱尔的审美现代性，

---

① ［德］鲍姆嘉登著，简明、王旭晓译：《美学》，文化艺术出版社，1987 年，第 13、第 18 页。

② ［德］弗里德里希·席勒著，冯至、范大灿译：《审美教育书简》，序言，北京大学出版社，1985 年，第 6、第 21、第 55 页。

③ ［德］黑格尔，朱光潜译：《美学》（第一卷，第 2 版），商务印书馆，1979 年，第 10、第 48、第 142 页。

④ ［德］黑格尔，朱光潜译：《美学》（第二卷），商务印书馆，1979 年，第 78—79 页。

⑤ ［英］特里·伊格尔顿著，王杰、傅德根、麦永雄译，柏敬泽校：《审美意识形态》（第 2 版），广西师范大学出版社，2001 年，第 192 页。

强调对资本主义社会的批判，具有越轨和颠覆的酒神象征，主张以感性反抗理性，用艺术来批判资本主义工具理性。

总之，从美学角度讲，人偏好感性，表现为对自由的追求、对和谐的向往、对境界的崇尚：鲍姆加登看重感性表现的完满、康德强调审美需无利害的和自由的愉快感、席勒用活的形象来调协感性与理性、黑格尔主张感性心灵化的崇高、肇始于波德莱尔的审美现代性以美的救赎来批判启蒙的资本主义工具理性已经发展到了极端，但是，如果以极端的感性去拯救极端的理性，并不能使人类和谐，而“借助抽象的途径使生命对象化”[①]，也不能有效地克服理性感性的二元对立。

理性的人作为万物的尺度，凭借抽象之理智，走出了物我不分、主客同一的浑然状态，走向了形而上学和科学。以笛卡儿为开端的西方近代哲学以抽象的认识论方法来探讨形象的问题。在笛卡尔看来，形象是唤起观念运动的启动器，形象与观念处于二元对立之中；莱布尼兹力图在抽象与形象之间建立一种连续性，试图走出二元对立，因为他认为，形象具有无限之浓密性，观念具有有限的和可分析的量的明晰性，二者都富有表现力，因而形象消失在观念之中；莱布尼兹以此解决了笛卡尔的二元对立，但却是以形象的不必要存在为代价；休谟（D. Hume，1711—1776）与莱布尼兹相反，把全部思维归结为一个形象体系，认为唯有形象的总体是实在的，并且潜伏在名称之中，休谟就这样又丢掉了思维的抽象。[②] 伯格森把在他以前的形而上学所论及的一切均归结为形象，在他看来，世界不仅仅是物质的，因为实在的物质不能表达人本身应该具有的全部意义；世界不仅仅是意识

---

① 潘知常著：《中西比较美学论稿》，百花洲文艺出版社，2000年，第180页。

② 尚新建著：《重新发现直觉主义——伯格森哲学新探》，北京大学出版社，2000年，第135—137页。

的，因为意识的形成过程与生命的进化过程不可分割；世界也不仅仅是与抽象活动相关的，因为抽象的活动忽略了生命之流的无限纯绵延；世界是充满生命潜能、历史流变和文化沉积的形象，是物质与精神的一体化。至此，伯格森也摆脱了主客体二元对立思维的拘囿，指出了抽象理性和实证科学在研究生命、心理活动和创造的潜能等方面的局限性，但他贬低抽象理性的存在意义、夸大生命直觉的价值所在，从而走向另一个极端。海德格尔却以现象学还原的方法超越主客体二元对立，即以“思”的存在论和“诗”的本体论，超越把世界加以对象化的二元对立的认识论，从而达到对存在的澄明之境，但他的存在哲学并没有摆脱神性的束缚，也没有达到人本天造地设的浑然一体的境界。

中国儒道文化则以入世与出世为特有的人生价值取向。入世是儒家的人生价值取向。为克服人之生命的有限性，孔子以伦理道德来维系血缘关系、家族和社稷，而儒家伦理道德的最高体现是仁。仁是通过修齐治平而超越有限生命的途径，表现为儒家入世进取、追求超生死伦理的和谐的社会理想；这是儒家入世所表现的积极的一面，而其消极的一面表现为儒家纲常伦理观念决定的重名分和为利禄而蝇营狗苟；出世是道家的人生价值取向，还是为克服人之生命的有限性；老子强调道法自然，将个体生命的有限与自然的无限同化为一，通过超越一切功利关系而顺应自然，表现为道家追求个体自由的生命力与宇宙自然的生命力的和谐统一①。此乃道家出世所表现的可取的一面，而其不可取的一面表现为道家以逃避现实的方法去追求精神愉悦式的自由。既然入世和出世都各有其利弊，那么，如何克服对立而实现两者的统一，即既出世又入世呢？朱光潜说得好：人要以出世之心做入世

---

① 陶伯华著：《美学前沿——实践本体论美学新视野》，中国人民大学出版社，2003年，第33、第42页。

之事。[①]

总之，以境界观道可及万物之抽象，以感性实现可得生命之形象，以出世之心做入世之事可得人生真谛。境界之产生全凭入世和出世的感受之作用；境界之存在全在入世和出世的感受之所及。美学境界是人之理想与社会现实发生心物交感而产生层次高低的精神状态。以出世之心做入世之事的美学境界加之美的感性在人之解放的心路历程中逐渐达至有层次的教育境界。换言之，教育境界是教育者的教育理想与教育现实发生心物交感而产生层次高低的精神状态和品格。

有情有意亦有智的形象，基于表象，化为易象、玄鉴、象罔、意象、意境、境界、灵境和天境。境界中有情，是感性作用的结果；境界中有意，即境界中有意志化的思想内容，是知性作用的结果；境界中有智，是非概念化和工具化的理性作用的结果。在情、意、智三者之间，感性协调知性和理性而生和谐之美。感性渗透于形象而形成意境，意境交融心灵和宇宙而生灵境，灵境化合出世入世的人生态度而终成境界。纵使内容是心灵性的东西（如人际关系）也必须借外在现实中的形象才能掌握并表现出来。[②] 从有情有意亦有智的形象到意境、灵境和境界，有一个靓化、深化和泛化的过程：靓化是指形象鲜明、活泼、生机盎然而有魅力，深化是指形象的内涵深邃、奇警而具有震撼力，泛化是指形象的功能由审美趋向于归真、臻善、至美，达于人之精神品格的塑造。[③]

教育境界是教育者入世出世的教育感受在其心灵中分层刻画

---

① 朱光潜著：《谈美》，安徽教育出版社，1997 年，第 155、第 10 页。

② ［德］黑格尔著，朱光潜译：《美学》（第一卷，第 2 版），商务印书馆，1979 年，第 51—52 页。

③ 陈望衡著：《境界本体论》，载《中国美学》，商务印书馆，2004 年，第 239—240 页。

的精神状态和品格。故师以有教育境界为大，有教育境界则自成教育事业，自有高徒。这种可感可悟的教育境界，可分出三个层次：蓦然境界、浩然境界和澄明境界。

蓦然境界，取意于王国维对古今之成大事业、大学问者所必经过的三种境界的第三境界。其中的“蓦然”不仅透显着康德之“审美无利害”的美的快乐，而且还透显着现量。“现量：‘现’者有现在义，有现成义，有显现真实义。‘现在’不缘过去作影；‘现成’一触即觉，不假思量计较；‘显现真实’乃彼之体性本自如此，显现无疑，不参虚妄”（王夫之：《相宗络索》）。换言之，现量具有超思维的、非强制的、一触即觉的自发性，当主体置身于当下情境之中，景是眼前的景、情是当下的情，情景交融，真实不妄的当下情景自动就生成意象，显现出审美对象的独特性、审美过程的自发性和审美表现的创造性。蓦然中有现量的显现，境界则为高；教育情境如果经常有现量的光顾，教育境界才是高格的教育境界。用顾明远的话来说，教育者历经教育困扰而步履维艰，而在展望教育未来时心生惘然，但是，教育者在教育实践中不断探索、历尽艰辛，是红烛精神使人憔悴不悔，历经一段过程，教育者感悟到了学生的成长，蓦然发现学生由不懂事的孩子已经成长为国家的栋梁。

蓦然境界之例：

有一天，教龄已年满三十年的甲老师在大街上散步，偶遇二十年前他教过的一位学生王小刚。二十年前王小刚穿着开裆裤、鼻涕过“河”的样子登时浮现在甲老师的脑海。短暂的寒暄过后，甲老师蓦然发现王小刚已经成长为本市某区教育局的局长，心中立觉欣喜，“得天下英才而尽教之”的快乐油然而生。

浩然境界，取意于孟子浩然之气说和佛家普度众生之说。其中的“浩然”不仅蕴涵着感性心灵化的美的崇高，而且蕴涵着人生正气与意志善化的广延，即浩然境界凭着人格美和意象美而荣发生长。蕴藏在天地人三才统一之中的人格之美意味着，人来自自然、归于自然，居于天地间，属于自然、与自然为一，体悟天道、居中守正、以仁守位，体现出达则兼善天下，穷则独善其身的人格之美。孔子“泛爱众”的“泛”，在孟子那里更侧重于广居天下、以民为贵、与民同乐。以民为贵，决定着与民同乐，即所谓“独乐乐”，“不若与人”乐乐，“与少乐乐”，“不若与众”乐乐（《孟子·梁惠王下》），这与佛家的普度众生和予乐拔苦很有相通之处。要做到与民同乐，得天之大任的人，必先苦其心志、劳其筋骨、广居天下，做到“富贵不能淫、贫贱不能移、威武不能屈”《孟子·滕文公下》。而不淫、不移、不屈，需要善养浩然之气。“浩然”是指盛大流行的样子，所以孟子说它塞于天地之间；“气”是指至大至刚的志气和勇气以及士气，涉及人与宇宙的关系；浩然之气的善养，是指道与义相结合，道是提高精神境界的道，义是指经常做天道所要求做的事。一个人如果经常居里之仁、行表之义，浩然之气就会自然而然地从他内心出现，其精神境界就会正义而博大，即会达到浩然境界。[①] 浩然境界，作为一个层次的教育境界，意指教育者不负教育使命、面向天下所有的受教育者、面对教育的诚朴和欢跃以及“乐乐”之和谐，面对教育被商品化、官僚化和殖民化三股寒流侵蚀的现实，因泛爱众和普度众生而矢志不渝。

浩然境界之例：

乙老师下班在家批阅大三学生某科期末考试试卷，忽听门铃响，透过门镜一觑，发现考生王大刚手提一塑料袋的桔子和一条“将军”烟站在门外盼望着开门。乙老师在门里严正地说道：“带着东西来看望我，我是不会开门的！”

---

① 冯友兰著：《中国哲学简史》（第2版），北京大学出版社，1996年，第68—69页。

澄明境界，取意于老子之“玄鉴”、庄子之“象罔”、宗白华之“灵境”。“玄鉴”、“象罔”、“灵境”，不在于人不该有欲望，而是要涤除自私的欲望对人的侵蚀（即“不贪欲”），不在于否定理性对人的启蒙，而在于解开有害的知识对人的遮蔽（即“不害人”），不在于否定伦理对人的明世，而在于人要把自然之光作为澄明的朗照背景（即“不投暗”），让心灵开化、并与宇宙融合为一。澄明境界，作为一个层次的教育境界，意指教育者在培养学生时没有自私的欲望、摆脱唯理性主义对人的钳制，克服唯我中心的心理惯性，入世也出世，但以出世之心做入世之事，入世为的是受教育者的发展，出世是完全受“吾丧我”之精神所决定，即“至人无已，神人无功，圣人无名”（《庄子·逍遥游》）。

澄明境界之例：

二十五年前，笔者的一位朋友上小学四年级的女儿西西，参加笔者举办的“私塾”。第一天听了《道德经》下来，那位朋友设宴请教《道德经》的老师和笔者。餐宴临结束上最后一道“菜”——水果拼盘时，西西吃过几片西瓜后，笔者发现西西将伸出拿西瓜的小手又缩了回去。笔者觉得奇怪，于是就问西西：“西瓜是随便吃的，怎么不吃了呢?”西西边用眼瞥着身旁的《道德经》老师边说：“老师说了，不要有贪欲!”于是，《道德经》老师就问西西：“你吃饱了没有?”西西回答说：“吃饱了是吃饱了，就是还想吃!”《道德经》老师嫣然一笑，说：“那就不吃了呗!”西西的妈妈在一旁释然暗笑，过后跟笔者说：“若是在家，西西要是不把肚皮吃得鼓鼓的，才不会罢休呢!”二十五年后的今天，西西已研究生毕业，也当了老师，并且严格地恪守着道家“不贪欲”、“不害人”、“不投暗”的三原则，同时也参加了“红绿青蓝”，成为了一名坚定的教育志愿者。

以上所论述的蓦然境界、浩然境界、澄明境界，都是教育者应蕴有的教育境界，尤其对当今中国的教育管理者来说。

总之，教育至美是教育关系和谐、教育真善美统一、教育者蕴有教育境界（蓦然－浩然－澄明），即教育真善美的高度统一（如图 011 所示）。

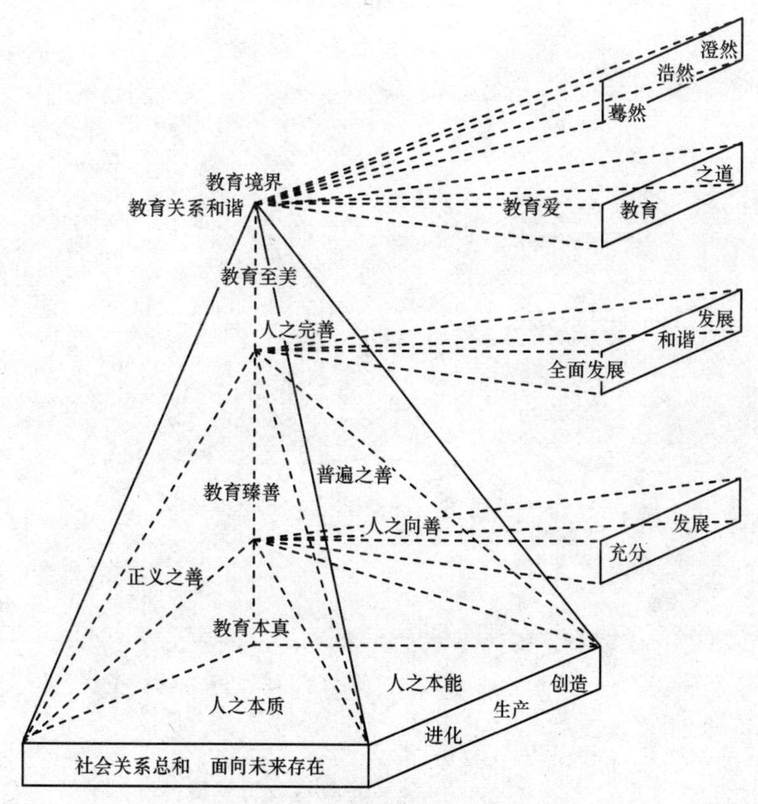

图 011　教育真善美的高度统一

综上所述，通过寻求美学境界的脉络，可凭借三才统一的入世出世境界来超越理性感性、抽象形象之二元对立。境界中既有生命的绵延、生命力的穿透和活的形象，又有教育者对蓦然、浩然和澄明的感悟。教育境界好似一股暖流，而教育商品化、教育官僚化和教育殖民化犹如三股寒流。“一暖三寒”是任何发展中国家的教育都向往的理想与挥之难去的命运定数。暖与寒、正与负、痛苦与幸福，孰重孰轻，要看广大教育者的努力程度。

第五章　教育审美标准

对教育美的鉴赏，需要有公认的审美标准。本书所做的研究针对教育本真、教育臻善、教育至美，提出教育求是、教育求诚、教育求公的审美标准，并以教育境界为归旨。

一、教育求是

教育求是这一标准针对教育本真而提出的，同时也为教育本真所要求。现在通过分析“是”的含义，并按教育本真来推导“教育求是”的含义。

1. 是的含义

在《说文解字》中，“是”被解释为：直也，从日从正，“正”被解释为：是也，从止从一，而“止”被解释为：下基也，象木出有址，故以止为足。① 可见，“是”在中文里的原初含义是：生命体在天地间的存在状态。

西方哲学中的“being”，多指“存在”，来自大多数西方语言中的“to be”这个动词不定式。但海德格尔认为，这个动词不定式的原初形态是“存在”的名词形式，即“physis”，其意思就是“出来站立在那里，持续在场”，只是后来随着语言的演化，其词类发生分化，对于名词来说，就有格、数、性的变化，

---

① 许慎著，徐铉校：《说文解字》，中华书局出版，1963年，第39－38页。

对动词来说，就有时态、语态、语气的变化，[①] 其词义也扩展得更加丰富：与动词不定式“to do”表示动态相比较，“to be”表示静态，包括静态的状态，静态的性质和静态的特征，这静态的三个方面都表示存在或显示着存在。用马克思主义哲学来理解，静态的状态和静态的特征属于相对静止的空间存在，而静态的性质属于相对静止的时间存在。可见，“是”无论具有“生命体在天地之间的存在状态”的内涵，还是具有“出来站立在那里，持续在场”的内涵，其本质都是同样的，即意味着“生命体的本真存在”。

海德格尔还探讨了“存在”在印欧语言中的三种词源义，即“生命”、“出现”和“保持住”，[②] 而“存在”是相对于“存在者”的存在。在此基础上，海德格尔深入研究了“存在”与“存在者”的关系：人对“存在”的直接领悟为“此在”，而“此在”的“存在”就是“在世界中存在”，因而“存在”比“存在者”更具有明显的优先地位。但是，是什么维系着“存在”和“存在者”的关系？本书所做的研究认为，是宇宙万事万物进化的生机和运行的规律，维系着“存在”和“存在者”的关系。如果人的本质是一种存在，那么，人的本能就是这种存在的存在者。连接着存在与存在者的道，即本原、生机和规律，体现于教育本真，并显现着教育本真。总之，“是”的基本含义有二：一是生命体的本真存在；二是万事万物的生机和规律。“存在”是相对于“存在者”的存在。宇宙万事万物的本原、生机和规律，维系着“存在”和“存在者”的关系。可见，“是”的基本含义有三：本

① 张祥龙著：《海德格尔思想与中国天道——终极视域的开启与交融》，生活·读书·新知三联书店，1996年，第70页。

② 张祥龙著：《海德格尔思想与中国天道——终极视域的开启与交融》，生活·读书·新知三联书店，1996年，第71页。

原、生机、规律。

2. 教育之道

如果人之本质是一种存在，那么，人之本能就是这种存在的存在者。连接着存在与存在者的道，即本原、生机和规律，体现于教育本真，并显现着教育本真，即生命体自有多种生命形式的冲动和时间之流的绵延，因而其生机使其进化和生产，进化有进化的规律、生产有生产的规律，比如，人为突破时间上的有限性和种的有限性，面向未来而创造。

人向自然本真回归，为的是不再违背自然规律、不再扼制生命体的生机。人要遵循规律，因遵循规律而得道；人要尊重生机，因尊重生机而有爱。因为得道和有爱而使绵延中的生命冲动展现生命形式的各种可能性和生命之美。教育者要回归教育本真，就要遵循教育规律，尊重教育生机，以显现生命之美，即教育求是是教育者对教育规律的遵循和对教育生机的尊重。遵循教育规律是指教育者的理念与言行符合教育规律。尊重教育生机是指教育者的教育实践要顺应受教育者生命力的进化方向、使之不断地创造、促进其发展。教育之所以为教育，是因为教育的对象是人。教育本真是人自身质的进化与生产和面向未来的社会性创造，因而教育具有社会性、未来性、生产性、创造性和进化性。这个客观规律，非由人之主观意志所决定，也不能为其他客观规律所替代。它顺任而然、自由自在。总之，“教育求是”的含义是教育者彰显教育本原、尊重教育生机、遵循教育规律。这一标准的指标关键词是：彰显本原、尊重生机、遵循规律。

二、教育求诚

教育求诚这一标准针对教育臻善而提出的，同时也为教育臻善所要求。现在通过分析“诚”的含义，并按照教育臻善的内涵，来推导“教育求诚”的含义。

1. 诚的含义

“诚”的含义是真实无妄和诚实无欺，前者是“里”，侧重于人的内在的心理状态和精神品格，后者是“表”，侧重于对人对事的外在行为表现。[①] 二者表里统一、相辅相成，主要表现为忠诚和诚信。

在《说文解字》中，“诚”被解释为：信也，从言，“信”被解释为：诚也，从人、从言，[②] 诚与信可以互训。在中国儒家文化中，“诚”贯通天与人，作为“天之道”的诚与作为“人之性”的诚，分别有两条互为逆反的路径，但二者是统一的；在子思（公元前483至公元前402）所作的《中庸》里，“诚”作为天道的根本，是天地运作的自然属性的伦理化，是人道的基础，被看成“仁”的全部含义的呈现，是仁的最高层次。[③] 所谓“诚者天之道也。诚之者人之道也。诚者不勉而中……诚之者择善而固执之者也”（《子思·中庸》），是说睿智达天德者，天赋“诚”之伦理精神，自诚至明、不勉而中，而普通人需经后天努力，自明至

---

① 鲁芳著：《道德的心灵之根——儒家“诚”论研究》，湖南师范大学出版社，2004年，第42—46页。

② 许慎著，徐铉校：《说文解字》，中华书局，1963年，第52页。

③ 鲁芳著：《道德的心灵之根——儒家“诚”论研究》，湖南师范大学出版社，2004年，第35—37、第27—28页。

诚、择善而固执，才能达“诚”；但无论路径怎样不同，“诚信”在中国儒家文化中，是人们的一种绝对的道德义务，即无论他人如何对待“我”，“我”都应按“诚”的要求对待他人，它的实现主要依赖于主体的道德自觉，其含义体现是人的道义精神，而在西方商品经济社会，“诚信”所体现的是建立在契约文化基础上的一种“权利—义务”的对等意识，其含义体现是律法精神，强调的是外在的他律，① 即符合规则。总之，“诚信”是“诚”见之于“用”的道德义务和符合规则。

对“诚”和“信”进行异同比较，有助于深入理解“诚信”。同样，对“诚”和“忠”进行异同比较，有助于深入理解“忠诚”。在《说文解字》中，“忠”被解释为：敬也，从心，② 是指人由于敬天道、社稷、民众、君主而尽心尽力地待人待事的一种心理状态和精神品格。忠于人则可表现为对社稷、民众的忠诚，忠于事则可表现为尽心尽力地从事道德实践活动；但“忠”若没有“诚”的制约，则尽心尽力未必就有善世的结果；“诚”是体，“忠”是用；“诚”主静，“忠”主动；“诚”是自然，“忠”是用力。③ 总而言之，“忠诚”是人为达到善世之结果而尽心尽力地益人、益国、益天下的心理状态和精神品格。

2. 教育诚信

教育臻善要求教育者忠诚于人民的教育事业，即促进人之发展，并在教育关系中讲究诚信。教育臻善就是要使人有善性而向善、通过善行而达到正义之善和普遍之善，从而完善，即教育臻

---

① 鲁芳著：《道德的心灵之根——儒家“诚”论研究》，湖南师范大学出版社，2004 年，第 27—28、第 101 页。

② 许慎著，徐铉校：《说文解字》中华书局，1963 年，第 217 页。

③ 鲁芳著：《道德的心灵之根——儒家“诚”论研究》，湖南师范大学出版社，2004 年，第 104—105 页。

善要求教育者在从事教育事业时，忠诚于天道本原、对得起自己由来的本源、做到真实无妄，在处理教育关系时，做到诚实无欺，即做到教育求诚：忠诚和诚信。

教育臻善所要求的忠诚，是对民意的忠诚和对本源的忠诚，即教育忠诚是教育者对人民教育事业的忠诚，因为有益于人民的正义之善，虽然不局限于教育者的尽心尽力，但尽心尽力需要以忠诚为准绳而有益于人。人首先忠诚于父母、然后忠诚于故乡、忠诚于祖国、忠诚于人民。忠诚不仅表现在人的思想和言语之中，而且更重要的是要表现在教育实践之中。要做到教育忠诚，既要“己欲立而立人，己欲达而达人”（《论语·雍也》），又要“己所不欲，勿施于人”（《论语·颜渊》），因为忠恕使人保持着正义之善，既不限制他人，也不危害他人，从而能“仁及家国天下”①。

教育臻善所要求的诚信，是教育者因为忠诚于人民的教育事业，为促进人之全面发展、充分发展、和谐发展而尽道德义务，教育者尽道德义务就是尽心尽力地促进受教育者的发展。至于对权利与义务之对等关系的讲求，在此特指教育者与人民之间的权利与义务之对等关系的讲求，因为教育者与人民之间的“权利一义务”的契约关系，在根本上说，是国家契约关系。从另外一个意义上讲，诚信也是对教育规律和教育关系中的规则的符合。

总之，教育求诚是教育者忠诚于人民的教育事业，在与人民的关系中讲诚信。这一标准的指标关键词是：教育忠诚、教育诚信。教育忠诚是教育者尽心尽力地从事教育事业而有益于民。这一子标准的指标关键词是：尽心尽力、有益于民。教育诚信是教育者为促进人之发展而尽道德义务和符合规则。这一子标准的指标关键词是：符合规则、促进发展。

---

① 程树德：《论语集释》，中华书局，1990年，第825页。

三、教育求公

教育求公这一标准针对教育至美而提出，同时也为教育至美所要求。现在通过分析“公”的含义，并按照教育至美的内涵，来推导“教育求公”的含义。

1. 公的含义

在《说文解字》中，“公”被解释为“平分”，可理解为人、财、物等利益的平分，即公平。公平是指权利平等和机会均等，但有范围的限定。在最小的范围内是指两人之间“平分”，在最大的范围内是指面向整个社会的“为公”。在《礼记・礼运》中，有“大道之行也，天下为公”的说法，即“不以天下之大私其子孙，而让天下之贤圣公共之”[①]。这可理解为“选贤与能，讲信修睦，故人不独亲其亲，不独子其子，使老有所终，壮有所用，幼有所长，鳏寡孤独废弃者，皆有所养”（《礼记・礼运》）的社会状态和理想。

公平，从两人的“平分”到天下的“为公”，随着范围的扩大而逐渐具有增高的公共性。但无论范围大小，公平和公共并不一定代表公正。例如，剥夺别人劳动成果的平分就是不公正的。又如，在小范围内基于普遍之善的公共，在范围之外则有可能是不公正的。公平，可以从不同的角度来审视。从社会学角度看，不同社会形态及不同历史时期的国家对公平的理解与评价标准会有所不同；从伦理学角度看，在主张正义的公平的同时，不能强

---

① 陈澔注：《礼记・卷四》，宋元人注，《四书五经》（中册，第 2 版），中华书局，1985 年，第 120 页。

调绝对平等主义，在主张人人应享有平等自由的权利的同时，不要缺乏对社会弱者问题的关注；从经济学角度看，公平应由资源分配均等、财政中立、调整特殊需要、成本分担及成本补偿、公共资源从富裕流向贫困等原则所规定。[①] 从法律角度看，公平是由国家凭借其强制力来促进和实现的。但无论从什么角度看，公平的基本内涵是权利平等和机会均等，其相对标准是对大多数人的公平，[②] 针对大多数人的公平具有公共性，即相同地对待同类。

公共，是指共同体在某种场合或就某个事件面向所有公众的开放性。例如，国家因为担负着为全体公民谋幸福的使命而具有公共性。[③] 从政治功能上说的共同体是公民利益的集合体，共同体中的生产关系是被平衡的生产关系。从审美功能上说，共同体具有公共美学的美的普遍有效性特征。可见，公共是指共同体基于普遍之善、普遍之美、面向特定范围内的所有公众的开放性。

公正是指公平的正义，而正义简约地说是符合规则。正义是个人必须的美德，也是社会必须的美德。个人美德是社会美德的源泉，而社会美德是衡量个人美德是否公平的标准。公正体现出历史的原则和超越时代的共同倾向（包括求公的精神和确定公正内容的方法），体现出平等、自由、社会合作这三项理念，体现出具体规则之间的优先次序[④]。公正必须既体现个人美德的正义

① 翁文艳著：《美国与日本教育公平的理论与实践的比较——兼论学校选择制度》，北京师范大学研究生院，2002年，转引自国家教育发展研究中心：《2002年中国教育绿皮书——中国教育政策年度分析报告》，教育科学出版社，2002年，第75—76页。

② 潘懋元著：《公平与效率：高等教育决策的依据》，载刘海峰：《公平与效率：21世纪高等教育改革与发展》，福建教育出版社，2003年，第9页。

③ ［德］哈贝马斯著，曹卫东等译：《公共领域的结构转型》，译林出版社，1999年，第2页。

④ 吴忠民著：《社会公正论》，山东人民出版社，2004年，第28—30页。

之善，又不违背社会美德的公共性。公正带有明显的价值取向，而公平则带有明显的工具性。公正必定公平，而公平未必公正，所以，公正以公平和公共为基础，是在更大范围内的、具有正义之善和普遍之善的公正。

2. 教育为公

普遍之善要求教育公平，正义之善是教育正义的前提，而教育公平和教育正义决定着教育公正。教育关系和谐是教育公共的基础，教育事业作为公共事业而本质地体现着教育公共。若从美学境界的角度说，教育求公与天下为公的境界直接相关，即教育求公与教育者的蓦然境界、浩然境界和澄明境界相关。若从境界之基础的角度说，教育求公体现着教育真善美统一和教育关系和谐，而教育关系和谐又为教育爱和教育之道所要求。从本质上说，教育求公是指教育者为实现社会正义，在教育公平的基础上坚持教育公正，并把教育事业作为公共事业而做到教育公共。其中，教育公平是指教育权利平等和教育机会均等。

可见，教育公正是教育公平基础上的教育正义，即在教育权利平等和受教育机会均等的基础上，按照一定的规则，做到教育资源平均分配与兼顾多数相统一、正义之善与普遍之善相统一、个人美德与社会美德相统一。教育公共是教育共同体基于教育关系的和谐、指向以正义之善为前提的普遍之善、指向以天下为公的普遍之美，面向其所有受教育者而开放的教育公共性。其中，普遍之善和普遍之美要求教育者蕴有蓦然、浩然和澄明的境界。

总之，教育求公是教育者共同体在教育公平和教育正义的基础上坚持教育公正，并在教育关系和谐的前提下，为追求天下为公的理想而把教育事业作为公共事业做到教育公共。教育求公这一标准的关键词是：教育公正、教育公共。教育公正这一子标准的关键词是：教育公平、教育正义。教育公共这一子标准的关键词是：关系和谐、公共事业。

综上所述，经过对教育本真、教育臻善和教育美的探讨与论证，本研究提出三则教育审美标准，即教育求是、教育求诚、教育求公。这三大标准的子标准如表005所示：

表005 教育审美标准

<table>
<tr><td colspan="3">教育求是</td><td colspan="4">教育求诚</td><td colspan="4">教育求公</td></tr>
<tr><td rowspan="2">彰显本原</td><td rowspan="2">尊重生机</td><td rowspan="2">遵循规律</td><td colspan="2">教育忠诚</td><td colspan="2">教育诚信</td><td colspan="2">教育公正</td><td colspan="2">教育公共</td></tr>
<tr><td>尽心尽力</td><td>有益于民</td><td>符合规则</td><td>促进发展</td><td>教育公平</td><td>教育正义</td><td>关系和谐</td><td>公共事业</td></tr>
<tr><td colspan="11">全面性、充分性、和谐性</td></tr>
</table>

如同一枚硬币的正反两面都本着同样的质地，这三大教育审美标准也是教育批判标准，用以批判教育失真、教育失善、教育失美。这三大标准是按照教育本真、教育臻善、教育至美的要求而提出的。至于教育至美中的教育境界，则很难作为批判教育失美的标准，因为有了教育关系的和谐美，不一定就必有教育境界美。但是，如果教育者蕴有蓦然境界、浩然境界和澄明境界，则有助于教育关系的和谐，进而有利于教育公共事业，所以，从教育美学的角度说，追求教育公共，就要凭借教育者蕴有蓦然境界、浩然境界和澄明教育境界来实现基于教育公共的天下为公之理想。

第六章　返璞归真

教育批判的关键不仅仅在于对钱权系统和独霸文化如何使教育失真、失善、失美进行理性反思和文化清理，最为关键的是如何解脱现代性断裂对民族教育发展的困扰，以使民族教育归真、臻善、至美。

判断教育失真的标准是教育求是，即彰显教育本原、尊重教育生机、遵循教育规律。下面通过提出民族素质的全面性、教育投入的总量不足和区域差异、民语课程的制度性安排、创造性的翅膀、教育商品化和教育创收等方面的问题，来剖析这些如何遮蔽民族教育的本原、如何扼制民族教育的生机、如何违背民族教育发展的规律，进而提出使民族教育返璞归真的一些建议。

一、彰显教育本原

社会无论有无阶级，教育始终是人自身质的进化与生产和面向未来的社会性创造。这是教育的共性规律。人自身质的进化与生产是教育的内在规律，人面向未来的社会性创造是教育的外在规律，而教育的内外在规律共同发生作用的结果是人之发展。在有阶级社会，尤其是在民族国家的身份在国际关系中被确认以来，教育是国家的公共事业这一性质，都是相对上述共性规律而言的个性规律。

1. 民族素质的全面性

从世贸组织（WTO）和联合国教科文组织（UNESCO）两者不同的宗旨和运行轨道来看，前者把经济增长作为目标，把教育作为财富增长的投资，从而不仅违背教育的外在共性规律，而且寄生在教育的四根支柱之上，使一个国家的教育公共事业因遭到商品化的冲击而失真；后者把增进世界和平与人类共同进步作为目标，把培养人学会认知、学会做事、学会共处和学会存在作为教育的四根支柱，如图 012 所示。教育四根支柱所包含的人的素质的要义在当前的中国可理解为素质教育所指向的全面素质。

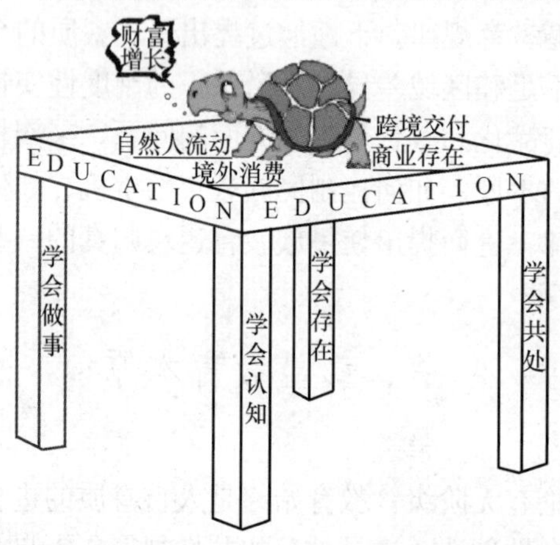

图 012　教育服务条款的寄生性

学会做事的要义主要表现为人从事某一（些）行业的操作能力，主要包括专业能力和方法能力，其判定标准是看在多大程度上促进了生产力水平的提高。学会认知的要义则表现为人类个体认识世界的多重智能。学会共处的要义表现为人际智能，主要包括善解人意、知行统一、反应得体和激励说服的能力，其判定标准是看在多大程度上改善了生产关系和促进了社会关系和谐。

学会存在的要义表现为人的文化素养和创造性。文化素养涉及历史意识、责任感、审美情趣、欣赏能力、优秀的民族文化根性，以及对传统、三才、时空、流变和存在的理解力。就优秀的中华民族文化根性来说，不仅包括天人协调、自强不息、贵和尚中、矢志爱国、敬老爱幼、诚信待人、勤劳节俭、慎独自爱，① 而且还包括各少数民族的文化特质。总之，文化素养、多重智能和创造性三个方面体现着素质教育所针对的人类各民族个体的全面素质构成（如图 013 所示），即素质的全面性。

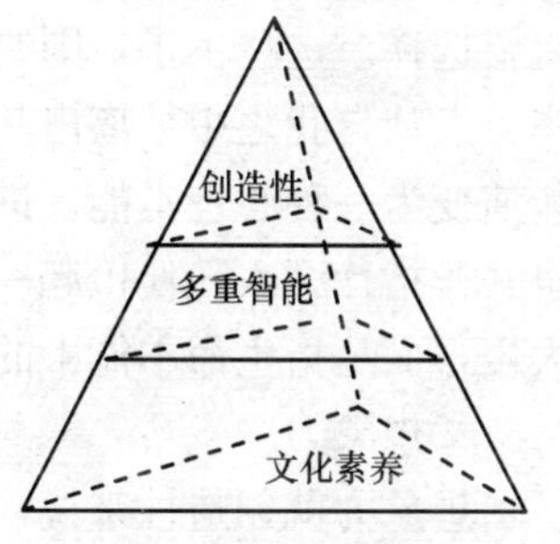

图 013　人类个体的全面素质构成

如果说多重智能之于人之发展的重要程度好比金字塔的塔身，它们是人之发展的认知性内核，那么，文化素养和创造性之于人之发展的重要程度好比金字塔的塔基和塔尖，它们将人类的存在坐落在道德的基础之上，并开放于无垠的宇宙和无限的将来。

（1）创造性

构成创造性的“三个火枪手”是批判性、想象力和独特性。它们三位一体，契合着苍天的创生。人类个体在感觉到痛苦、危险和困难时则在一种满意的体验中涌流②出批判性、想象力和独特性。

①批判性

批判性在这里专指批判思维，包括价值评估和关系评估。批

① 顾明远著：《中国教育的文化基础》，山西教育出版社，2004 年，第 70 页。

② ［美］M·奇凯岑特米哈著，夏镇平译：《创造性：发现和发明的心理学》，上海译文出版社，2001 年，第 109 页。

判性源于反抗性，而反抗性始发于生命原创力和作用于环境与人际的竞争力，因此，创造性表现出生命有机体为突破其自身有限性而不守常规地将其生命能量外化的反抗。在“物竞天择，适者生存”的进化过程中，人时时表现出这种反抗性，进化本身就是富有真正创造性的大自然的杰作。人有目的地适应、选择和创造与人生活有关的现实世界的环境。[①] 人首先要适应，适应不了，就要选择。选择不了，则要创造。随着人的自我体验的增加与升华，人从自我之中抽离出其主体性。因此，反抗性从一种生物本能演变为一种心理本能，进而升华为一种精神本能。反抗性在此也并非指什么人随便捡起一块石头就砸向人家玻璃或用飞机去撞大楼，而是指生命本能中的自强不息。

②想象力

想象力就创造性来说，想象力是与脚踏实地相结合的异想天开，是以表象和联想为主要特征并有抽象思维参与其中的形象思维能力，包括文学想象力和非文学想象力。非文学想象力是逻辑思维和空间拓扑参与其中的形象思维的能力。文学想象力是情感和意志布满其间的形象思维的能力，包括想象的空间、虚构的程度、意象的丰富和想象的生动，想象空间的大小一般用远近来衡量，例如。由近及远，包括个人圆心→家庭和学校→村和乡→县城→省城→它省→全国→国外→地球→宇宙→天外；虚构的程度可首先用拓扑学的约旦曲线绕封的空间代表生活空间“A”和非生活空间“A”，然后把属于“A”的想象视为“近”，在核心处的是“最近”，在中间地带的是“较近”，在边缘地带的是“远近”，把属于“A”的想象视为“远”，在贴近“A”边缘处的想象是“近远”，在中间地带的是“较远”，在反向边缘地带的是

① ［美］斯腾伯格著，俞晓林、吴国宏译：《超越 IQ——人类智力的三元理论》，华东师范大学出版社，2000 年，第 45 页。

“最远”，而在“A∩A”中的视为“亦近亦远”；意象的丰富程度要看意象的叠次多少，而意象是否生动的判断则要看意象的描写是否惟妙惟肖。

③独特性

独特性包括思维独特性、行为独特性和性格独特性。思维独特性是指人的思维方式导致其思维品质的和而不同，其发散思维的变异多向性构成创造性的认知基础，[①] 具体可主要包括思维的逆异、思维的发散、思维的辐合、思维的批判。行为独特性是指人的处世做事既与众不同，又不脱离实际而富有成效，例如，打篮球的小男孩穿篮球鞋，左脚着白、右脚着蓝；又如，在第二次世界大战期间，前苏联一名“F－17”战斗机飞行员，在德机“咬尾”时，能突破飞机性能和驾驶技能的局限，勇敢地“蛇抬头”，变被动为主动，放过敌机而咬其尾，将其歼落。性格独特性包括个性和民族文化性格，是指人类个体的普遍个性差异和民族文化性格特质，例如，有内向的、外向的、敏感的、理性的等特征的人类个体，也有如傣族激情和谐与哈尼族坚韧简朴的不同。

（2）多重智能

多重智能不同于多元智能。加登纳（H. Gardner，1943－）提出的多元智能理论覆盖了较全面的特殊领域，但缺乏立体的动态层次；斯腾伯格（R. J. Sternberg，1940－）提出的三元智力理论，具有立体的动态层次，但缺乏较全面的特殊领域，因此，将二者结合，并置于加涅（R. M. Gagné，1916－2002）心理学的框架下，多重智能则主要包括情境态度、动作技能、言语信息、策略技能和智慧技能。

---

① Reference to A. J. Cropley. *Creativity and cognition：producing effective novelty from Roeper Review* Vol. 21，No. 4，(May/June 1999) pp. 253－260

①情境态度

情境态度是指人类个体在特定情境中进行适应、选择和创造的性向，分别取自于加涅所研究的“态度”、斯腾伯格所研究的“情境智力”、中国文化儒、道、释的因素，从环境→情境→意境→境界，其高级形态是境界，包括蓦然境界、浩然境界和澄明境界，含有“美的快乐”、“美的崇高”和“美的超越”等东西方美学原理。境界是人之理想与现实发生心物交感而产生的精神状态和品格，可作为克服人之异化与钱权系统和独霸文化对生活世界殖民的一种人生韬略和大智慧。

②动作技能

动作技能是指人类个体在其肌肉运动过程中量力、准确、敏捷、流畅地反应和执行的能力，[①] 其衡量的指标主要有四个维度：量力→准确→敏捷→流畅。流畅基于量力、准确和敏捷，主要以关系最为紧密的视觉—空间智能和身体—动觉智能为心智基础，具有三个维度，即动作技能的粗放性与精细性、共时性与历时性、闭路性与开路性。

动作技能的粗放性与精细性之分，主要指在动作性操作过程中个体所使用身体肌肉的分量大小的区别。动作技能具有粗放性，是因为个体进行运动时要使用大肌肉，如游泳和举重；个体唱歌和说话则要使用声带，刺绣、写字和敲键盘要使用小关节，则属于精细性动作，又如射击和击剑。

动作技能的共时性与历时性之分，是指动作性操作受同时性加工和继时性加工的作用，其中，共时性的动作技能是指个体身体多个部位器官同时并和谐地发挥功能的技巧和能力，如艺术体操运动员、舞蹈演员和杂技运动员在进行表演时所表现出的技能。相对而言，历时性的动作技能是指个体身体某一器官或少数

① 吴庆麟：《教育心理学》，人民教育出版社，1999 年，第 124 页。

器官所表达出的技巧和能力，如跑步。历时性的动作技能具有间断性和连续性的特征。动作技能的间断性典型地表现为只对某个特定的刺激做出某种特定的反应，均受外部刺激引发。

动作技能的闭路性与开路性可作如下解析：闭路性特征是指动作的进行与完成主要以来自大脑神经和肌肉的反馈为指导刺激，“S—R”链接或循环在个体内部即可完成，类如反思后的自觉行动，闭眼也可执行，如梦游和跳水完成规定动作，而动作技能的开路性特征是指动作操作需要依赖外部的刺激才能进行和完成，如打乒乓球时的接球。绝大多数在实践中有用的动作技能都具备开路性特征。

实际上，个体动作技能的形成不可避免地同时受到三个维度的复合影响。在加涅看来，动作技能受内部和外部刺激的控制，具有内部条件和外部条件。内部条件是个体对部分技能的回忆和

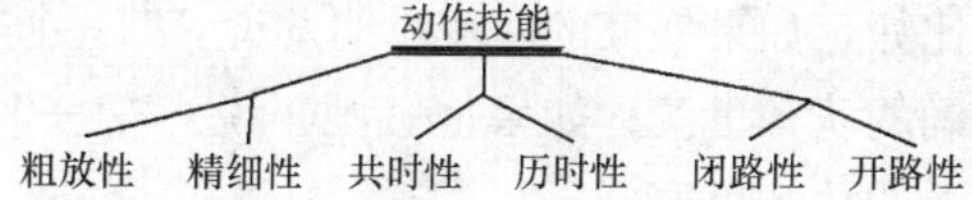

图 014　动作三维

执行常规的回忆；外部条件是言语指导、图像、演示、练习和反馈。部分技能的回忆主要是表象性的，执行常规的回忆主要是抽象性的，二者不可分。同样，图像和演示主要是表象性的，而言语指导主要是抽象性的。理想的技能操作特征是随着对操作的重复练习而逐渐获得的精确性和适时的节律性。就具有敏捷性、精确性、量力性和流畅性的高水平动作技能来说，源于肌肉运动本身的内部反馈或体验更为重要，而要获得和利用这种内部控制的唯一途径就是实践和练习。

③言语信息

言语信息是指客观知识，即陈述性知识，主要包括事实→表象→命题→图式。

事实：主要包括客观事实、学科事实和认知事实。客观事实是指客观物质世界中的万事万物，即事物和事件，包括时间、空间、物质元素及其排列组合。学科事实属于客观精神世界。比如，你教书用的教材或学习的课本，如果你不是这本教材的作者，那么，它的内容就是客观的，既然教材里的内容是精神的，所以，对你来说教材内容属于客观精神世界。当然，教材的物质形态则属于客观物质世界，教材里面的内容，对作者来说则属于主观精神世界。要注意的是，这里的客观精神世界，与上帝呀、神啊，没有任何关系。

认知事实，是指我们所掌握的言语信息，包括正确的，也包括错误的。比如，如果您家的两岁小朋友说："1＋1＝2"，那么，这是判断正确的认知事实；如果他（她）说："1＋1＝5"那么，这是判断错误的认知事实。

学科事实是指知识传授中的事实，例如，和数、差数、积数、除数等数字事实和复杂归类、模式识别、归纳推理、演绎推理等逻辑事实都属于数学学科事实。学科事实的学习是指陈述性知识的学习，认知事实的学习是指程序性知识的学习。在事实学习的过程中，陈述性知识和程序性知识同时发生作用。总之，无论何种学科事实，都必须与认知事实结合，即对应于知识结构的学科事实，与对应于认知结构的认知事实，二者必须有效结合。这是人类个体进行认知的规律，是人们认识世界的客观规律。任何违背规律的作为，都将受到规律的惩罚（比如对把静态的陈述性知识给学生"满堂灌"、把学生当做待被填满的容器而进行"填鸭"）。

表象：是具体的客体空间关系、细节特征及抽象观念变化特征的表征形式。[①] 表象基于表征，又是形象思维的基础，是各种意象之所由来的母体。表象具有表征、链接、介入和统合的功能，是精确感知、想象再现、知觉转换和模式形成等“视觉—空间”智能形成的基础。

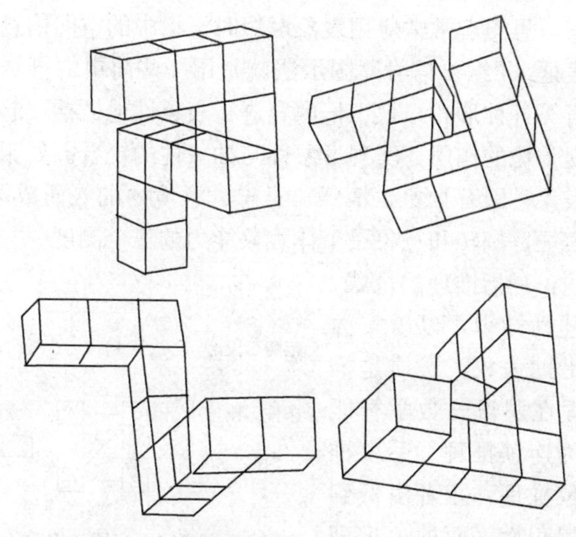

图 015　心理空间旋转

具有一定层次结构的表象能够承受各种施加于其上的心理运作，如表象的旋转与扫视或层次的组织与分割。表象旋转包括视觉旋转和空间旋转。测试视觉旋转时间，可从事务或事件开始呈现时就开始计算，到被试开始说出或画出脑中表象、或者开始做任务为止。表象的清晰度、充分性和审美性是视觉旋转后的表征的三个测试指标。表象能够链接实物与概念，有助于概念的形

① 吴庆麟等著：《认知教学心理学》，上海科学技术出版社，2000 年，第 66 页。

成。表象是具体与抽象之间的桥梁和徘徊者，可介入抽象思维过程，对多重智能的发展具有重要作用。

表象是形象思维的核心，是统合形象思维与抽象思维的关键。与概念和命题相比，表象能把更多的信息收录在短时记忆中而不超载。由于人类个体的短时记忆容量有限，即具有“7±2”的可信限，思想者常常应用表象对短时记忆中的空间信息做出某种经济表征。“纲要信号”图示法就是用一些简单的符号、关键性的语言等各种形式，把识记内容进行表象性地概括，起到提纲挈领和视觉化的作用，实现形象性与抽象性的统合。处于一定情境中的表象，因有景象、情感、意志、意境的加入而成为意象。总之，表征、旋转和意象是个体表象能力的三个测度。

命题：是指推理的范式，属于陈述性知识，以事实为基础，借助表象，实质是推理。推理在逻辑—数学智能中表现为连锁推理、系统推理和抽象推理，三者由低到高具有累积性，而抽象推理包括归纳推理和演绎推理。例如，演绎推理有三种范式，即与连锁推理对应的线性三段论、与系统推理对应的范畴三段论和与抽象推理对应的条件三段论(见图016)。

线性三段论：　$\because A>B$，$B>C$，$\therefore A>C$。

范畴三段论：　$\because A\in B$，$B\in C$，$\therefore A\in C$。

条件三段论：　C—A，C—C，B—C　⇨　B—A

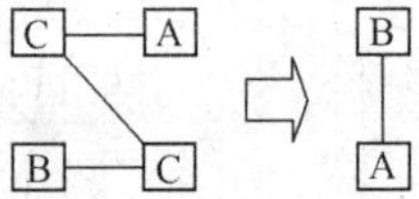

图016　三段论命题

图式：是对命题中的信息进行联结或对范畴中的规律进行组织的知识结构，包括算子（set）、格构（lattice）和清净率(clear & clean)。算子是知识结构中的子系统，没有上下限，而格构也属于算子的一种，但有上下限。知识的超越与否就看学习者能否突破格构的上下限。图式具有层阶性和变异性，能促进推理。图式的层阶性是指图式本身具有层次结构，以表示不同的一般性水平。图式的变异性是指不同类的图式可以相互融合，同类的图式在复杂性水平上，较高级的图式囊括较低级的图式。图式的形成经历一个从概念的辨别到层面的归类再到抽象推理的个体心理运算过程和个体成熟的过程。

就儿童心理的运算过程来说，图式以同化、顺应和平衡等方式，通过运算这个心理发展的基本动力操作而形成的。图式的形成可分成具体运算水平和逻辑抽象水平。皮亚杰把具有个性特征的因素放在具有共性特征的算子之中来研究各因素的逻辑关系。

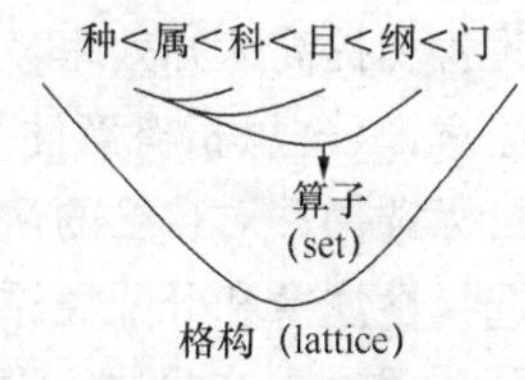

图 017　图式解析

所谓算子实际上是指一组或多组逻辑关系（也指动作的操作关系）。例如，从形态上，动物可分为从最低限度的因素“种”，经“属＜科＜目＜纲”到最高限度因素的“门”六个层次的类群。其中，“种＜属”、“属＜科”、“科＜目”、“目＜纲”、“纲＜门”可分别为一个算子。算子的伸缩性很强，不同的算子可大可小。例如，“属＜科＜目”也是一个算子。

同一类算子在一定条件下，按照认知结构规律形成具有一种最低限度和最高限度的同类等级，组合成格构。要符合某一格构的要求，必须提供一种最低限度和最高限度的因素。例如，在“脊椎动物＜哺乳动物＜灵长类＜类人猿＜人类”之间，最低限度的因素是脊椎动物，最高限度的因素是人类。在脊椎动物与灵长类之间，最低限度的因素是脊椎动物，最高限度的因素是灵长类。灵长类动物一定是脊椎动物，而脊椎动物则不一定是灵长类。这种同样的关系使这两个因素结合在一个格构之中。由五定律决定的具体运算，经由算子到格构再到图式终到新的认知结构，历经几个阶段水平的迁移。

事实是表象的根基，表象有助于概念的形成和命题的组织，而命题的组合构成图式，四者由低到高逐级累积。这就要求任课教师对这种累积和贯穿其中的程序性知识进行通盘考虑，以实现其学术性。“如果儿童不仅仅获取知识，而是学以致用，那么，他们在成年时将获得成功。但儿童所获取的知识大多都是无以为用的‘惰性元素’。学校教育的有效课程不仅要注意教什么，而且还要注意如何教，以便儿童将以为用”[①]。

④策略技能

策略技能是人类个体对操作任务的计划和监控的能力，其实质是改善和提高认知效率，包括注意→编码→提取→迁移。

注意：（这里指有意注意）是指以情境态度为基础、对客体进行目标选择并对自己的认知资源进行分配的一种策略技能，主要有选择性注意和分配性注意两种。注意理论主要有瓶颈理论和能量模型理论。这两种理论都认为被输入的刺激信息首先在感觉记忆中驻足，然后经过知觉记忆再到短时记忆。所不同的是：瓶颈理论认为，在感觉记忆中的信息在向知觉记忆过渡的过程中，情境中的信息或衰减或被选择，通过单通道或多通道抵达知觉记忆，即任务在被加工之前必须被选择；能量模型理论认为，个体的认知资源是有限的，个体所执行的任务在被加工之前必须被分配给资源。

编码：是对众多的信息加以组织的一种策略技能。如何对信息加以组织，要受情境和经验的制约，可反映出编码技能的高

① Robert J. Sternberg：Directors of development：A Play in an unknown Number of Acts from Directors of development：Influences on the Development of Children's Thinking edited by Lynn Okagaki and Robert J. Sternberg，Lawrence Erlbaum Associates，Inc.，1991，New Jersey，p. 275.

低。让学生减轻负担，教师不应该简单地听从课程开发者坚持删去所谓“不重要”和“不必要”的课程内容，而是应该在教学过程中教会学生如何把知识信息简约而精致化。

例如，“11911219213194941966519786199771999”这串数字如果不被很好地加以组织，在短时间内，即使是成人也很难记住，更不用说小学生了。假如我们对之进行编码，即对之进行有效组织，则会很容易记住，关键要看信息背后的情境和经验等因素是否使编码有效，即被组织的信息是否达到某种精致。被组织起来的信息单元可称为信息组块，根据当代心理学的研究成果，个体记忆容量的可信限为“7±2”。如果您不进行有效编码，上边的数串是很难记住的，因为远远超过了九个单元。信息组块主要有经验组块、规则组块、系统组块和层阶组块。经验组块是个体凭借其经验进行组织的记忆单元。例如，上述数串，如果不按经验加以组织，那么，它的自然单元数是35，远远超过“7+2”的可信限。如果按某种历史经验组织如下：“①1911②1921③1949④1966⑤1978⑥1997⑦1999”，则记忆组块是七个信息单元。这样，读者会很容易地在短时间内将它记住。编码受思维的作用，属于信息加工过程，包括多向性和单向性两种思维编码。前种编码属于同时性加工，后种编码属于继时性加工。

提取：是指从记忆中提取信息的一种策略技能，包括单元提取、主题词提取和层阶提取等。陈述性知识经过记忆、编码而形成联结。有效的联结可导致有效的提取。计算机隐喻理论将记忆区分为感觉记忆、知觉记忆、短时记忆和长时记忆四种机能单位，认为人的感官接受物理刺激后，把这些刺激放在感觉记忆中，如不进一步对其进行加工，则很快消失（一般保持时间为0.5秒）。但这些刺激信息经过选择和分配而进入知觉记忆，然后转入短时记忆。与感觉记忆和知觉记忆相比，短时记忆的保持时间较长，但是它的保持容量有限。长时记忆可以把信息保持相当长的时间，其容量也非常大，不受可信限的制约，但关键是在信息由短时记忆向长时记忆流动时，个体应采取有效的提取策略。如何有效提取和最初记忆的方式有关，即如何把信息组织在记忆之中以便在日后提取。单元提取是一种常见的提取。信息单元由被编码的信息构成，称为信息组块。信息组块主要有经验组块、规则组块、系统组块和层阶组块。

规则组块是指用某一规则来组织要记忆的信息，以便日后凭借这一规则的指导来提取，例如，下列数串“149162536496481”，是凭借一系列连续整数的平方这一规则来组织。系统组块是指按照对主题词的记忆结构的顺序来组织信息，以便日后回忆一些与要记忆的信息没有本质联系的信息，再造一种人为的有意义的整体系统，以便在提取时各个部分互相提示和启发。层阶组块是指按类似于奥苏伯尔提到的下位、同位和上位等有内在逻辑的信息单元进行组织，可按逐渐分化的原则组成知识的金字塔，以便日后搜寻有效。

迁移：是指个体进行图式移植或穿越空间和对认知结构进行转换，从结构的维度上说，分为内容迁移、程序迁移和规则迁移，在陈述性知识与程序性知识结合的过程中起支配作用，其指向是题解。迁移主要表现为客观知识相互之间的迁移和向实践的迁移。前者是举一反三，后者是学以致用。仅就学以致用来说，它是教育与生产劳动及社会实践相结合的关键，是实现人之全面发展的一种认知策略。策略是个体对操作任务的计划和监控，其要素主要包括注意、编码、提取和迁移，其实质是如何学习、如何记忆和如何思维的程序性知识支配了学生自身的学习、记忆和思维的过程，并改善和提高认知活动的效率。在多种情境中迁移的程度决定着策略技能的发展水平。

迁移是指个体进行图式移植或穿越空间和对认知结构进行转换的一种策略技能。迁移的种类繁多，在算子、格构、图式进而在认知结构中起着重要作用。知识结构和认知结构的内容按照一定的原则和经历一定的过程而重新组织，实现迁移。从这个维度上说，迁移分为内容迁移、程序迁移和规则迁移。本质上讲，知识结构与认知结构的结合就是陈述性知识与程序性知识的结合。迁移在这种结合中起着中介、融通和支配的作用，其宗旨是有利于问题的解决。当代认知心理学认为，当已习得的材料和新材料的内容相似时，可能产生内容迁移，其特点是：内容重叠越多，迁移量也就越大，迁移也就越强。当材料的已习得程序和新材料的习得程序相似时，可能产生程序迁移，其特点为机械性和抽象性。当已习得的材料和新材料有相同的学习原则时，可能产生规则迁移。例如，有关欧拉线的规则可以迁移到该规则的应用领域，也可以迁移到教育理论领域。欧拉线规则迁移到实践应用领域，如以外心为转轴安装上马达，欧拉线随着定点 A 旋转。在欧拉线上垂心和重心处，插入两根金属探针，向下延至另一个固定的电子线路界面。通过电子模拟实验可知，中心和垂心的探针轨迹分别是两个圆，两个圆在电子线路界面上时为“ON”状态，否则，为“OFF”状态。两种状态可分别为电脑编程的“1”和“0”状态（见图 018)。欧拉线规则迁移到教育理论领域，如果

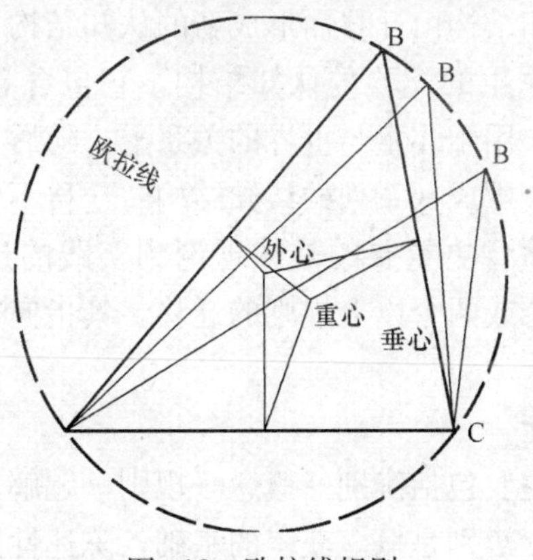

图 018　欧拉线规则

三角形的三个顶点分别是“教学运行”、“教育科研”、“监控评价”，外心等于以学生发展为中心，垂心等于科研，重心等于教学质量，那么，欧拉线就等于教学生命线（见图 019）。

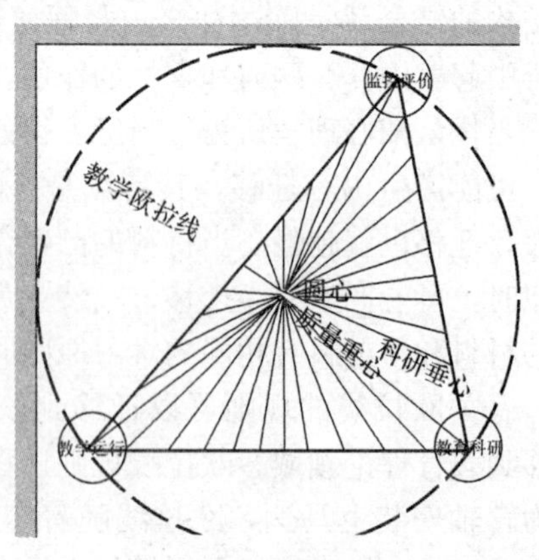

图 019　规则的迁移

要提高学习效益，就不能仅仅聚焦于知识内容本身，也必须把学习结果落实在规则的习得与迁移上。唯其如此，学习才学到了根本。由事实、表象、命题和图式组成的知识结构必须与认知结构结合。认知结构由迁移而形成新的认知结构，人类个体最初的认知结构是原生的先验的认知结构，它包含着儿童的原胚智能，并永恒地作用于儿童与世界的关系上。随后，最初的认知结构按清净律转换生成一系列的认知结构。迁移不仅仅指从理论到理论的迁移，而且更重要的是从理论到实践的迁移。这样的迁移，往往是两个或两个以上规则的迁移，其指向是实际问题的解决。

⑤智慧技能

智慧技能主要包括辨别→概念→规则→题解，都属于程序性知识，即能力。辨别是概念获得的基础，陈述性的静态概念和程序性的动态概念获得能力，都是规则提炼、规则形成和规则复合的基础，而规则的复合，意味着问题的初步解决。题解，即解决问题（problem solving）、制造产品（product making）和提供服务（service providing）是人类智慧的三大表现。题解基于辨别、概念和规则。

辨别：更多地涉及对两个以上的刺激物的区分，可包括敏感性和比较两个层次，而比较可分为抽象性比较和表象性比较。以敏感性为基础的辨别经过表象性比较和抽象性比较而指向概念，是获得具体概念的前提。

概念：可先分为静态性概念和动态性概念。静态性概念包括具体性概念和定义性概念。前者代表一类具有共同物理特征的事物；后者代表一类具有共同关系特征的事物。动态性概念是指概念获得，一般来说，概念获得须经归属、定位和提纯（剔除无关维度方面特征）三个阶段。

规则：有低有高，一般包括三个阶段：提炼、形成、复合。低级规则是通过理解定义性概念、用于对事物进行按规则分类的能力。如果不能凭借外部特征来抽取某一类事物的共性特征，那么，只能通过用若干概念下定义来揭示其共性。可见，对概念的理解是这种规则能力的前提条件。规则作为一种智慧技能，远非只是某一规则的言语陈述。虽然因为语言文字有许多固定的搭配，言语连锁的形成也要靠重复背诵，但若不掌握一定的言语规则便能说话和写作，恐怕“言辞－言语”智能的含义就要大打折扣。这种掌握规则并加以运用的能力，是使人能够对一类情境刺激做出与一类操作相适应的举动而推论出来的能力。高级规则不仅是指对构成规则的概念的理解能力，它还指个体认识到有意义问题的存在，并凭借对已有的低级规则的综合性掌握来解决同类问题的能力。为使问题得到解决，个体的能力或多或少地出现了某种持久的变化，即高级规则是通过若干个已有的规则的使用而获得的另一新规则。高级规则的获得意味着题解的趋于完成。

下面是用数据说话：师资培训应重视形成概念和提炼规则。形成概念的一条法则是“清净律”，即清楚干净。在此基础上以提炼规则，然后有助于理论迁移和问题解决。为了解教师们在认知领域反映的培训效果，笔者针对长江三峡库区的教师，包括校长和教育系统各级管理人员设计了这样一道抽样调查题目（可多选）（见表006）：

您认为，通过培训，您的认知能力主要提高在____方面。

□A. 形成概念　□B. 提炼规则　□C. 理论迁移　□D. 问题解决

表006　师资培训的认知指标疏漏

县	A	B	C	D	人次
甲	49	37	86	98	270
%	18	14	32	36	100
乙	32	36	86	103	257
%	12	14	33	41	100
丙	37	40	162	104	343
%	11	12	47	30	100

抽样调查的结果是：大多数教师认为，培训效果主要体现在理论迁移（C项）和问题解决（D项）上。甲县集中在C和D两项上，乙县集中在D项上，而丙县集中在C项上。但是，何种质量的理论得到了迁移、什么样的问题得到了解决？这两种能力的基础能力如何？这是值得明晰和商榷的。在甲、乙、丙三县（区），很少有教师（18%/14%、12%/14%、11%/12%）认为，师资培训在形成概念和提炼规则方面的认知能力有所提高。如果形成概念和提炼规则的能力不强，势必影响后两种能力的形成和提高。总之，四种能力建设应步步为营、逐步提高。

再看笔者在云南13个民族聚居区关于这个问题的抽样调查结果，如图020所示：在917份有效问卷中，认为在提炼规则这项认知指标上由能力提高的教师只占总数的9.05%。

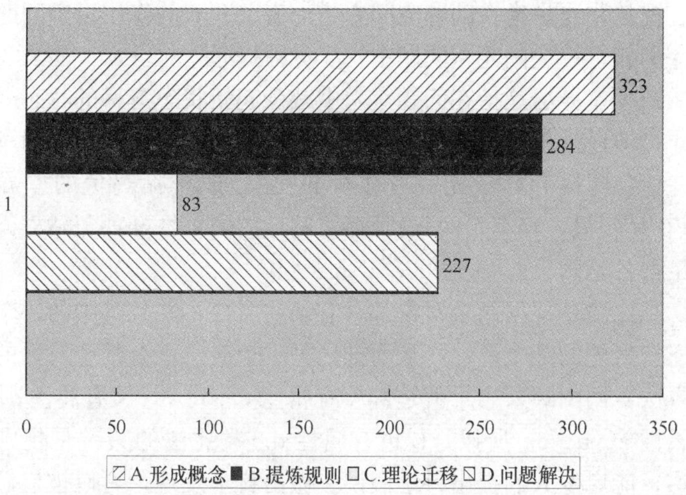

图020　师资培训的认知指标疏漏

理解：题解及思维和推理皆属于对现有信息加以利用并产生进一步信息的认知过程。[①] 作为智慧技能复杂性水平最高层阶的题解，是智能多元论和智力层阶论中的最为核心的要素，也是发展性教学的目标所指。题解的基本特征是目的指向性、子目标的分解和算子的选择。题解必须在一定的问题空间中进行，其实质是题解者对问题空间的搜索。问题空间是指个体在解题时所经历的各种问题情境，即一种心理状态的迷津。欲出迷津，必须找到作为对各种心理状态加以转换的通路的算子，这是走出问题迷津的有效方法。

针对专业领域内语义丰富的良性问题，在解决手段上主要有

① ［美］Cropley, A. J.: Creativity and cognition: producing effective novelty from Roeper Review Vol. 21, No. 4, (May/June 1999) pp. 253－260, from http://www.firstsearch.global.oclc.org/FSIP.

减少视觉化法、差异法、类比法和手段－目的分析法。

视觉化法是指在问题空间中增加表象介入的作用以求问题解决，例如“鸡兔同笼”问题中的“兔腿提起”。

减少差异法是指在问题空间中减少起始状态与目的状态间的差异，即通过求异来达到求同的目的，例如“鸡兔同笼”问题中的“让兔腿提起，看笼底有多少只足”，即排除鸡兔的差异性（兔有足四只，鸡有足两只），存留鸡兔的同一性（鸡兔站立笼底的足都各是两只）。

类比法是根据两个对象都具有某些属性，并且其中的一个对象还有另外的某个属性，从而推出另一个对象也有某个属性的逻辑方法。用图式来表示就是：A有属性a、b、c，又有属性d，B有属性a、b、c，所以，B也有属性d。类比法的关键是规则的迁移，能启发人们提出科学假说、做出科学发现，可以被当做思想具体化的手段，为模型实验提供逻辑基础。例如，富兰克林曾把天空中的闪电和地面上的电火花进行比较，发现它们有很多特征相同，由此推想天空中的闪电也可用导线传导，后来通过有名的风筝实验证实了这一点。

手段－目的分析法首先要找出尚不能达到的靶目标与目前可达到的子目标之间的差异，然后通过算子的选择、变换、链接及其条件的确定来消除更难的差异。

题解采用何种方法及信息加工自动化程度如何，针对新手题解者和专家题解者来说有着根本的不同。但“符合逻辑地准确地进行推理，在概念中确定联系，看清问题的所有方面，以最佳方式提出问题，洞察问题核心”[①] 等行为则是题解的共性所在，即主要都依赖于归纳推理。

---

① ［美］斯腾伯格著，愈晓林、吴国宏译：《超越IQ——人类智力的三元理论》，华东师范大学出版社，2000年，第129页。

总之，儿童多重智能发展经由情境态度、基础知识和基本技能的累积而得到促进。在多重智能的诸多认知指标中，境界、图式、迁移和题解尤为重要，如表 007 所示：

表 007　多重智能的认知指标①

智慧技能	辨别→	概念→	规则→	题解↑
策略技能	注意→	编码→	提取→	迁移↑
动作技能	量力→	准确→	敏捷→	流畅↑
言语信息	事实→	表象→	命题→	图式↑
情境态度	环境→	情境→	意境→	境界↑

迁移主要表现为客观知识相互之间的迁移和向实践的迁移。前者是举一反三，后者是学以致用。仅就学以致用来说，它是教育与生产劳动及社会实践相结合的关键，是实现人之全面发展的一种认知策略。

学以致用的目的在于精神生产与物质资料生产的结合，而这种结合的长远目的在于打破人之发展的地域限制和职业限制、克服片面发展，即让人类个体不拘囿于某地或某行业，为全面发展而实现地域性流动和职业性流动，来推动社会转型、社会发展和人类进步。

社会转型所需的社会实践，离不开在各个产业中的学以致用。中国目前大学生就业难，不仅仅是因为金融危机和大学扩招，而更是因为我们的高等教育对大学生进行学以致用能力培养的力度远远不够，甚至是与马克思主义“生产劳动与教育相结合”的人之全面发展的基本原理相违背。解决中国目前大学生就业难这个棘手问题，可深度借鉴德国“双元制”人才培养模式。德国企业主体的“双元制”人才培养模式既注重准职业人职业技

① 李剑著：《教学过程中小学生多重智能发展理论的解析》，北京师范大学研究生院，2001 年，第 22 页。

能的培养，又注重准职业人的全面发展，使企业生产与职业教育紧密结合，主要特征具有以下五点：企业培训法制健全，有法可依；有企业、工会、政府和学校的四方统筹，其中，最重要的是政府给企业免税；突破了企业自身拘囿，通融性和社会性很强；有主要来自企业、各州和公共财政经费作为支持；主要在企业中实施，准职业人在生产线各自工作岗位上彼此之间的经验交流，可谓另一种意义下的“经验即生长”，是大学课程所不能比拟的（见图 021）。德国“双元制”人才培养模式不仅表现出办学形式的灵活多样，还意味着其“能力本位”课程模式的实用高效，以专业实践活动为中心，以学生掌握“操作能力”为目标。

图 021　经验即生长

总之，德国“能力本位”的“阶梯训练型”（文化基础→专业基础→专业→专长）“双元制”人才培养模式旨在“操作能力”和“关键能力”的培养，具有很强的灵活性、层次性和实践性，并且多样性与统一性并重、层次性与衔接性并存，强调专业基础的宽泛性、课程设置的综合化和职业能力的基础性、智能化以及创造性。

学以致用是人类学的指导原则，[①] 并且是各种社会实践的指针。在当今知识经济时代，学以致用用之于第三产业，具有特别的意义。第三产业是凭借一定的物质技术设备，为社会生产和人民生活服务的各种行业的总称。第三产业为个人能力的提高提供更广阔的空间，通过学以致用来打破专业壁垒、行业垄断，增强职业流动性和地域流动性。例如，民族地区的旅游教育可作为实现地域性流动和职业性流动的人之全面发展的手段之一。民族地区的旅游教育是民族教育的一项空白。随着全球化扩张到地球的每个角落，各民族文化的存续更加重要，因为国内外游客非常景仰各少数民族文化和中国传统文化，所以，民族地区的文化游是旅游教育开发的背景条件（见图 022）。旅游教育不以旅游为服务目标，而是以教育为目的，

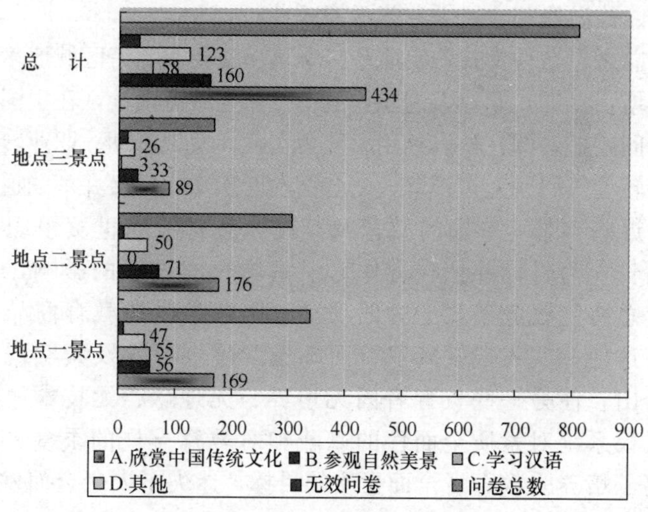

图 022　外国游客来华旅游的原因

① ［美］M. 赫茨菲尔德著，刘珩等译：《人类学——文化和社会领域中的理论实践》，华夏出版社，2009 年，第 16 页。

其核心目标是：传播民族文化，面向游客，让教室里的“讲台”在自然风光中的旅游沿线“流动”，以通过地域性流动和职业性流动的方式来培养全面发展的旅游教育人才。

旅游教育把传统意义上的导游作为“移动型”教师和“双师型”职业人才，其关键是要培养出深谙民族文化、有外语交际能力，懂教育、懂心理、懂旅游管理的通用人才。根据笔者对中国旅游业海外客源市场的调查，至少可以从常规旅游市场中分割出56％［＝434÷775）×100％］的客源流量，作为文化游的群体。旅游教育市场运作的一个关键是各地旅游部门培训在岗导游和用人的订单数量。旅游教育课群设置主要涉及国学和各民族优秀传统文化、历史学、民俗学、教育学、心理学、旅游管理、民语和英语等。

总之，这种模式的实质是跨学科、跨行业、跨区域地培养人才，增强（准）职业人的职业流动性和地域流动性，在中国最突出的问题上，即在学以致用、社会实践、地域流动、职业转换和社会转型等问题上，开辟人之全面发展狭义、广义并举的道路。

近些年来，中国的教育及其民族教育深受世贸组织把经济增长作为目标并把教育作为财富增长的投资的影响，也受关贸总协定服务条款中的四项教育服务条款的教育商品化影响，这使一些人钱权障双目而不见素质全面性及其实现途径之泰山，使另一些教育者因无境界、无理念、无技术而无奈于钱权系统对素质全面性的遮蔽和对教育支柱的蚕食，从而背离了培养受教育者全面素质的目标，迷失了人之全面发展的唯一途径，从而使教育失真。

从历史角度看，如果说资本主义自由竞争阶段的教师劳动力买卖还符合社会正当性要求的话，那么，在资本主义国家垄断时期，教师充当资本家劳动力资本，则是比大工业对人的异化还严重的教育异化，而在当今资本主义国际垄断时期，全球化扩张使发展中国家的教育商品化，则是人类有史以来最严重的教育异化和失真现象，因为，全球化扩张使全球的每个角落和每个领域里的一切都被烙上了商品的印记，使“国家教育机会均等的承诺失效，或简单地转向市场、私有化和选择模型，即把公众看成花钱买教育的消费者”①，显现出把劳动产品和雇佣劳动本身完全商品化的一种现代制度的非人性化的特性②。

这种特性在教育领域内表现为以商品规律代替教育规律，把学生看成是花钱买教育的消费者。在中国，随着经济体制的转轨，教育商品化是公益性和营利性二者此消彼长、在客观上是全球化扩张威逼的结果。这已经危及了公立教育在学生发展过程中的角色作用，并且由于公立教育在一定程度上存在着的低效率，唯利是图的重商主义者便抢占“商机”而寄生其上。公立教育如果抵挡不住“钱”的诱惑、任由这种独占鳌头的商品化形式侵袭，就如同“沿杆爬升”的桐油（把旋转的细杆浸于桐油之中，便可发现，桐油并非像水受离心力作用要向四周分离那样，而是沿杆向上爬升），围绕着经济这根旋转轴向上爬升，如图 023 示，久而久之，就会忘记了自己的名字是“公立教育”。

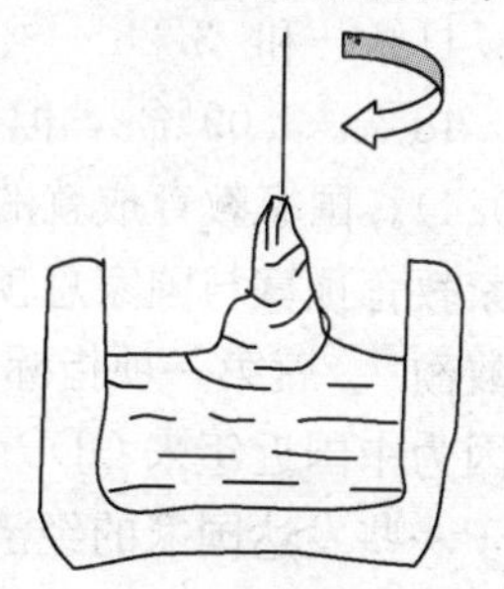

图 023　沿杆爬升

① Nicholas C. Burbules, Carlos Alberto Torres: Globalization and Education: An Introduction, in Globalization and Education: Critical Perspectives, edited by Nicholas C. Burbules, Carlos Alberto Torres, published in 2000 in Great Britain by Routledge, pp. 22—23.

② ［英］安东尼·吉登斯著，田禾译：《现代性的后果》，译林出版社，2000 年第 5—6 页。

2. 教育投入的中美比较与区域比较

在目前中国，教育商品化的外因是资本主义经济全球化扩张的威逼，而内因之一则是教育投入不足。所谓不足，是指教育投入与教育发展实际需求之间存在很大的缺口（GAP），而不仅仅指中国教育投入占GDP比率还差多少没有达到4%的比率。近年来，中国的教育投入增长还是比较快的，中国教育投入占GDP比率从2000年到2009年，分别达到2.87%、3.19%、3.41%[①]和3.28%[②]、2.79%、2.82%[③]、3.01%、3.22%[④]、3.48%、3.09%[⑤]，但仍远低于5.22%[⑥]的世界平均水平（见图024）。国家教育成就的三项指标是教育投入占GDP的比率、国家教育预算与国家总预算的比例、国家教育投入用于每个居民的数额[⑦]。就第一项指标来说，之所以与世界平均水平相比较，是因为中国近年来GDP同比增幅平均在10%左右的水平上，远高于一些发达国家的经济增长率，而中国教育投入却远低于世界平均水平。

再看国家对民族教育的财政性投入。从总量上看，国家对民

① 国家教育发展研究中心：《2004年中国教育绿皮书——中国教育政策年度分析报告》，教育科学出版社，2004年，第15页。

② 无名氏：《教育，难以承受之重》，载《教育文摘周报》（第8版），2005年2月9日，《经济观察报》。

③ 国家统计局：《中国统计年鉴2008》，中国统计出版社，2008年。

④ 教育部：《2007年全国教育经费执行情况统计公告》，载《中国教育报》，2008年12月1日。

⑤ 根据《南方日报》报道。

⑥ Renference to calculation according to OECD，Online Education Database; Annual National Accounts，Vol. 1，1997; and Education at a Glance，2007 through 2009.（prepared August 2009.）

⑦ ［美］菲利普·库姆斯著，赵宝恒等译，王英杰校：《世界教育危机》，人民教育出版社，2001年，第145—146页。

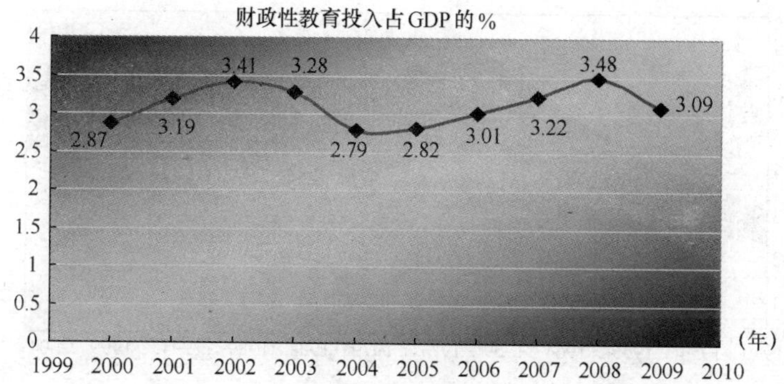

图 024　十年的教育投入

族地区的教育投入连年增加、力度加大，这是令人欢欣鼓舞的，但若从中央、省、州、县（市）的教育投入各级分担来看，国家对民族地区的教育投入则有很大空缺。一个国家或地区的教育发展主要取决于下述四个方面：制度、政策、经费、人力（一个学校的正校长主要要做的事情也是四个方面：规划、人脉、要钱、要人。仅从经费上来说，与发达国家相比，例如，美国公共教育经费占 GDP 的比例从 1949 年的 3.2%飙升到 1991 年的 7%（如图 025 所示），这 40 多年来的平均值是 6.19%。

与此比对，中国国家财政性教育经费占 GDP 的比例一直远在 4%以下，落后于美国长达半个多世纪，如图 026 所示。世界平均的教育投入水平近些年来也一直占 GDP 的 5%以上，而中国的教育投入却相对严重不足，尽管曾许诺说 2000 年要达到 4%，但是，10 年过去了，仍未达到，至于 2012 年能否达到 4%的水平，我们拭目以待。在这样的形势下，我们关心的是国家各级政府对少数民族地区的教育投入各级政府分担水平的问题。

近些年来，在教育投入与分担这个问题上，对全国来说，一般是中央与地方的分担比值是8∶2，在西部边疆地区是9∶1，在

图 025　1949—2005 年美国公共教育投入

资料来源：http：//www. cbo. gov/ftpdocs/91xx/doc9135/AppendixA. 4. 1. shtml from Congressional Budget Office and Department of Education.

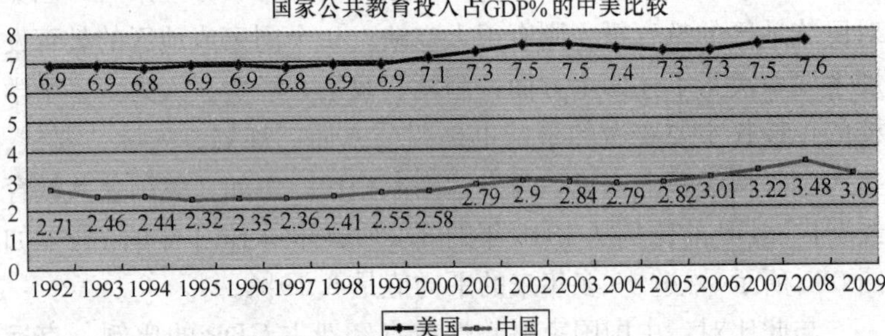

图 026　1992—2009 年国家公共教育投入水平中美比较

资料来源：U. S. Department of Education，National Center for Education Statistics，Biennial Survey of Education in the United States，U. S. Department of Commerce，Bureau of Economic Analysis，National Income and Product Accounts Tables，retrieved September 24，2009，from http：//www. bea. gov/national/nipaweb/SelectTable. asp? Selected = N. （This table was prepared September 2009.）

更困难的地方，比如边疆少数民族地区的国家级贫困县，其教育投入几乎全部是来自中央财政。近年，中央财政增大了教育投入比例，其目的是为了确保：危房改造和师生人身安全、教师工资和正常的教学秩序、维持学校正常运转的公用经费，但是，如果西部各民族地区仅靠中央的教育投入，三个确保就很难实现，省、州、县（市）三级政府也是有教育投入的，即使是西部国家级贫困县，也是要有教育投入的，关键看四级政府怎样配置教育投入的比例才更加科学合理。例如，云南是一个集边疆、民族、山区、贫困“四位一体”的欠发达省份，教育发展极不平衡。根据笔者的调研，云南13个少数民族聚居（市）县的2007年财政性教育投入的实际情况如下：

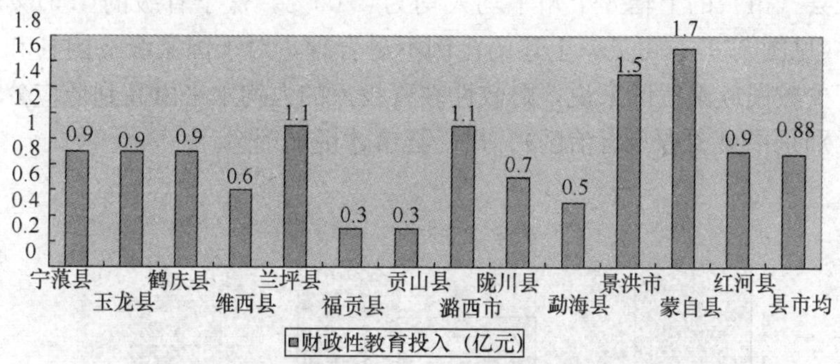

图027　2007年云南民族聚居13县市财政性教育投入（亿元）

资料来源：笔者调研的数据统计，日期截至2008年12月。

2007年财政性教育投入云南省的这13个（市）县平均为0.88亿元，蒙自县最多，达1.7亿元，福贡县和贡山县最少，分别仅有0.3亿元。如果按人口平均来计算，2007年财政性教育投入占13个（市）县GDP，贡山县最高，达12.5%，而勐海县则最低，仅有1.99%，13个（市）县的平均值是6.32%。

云南13个（市）县的2007年财政性教育投入的人均水平，

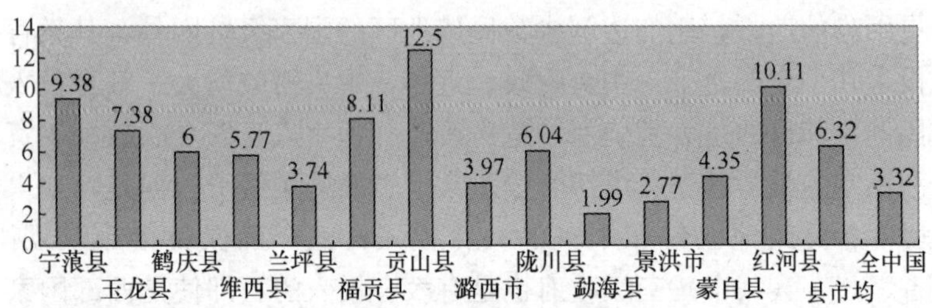

图 028　2007 年云南民族聚居 13 县市财政性教育投入人均占 GDP%

资料来源：笔者调研的数据统计，日期截至 2008 年 12 月。

与上属三级政府的财政性教育投入相比，13 个县（市）的为最高，占 GDP 的 6.32%，全国的为最低，为 3.32%，云南 13 个县（市）的上辖 8 个州平均人均为 4.05%，低于省级的 4.61%（见图 029）。可见，上述的比例不尽合理，对于国家级贫困县和少数民族聚居区来说，财政性教育投入的人均水平由高到低应分别是中央、省（自治区）、州、县市才更加理想。

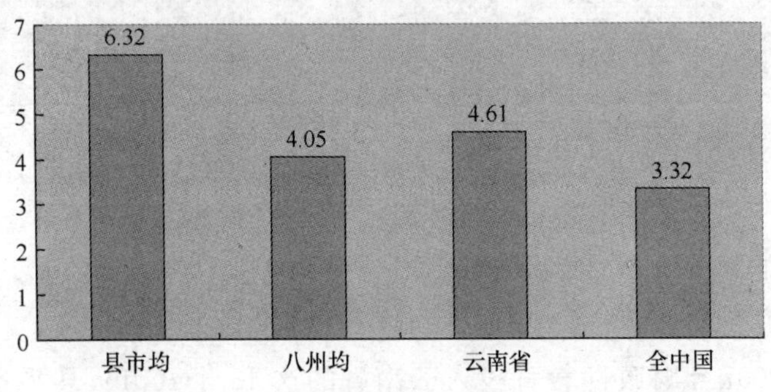

图 029　2007 年财政性教育投入占 GDP%的四级水平

资料来源：笔者调研的数据统计，日期截至 2008 年 12 月。

如果以迪庆藏族自治州维西傈僳族自治县为例，则可看出，2007 年维西县财政性教育投入的县级水平（5.77%）比 13 个县市的平均水平（6.32%）要低，但比云南省县平均（4.61%）、州平均（4.05%）、全国县平均（3.32%）都要高（见图030）。可见，在州、省、中央三级水平上都要加大对维西县的投入是必须的，而且是迫在眉睫的。

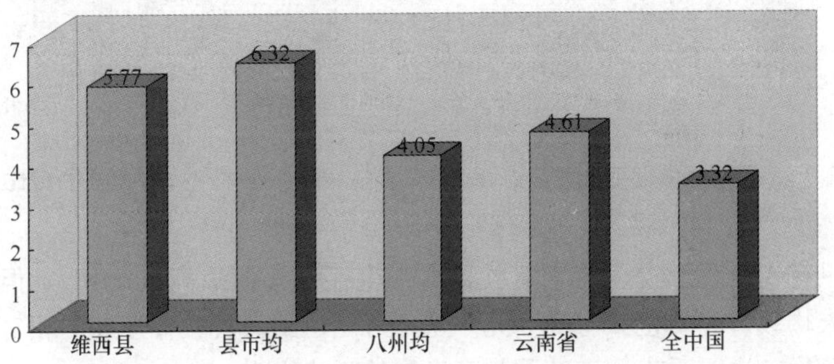

图030　2007年维西县财政性教育投入的县级水平与其他县的比较
资料来源：笔者调研的数据统计，日期截至2008年12月。

如果撇开职业教育不加以考虑，也不考虑素质教育，那么，一个县市教育水平的一个硬性指标除了高考上线率之外就当属高中生存量了①。在笔者所调研的云南13个县（市），2007年下半年，其高中生存量大致如下（见表031）：

云南13个县（市）的平均值是0.88，即万名人口中有0.88名是高中生。13个县（市）中，2007年下半年（个别数据是2008年或2009年），高中生存量水平最低的是勐海县（2.18），最高的是宁蒗县（0.3）。

与此同时，13个县（市）2007年财政性教育投入如果按人均来估算，13个县（市）的平均值是363元，最高的是兰坪县，达524元，但也低于全国的平均水平627元，最低的是勐海县，

① 小学生和初中生存量的统计由于九年义务教育的普及而在此忽略不计。

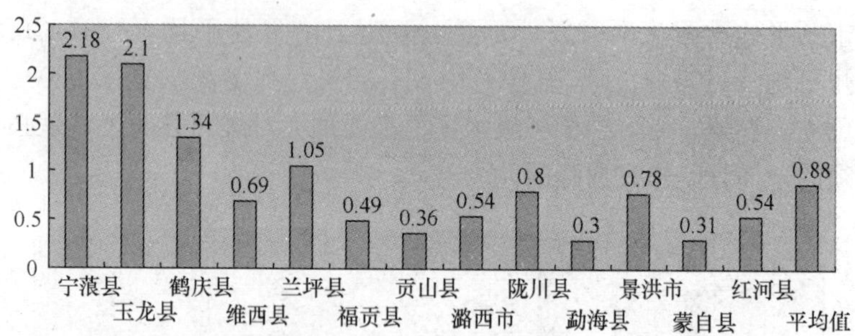

图 031　2007 年下半年云南 13 县市高中生存量（普通高中学生占人口的百分比）

资料来源：笔者调研的数据统计，日期截至 2008 年 12 月。

只有 157 元。上述的宁蒗县，高中生存量比值最高（2.18），但人均教育经费也只有 375 元。从中可见，勐海县教育发展的相对落后，也可看出，宁蒗县教育发展的举步维艰……

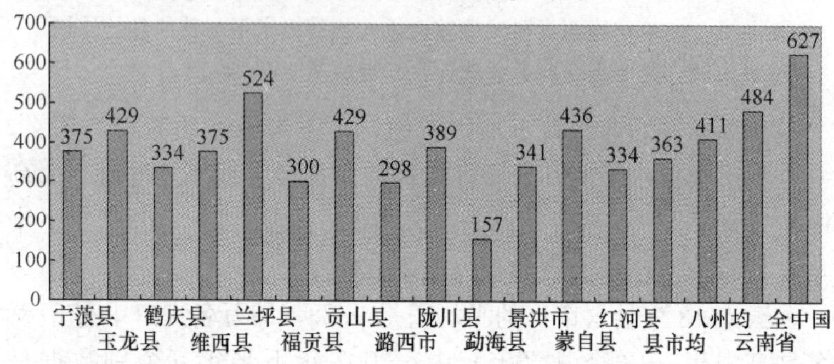

图 032　2007 年云南民族聚居 14 县人均教育经费（元）

资料来源：笔者调研的数据统计，日期截至 2008 年 12 月。

很明显，按实际需求，各级政府应进一步加大对少数民族地区的教育投入，这是各少数民族地区群众的意志与愿望。在少数民族地区，教育发展的主要衡量指标可以有很多，如教育投入、高中生存量、教育教学质量、高考升学率等。就高中生存量来说，高中规模有限一直是少数民族地区教育发展的一个“瓶颈”，按少数民族地区群众的意志与愿望，这是一个供小于求的一个明显矛盾。

为建立和谐社会，首先就要缩小贫富差距，而这对教育来说，要做的两件主要的事情是高考升学率和职业教育的发展，即所谓“学术轨”（academic track）和“职业轨”（vocational track）。这“双轨”都是国家意志的跑道，政府为此应有高效的制度性安排。做事要抓关键，无论是“学术轨”，还是“职业轨”，都需要加强其师范教育的师资培养，政府的教育投入应重点倾斜在这个领域。总之，资本主义经济全球化扩张的威逼，加之政府对民族教育投入的不足，即外因通过内因而起作用，致使民族教育的长足发展遭遇阻碍。

3. 民语课程的制度性安排

语言是存在之家。在两猿抬木的劳动事件中产生了人类的第一声言语，进而有了语言符号系统及其机制的转换，有了能指和所指，同时也因为这第一声语言的存在而在劳动中结成了切实的生产关系，人类社会就这样形成、存续了下来。

《圣经》中人类修建通天塔的故事反映着在人类进化与发展过程中，语言对文化的决定性。据说自从亚当和夏娃被蛇引诱偷吃了禁果以后，被上帝怒逐伊甸园。亚当和夏娃在地球上繁衍生息。有一天，亚当和夏娃的后代们觉得应该看看上帝长得像什么样子，于是决定修建通天塔。在建塔的过程中，上帝承认自己太低估了人类的能力，当通天塔修建到一半时，上帝觉得不想办法就不行了：“我上帝的面容是你们这些人类能看的吗?”于是，上帝使出其最元初的创造力，让修塔的人们说着不同的言语。在工作中，人们发现彼此之间越来越不能理解工作伙伴，到后来就根本听不懂对方在说什么。于是，建塔工作不得不停止。人们修建通天塔不成反而被上帝发配，带着各自不同的言语，流徙各地，各自的民族因为语言的不同而形成，在随后的地域流徙与历史变

图 033 未竟的通天塔（吕晓秋 画）

迁中，各民族在变化，其语言在变化，但是，“语言的变化与民族的变化相比，往往具有较大的稳定性和对强迫同化的抵抗性”①，所以，语言作为文化的强有力的载体，保证了各民族各自文化的形成。

在人类能保证其基本的温饱的前提下，相对于政治的存在和经济的存在来说，文化存在是更根本的存在。

之所以这样说，是因为人类以文化的视角看世界，人类个体的意义共享和协调要通过文化这个系统，是文化造就了世界中的人类差异。② 当儿童出于共享和协调的需要，而其母语于儿童时代又没有机会在校习得，学校能否周全地考虑那些民族儿童的母语情感而开设民语课程呢？国家能否对此为境内每个民族都进行制度性安排呢？

如果您问：那些儿童在家里不是可以跟父母学习母语吗？

没错！但是，那些少数民族儿童不是也有在学校学习母语的权利吗？

如果您问：有些民族有语言而无文字，那可怎么开啊？

笔者的回答是：不用教材，口语课也可以开啊！例如，德昂语口语、独龙语口语、阿昌语口语、苗语口语，等等。

---

① 石硕著：《藏彝走廊：文明起源与民族源流》，四川人民出版社，2009 年，第 41 页。

② ［美］卢克·拉斯特著，王媛、徐默译：《人类学的邀请》，北京大学出版社，2008 年，第 44—45 页。

在民族聚居区，国家有义务在校开设民语（口语）课程，就像自助餐，你不把民语母语那道“自助餐”摆出来，那是你的错。至于民族聚居区的各少数民族儿童自己愿意不愿意学以及怎样选择，那是孩子们的事，因为文化选择和语言选择都是首要的必然的现象。[①] 对所有的少数民族的孩子们来说，如果中考或高考可用民语母语代替外语，那么，许多孩子就可走出同时学习三语的困境，但是，实际上，中考和高考作为学业成就的评价，直接关系少数民族孩子的切身利益。在笔者对白族（鹤庆县）、纳西族（宁蒗县）、傈僳族（维西县）、独龙族（贡山县）、怒族（福贡县）、德昂族（潞西市三台山乡）、傣族（遮放镇和勐罕镇）、景颇族（潞西市西山乡）、阿昌族（陇川县和江东乡）、基诺族（景洪市基诺山乡）、哈尼族（元阳县）、拉祜族（景洪市）、布朗族（勐海县）等 13 个民族的 2078（＝2109－31 份失效问卷）名师生进行该问题的意向调查时，他们当中有近一半（47％＝［（977÷2078）×100％］）的人认为：（A）没有必要也不可行。可见考试指挥棒的巨大魔力。如果现实当中，在中考或高考

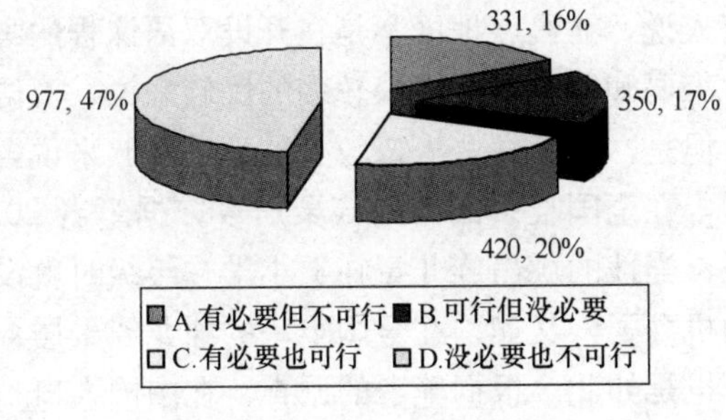

图 034　民语代替外语

① ［美］露丝・本尼迪克特著，王炜等译：《文化模式》，社会科学文献出版社，2009 年，第 15 页。

的考试科目当中，民语和英语可任意选择，那么，少数民族的师生对这个问题的意愿选择会是什么样子呢？国家是全体人民总意志的代表。关于国家的定义，主要有两种：一种是列宁（В. И. Ленин，1870—1924）的定义，即“国家是阶级统治的机关，是一个阶级压迫另一个阶级的机关”（列宁《国家与革命》）；另一种是卢梭（J. J. Rousseau，1712—1778）的定义，即国家代表着人民共同体的总意志。[①]

很久很久以前，沙漠绿洲上住着八户人家，每家都有八个孩子，孩子们每天都在漫天飞沙中玩耍，突然有一天他们要洗澡（游泳），可是没有江河湖泊，也没有游泳池，于是八户人家的家长决定集资修建游泳池，一切为了孩子么！随后成立了修建游泳池的事务委员会，公选出了委员长……游泳池修成了，孩子们高兴了……后来，那个委员会演化成了国务院，委员会主席成为了国家总理，家长们的集资变成了地税和国税，委员会委员都充任了国家公务员，他们每月所得的工资来自老百姓上交的地税和国税，公务员为人民服务，分别代表国家在各个领域实现人民的总意志。

如果有人说，在民族地区不是在开设双语课程的吗？

但是，您要知道，对于人口较多的民族来说，双语教育教学还算正常，但是，对于一些人口较少的少数民族来说，就截然不同了。例如，在全国唯一的德昂族聚居乡，据笔者2010年所了解到的情况，当地的德昂族儿童在上小学一年级时就没有在学校学习母语的机会了，又如，在全国唯一的独龙族聚居乡，据笔者所知，情况也是如此。根据笔者的调查，在中国人口一万以下的

---

① ［法］卢梭著，何兆武译：《社会契约论》，商务印书馆，2002年，第24—26页。

人口特少民族[1]聚居区，上述情况是普遍存在的。

中国目前的双语教育教学的导向并不明晰，如果说“双语教育的主要目标主要表现在三个方面，即语言目标、专业目标和社会融合目标”[2]，那么，社会融合应是少数民族与汉族的双向融合，双语教学中的民语学习不应是简单地由民语向汉语过渡，而应是民语汉语双轨并行，以避免“遥控式的二次毁灭”和“吸纳式的毁灭”[3]，因为本书所做的研究认同按博厄斯（F. Boas，1858—1942）“四个主义”的观点：尊重每个人的个性而不轻信权力机构的个人主义；要求对具体资料进行深入细致的检验，对理论归纳持高度怀疑态度的经验主义；要求用每个社会自身的标准来评价其制度的文化相对主义；承认人类学调查的所有主题都是诸多力量相互作用的产物的折中主义；其中，文化相对主义的观点认为，每种不同文化都有其独特的价值标准。[4] 文化是平等的，技术不必与社会文化优势地位相匹配。[5]

双语教育的实施至少要在双语教学过程中施以各族的文化教育，而不仅仅是语言教学。从下面这段文字中可知，彝族学生学习本民族语言和文化的机会越来越少（如图 35 所示），彝汉双语教育模式并不理想：“在纯彝语和以彝语为主汉语为辅的社区，小学阶段教材采用彝汉对照教材，教学用语在低年级采用彝语教学，汉语辅助形

---

① 根据第十次人口普查数据，门巴族 8923 人、鄂伦春族 8196 人、独龙族 7426 人、塔塔尔族 4890 人、赫哲族 4640 人、高山族 4461 人、珞巴族 2965 人。

② 滕星著：《文化变迁与双语教育——凉山彝族社区教育人类学的田野工作与文本撰述》，教育科学出版社，2001 年，第 241 页。

③ ［法］克洛德·列维—斯特劳斯著，张祖建译：《结构人类学》，中国人民大学出版社，2006 年，第 705 页。

④ ［美］卢克·拉斯特著，王媛、徐默译：《人类学的邀请》，北京大学出版社，2008 年，第 36—37 页。

⑤ ［英］奈杰尔·拉伯特、乔安娜·奥弗林著，鲍雯妍、张亚辉译：《社会文化人类学的关键概念》，华夏出版社，2009 年，第 90 页。

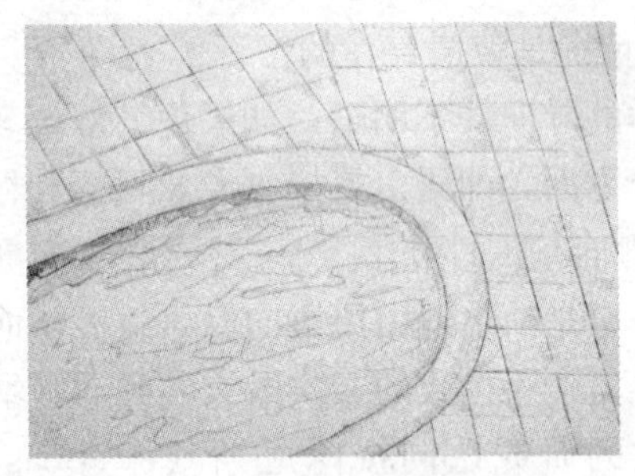
图 035 代表人民总意志（吕晓秋 画）

式，随着年级的增高，逐渐提高汉语教学用语的比例，到小学高年级时，转入彝汉双语教学用语平衡状态；初中阶段采用彝汉对照教材，教学用语采用汉语，附加一门彝语文课。这种倒金字塔型彝汉双语教育模式，既保持了彝语言教学的连贯性，同时又增加了汉语言教学环境，克服了一类模式因缺乏汉语言教学环境导致汉语水平偏低的弊端，但对师资要求较高。如果解决了师资与教材问题，研究者认为，倒不失为一个较理想的彝汉双语教育模式。"[①] 当然，彝族学生有其学习汉语的权利和机会，这是我们这个社会的进步，但是，不能顾此失彼，彝族学生也应有其足量学习本民族语言与文化的权利和机会。一些少数民族地区的学校采取了民语汉语相结合的"双语教学"，这主要是因为那些住在偏远少数民族村寨的学生从小就未接受过汉文化，所以，为帮助他们从本民族语过渡汉语，这些地区的"双语教学"一般都遵循以下模式：

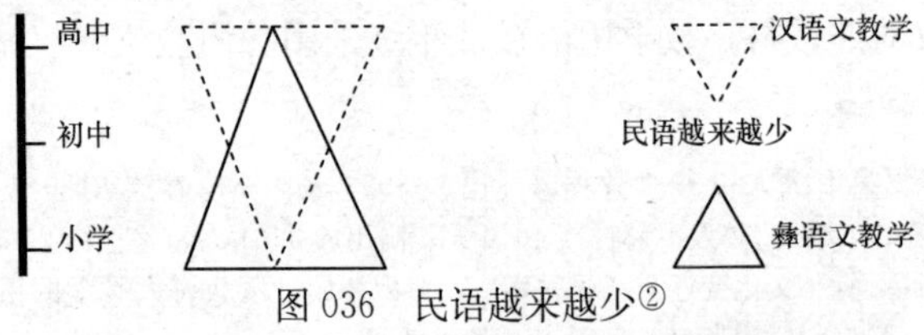

图 036 民语越来越少[②]

① 滕星著：《文化变迁与双语教育——凉山彝族社区教育人类学的田野工作与文本撰述》，教育科学出版社，2001 年，第 241－242 页。

② 原图参见滕星著：《文化变迁与双语教育——凉山彝族社区教育人类学的田野工作与文本撰述》，教育科学出版社，2001 年，第 242 页。

在小学 1—3 年级采用民语和汉语结合起来讲课的模式，借助民语来学习和理解汉语，到最后可以完全摆脱民语的辅助而专门用汉语学习，到了小学高年级，教师们就完全使用汉语上课，所谓的“双语教学”就结束了。

更有甚者，在云南省有的民族聚居区，例如，德昂族聚居区和阿昌族聚居区，当地学校或教育局都为大面积提高学生的学习成绩而力主在儿童进入小学前就将其“汉化”完毕，好像这还是主管教育的领导们的政绩表现之一，而其中有的领导甚至认为，民语母语的势微由现代化进程所决定，是历史的必然。

不过，在云南部分少数民族地区的职业中学，则体现出了一些民族特色，主要表现在开办民族文化班上，例如，沧源佤族自治县的职业中学就开设了包括佤族音乐、佤族舞蹈、佤族工艺等具有民族特色的课程。在云南省，丽江市和西双版纳傣族自治州做得比较好，这两个地区的学校分别把纳西语（东巴文）和傣族语的学习，延伸到小学六年级，到了初中，则以开设选修课的形式进行，民语选修课甚至开设到了高中，如前文所引用的倒金字塔模式。

实际上，针对人口较少民族来说，中国目前所进行的双语教学并不是民语汉语思维“双轨”并行的。根据笔者在云南 11 个少数民族聚居区的抽样调查，民族地区有 41.82%（［=266÷(710−74）×100%］）的师生希望双语教学的本质是民语汉语双轨并行，并不希望只把民语作为学习汉语的过渡工具，如图 037 所示。

双语教学应“双轨”并行，且要沿着“双轨”而“双切”到各个学科的教与学之中去，不仅仅是一种民语向汉语的过渡，而且还应该是双向思维和文化的转换与融合，至于实际操作，则需要政府在师范学校内切实进行“民汉双语”师资培养。然而，双语教学现在的偏差也许在概念上一开始舶来时就存在偏差，这种偏差来自于西方霸权主义的单数文化观念，[①] 双语教学现在的误区也许在较短时间内得不到勘清，幸好在这些民族地区的一些学者和有识之士，经过这么多年的理论探索与实际操作，已经认识到了偏差和误区的存在。

您又会问：没有老师，“双轨双切”的双语教学怎么开展啊？您问得对。若在学校设置独立的民语课程或进行“双轨双切”的双语教学，师资是关键，可是我们的“下金蛋的母鸡”，即师范学校，并没有足够地培养三语或双语教师。民族地区双语教学的最大障碍就是缺乏师资。在笔者所调研的633份有效问卷中，有251份问卷选择了B项，即师资力量薄弱（其他资料来源：笔者调研数据统计，日期截至2009年3月三项分别是：（A）概念不清；（C）没有高考的利益驱动；（D）受主流文化影响太大），但笔者要说：“下金蛋的母鸡”以前是有的啊！现在的师范学校为什么就不开民语班了呢？这当然是国家要做的事情。国家要在尽可能大的程度上体现人民的意志与愿望。根据笔者的抽样调查，在中国云南少数民族地区，如图039所示：有80.6%（[=1674÷（2111−34）×%]）的少数民族师生认为，少数民族地区的师范学校的师资培养应该着力培养能讲双语或三语的专业师资。

根据笔者的研究生饶赟于2010年上半年在当地支教时所反映的信息，那些傣族的少男少女们，对老师用傣语讲课的反应是兴奋昂扬，积极思考，反映出傣族如水的激情和谐的民族文化性格，但当老师用汉语授课，课堂就沉闷得如死水一般。海德格尔说得对：语言是存在之家。

既然语言是存在之家，那么，考虑少数民族的存续，国家或各级政府的制度性安排应使学校的正式课程中有民语母语的选

① ［英］奈杰尔·拉伯特、乔安娜·奥弗林著，鲍雯妍、张亚辉译：《社会文化人类学的关键概念》，华夏出版社，2009年，第89页。

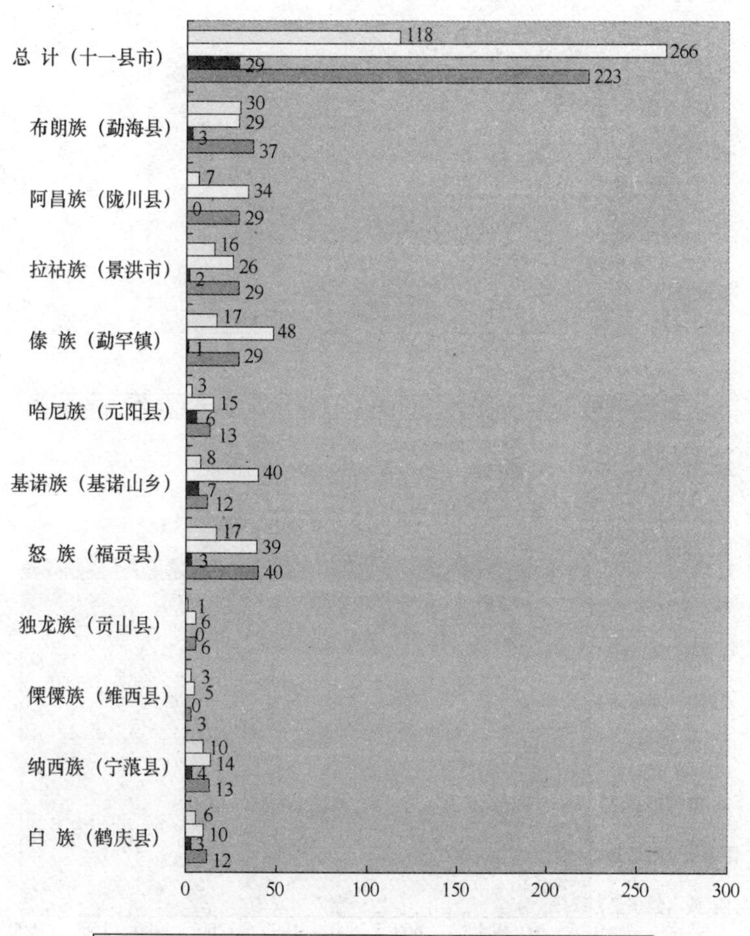

图 037　云南民族聚居区师生希望民语汉语双轨并行

资料来源：笔者调研的数据统计，日期截至 2009 年 3 月。

项，那道民语母语的“自助餐”，在一些少数民族地区的学校应该摆出来供少数民族学生自己自愿选择，少数民族聚居乡的九年

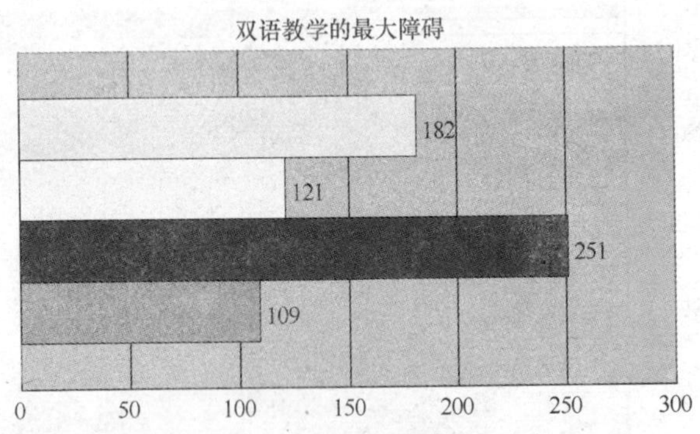

图 038　双语教学的最大障碍

资料来源：笔者调研数据统计，日期截至 2009 年 3 月。

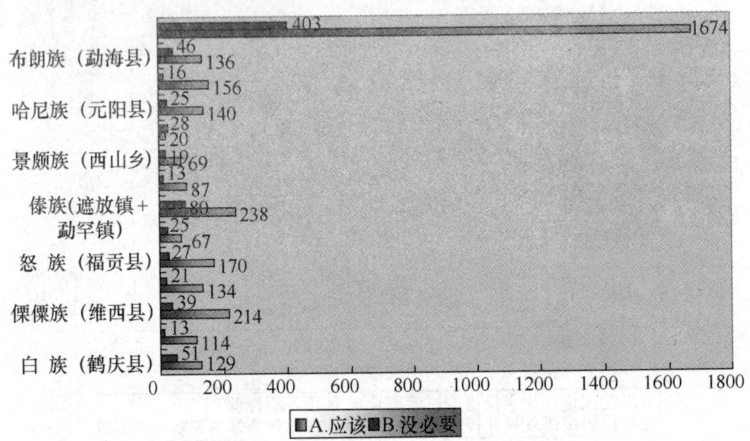

图 039　应培养双语或三语的专业师资

资料来源：笔者调研数据统计，日期截至 2009 年 3 月。

义务制学校应该施行双语或三语教学，学生在升高中时可自由选择，在参加高考时也可以自由选择，并且一贯地从本科到硕士再通顶到博士阶段，且还要有公正的评价，比如高考、考研、考博，以让少数民族学生有权利、有义务、方便地学习自己本民族的语言，但是，由于师资缺乏和应试评价等原因，民语在各少数民族聚居区学校的设置，一般到了小学高年级就结束了，甚至到小学低年级就结束了（但蒙古族、藏族、朝鲜族等民族例外，还有纳西族、景洪的傣族、新疆的锡伯族也是双语教育延伸到小学高年级甚至到初中和高中，值得欣慰，也是例外）。

少数民族地区的教育工作者没有必要都学英语，但实际上，在他们个人的发展空间里，英语是他们发展进步的“拦路虎”，因为深造、考研、晋升职称，样样都要考英语，而并非云南人的口头禅“样样好”！如果用民语代替英语来操作，不仅更人本主义一些，而且更现实，那才是民族教育的本真。

以上我们按“教育求是”的教育审美标准（亦即教育批判标准）之一“彰显教育本原”，讨论了民族素质的全面性问题、教育投入问题以及民语课程的制度性安排问题。这三大问题都属于教育是否失真的问题。

首先，中国的素质教育如火如荼地进行了很多年，可是，至今仍没有可信可行的、科学系统的指标，本书所做的研究就这一问题提出了基于当代认知心理学、生命哲学和文化人类学的以及来自教育教学实践经验的全面的系统指标，至于这套系统的指标符合科学的程度如何，一是我们要进一步在教育教学实践中进一步验证，逐渐完善；二是我们不能因为这套全面性素质指标有待完善而将之弃于一隅。

其次，中国的教育投入水平与发达国家的相比，相去甚远，虽然在总的态势上，中国的教育投入是在逐年增加，但其增幅与中国近年经济增长的幅度相比，不容乐观。至于教育投入在境内的区域差别之大就更令人堪忧。不过，我们应该预见到，随着中国的综合国力的日渐强大以及“提高质量与促进社会公平”价值取向的更多认同，中国的教育总投入的增多以及区域教育投入差别的缩小都会令国人及其民族教育工作者欣喜雀跃的。

最后，民语课程制度性安排问题的解决，涉及各级政府的同心协力，我们至少要在不否定双语教育教学对民族教育发展所带来的促进的同时，也要见其形式化所带来的弊端，即不剥去双语教育教学形式化的“外皮”，就不能切入到民语教育教学的“内核”，从而进行民语课程的制度性安排，而对少数民族儿童来说，其民语母语的在校习得，关系到所属民族文化的存续，也关系到富有多样性生机的在中华文化的存续发展。

总之，彰显教育本原，意味着要厘清如下问题：素质教育的全面素质是哪些？基础教育和职业教育（尤其是民族地区的基础教育）的投入缺口到底有多大？怎样针对“双轨双切”的民语课程进行国家制度性安排？

二、尊重教育生机

无论是在分权制国家，还是在集权制国家，人自身质的进化与生产和面向未来而进行社会性创造，都显示着人的生命力和民族生机。尊重教育生机就是要顺应受教育者生命力的进化方向和在疆土的最广泛的范围内，促进人之全面发展。扼制教育生机，必然破坏生命之美、钳制教育生产力和关乎民族国家的教育现代化的速度。扼制教育生机的因素多种多样，诸如阶级意识形态、种族歧视、教育体制僵化等，但本书所做的研究仅就教师要威严、体制僵化和教育商品化等三个问题来讨论教育者该如何尊重教育生机。

1. 创造性的翅膀

创造性是“生生之谓易”① 的人类独特性表现，它所包括的批判性、想象力和独特性，好比鸟飞翔于自由天空的翅膀，当然，创造性也与多重智能、好奇心、尊重科学的虚心和批判思维极为相关。

批判性来自于自强不息的生命原创性，是始发于生命原创力的一种与环境的和人际的竞争力，是从一种生物本能演变为一种心理本能，进而升华为一种精神本能，因而具有创造性的人显得精力充沛、热情、奔放、爱开玩笑和富有叛逆精神和批判精神。批判性体现着人对与生活有关的现实世界环境的有目的地适应、选择和创造。

想象力是以陈述性知识和程序性知识的一般性智能为基础，以表象和联想为主要特征并有抽象思维参与其中的形象思维能力，因此，富有想象力的人往往天真浪漫、充满幻想，甚至是异想天开。想象力是在自然的天空中逍遥的“蝴蝶”——异想天开，但必须在学科领域或实践领域的某个固着点上展开“双翅”——脚踏实地，而绝不是断了线的风筝。创造性需要异想天开与脚踏实地相结合。一般来讲，想象力的基础越是雄厚，想象力也就越丰富，所以，具有创造性的人不一定智力超常，但其多重智能非常雄厚。他（她）们聪明、客观而理性地把异想天开与脚踏实地结合起来，热衷于自己的专业和工作，以敏感、安静和多休息，甚至是些许的懒惰来表现或涵养其内省智能，以传统、保守、谦虚和守纪律来表现或锻炼其人际智能，以苦乐交加的人生体验来增进自己的经验智能。

2008 年 6 月下旬的一天，笔者带领四位研究生到云南省德

① 周振甫著：《周易译注》，中华书局，1991 年，第 234 页。

宏州潞西市中山乡听到的第一节课是语文课。那是一位男老师，四十几岁的样子，圆脸，但拉得很长。如今的孩子们在课堂上比以前的孩子们获得了更多的自由，比如，以前是稳固地背着双手，现在是将捋顺的双手和双臂服帖在桌面上。那节课的内容是关于写作文过程中的想象力。那位老师的嗓门很大，在他所经过的座位上的孩子冷不丁地被他的大嗓门吓得要哆嗦一下，结果可想而知，四十几名儿童关于月亮像什么的想象力只有那么传统的两种。一个憨厚的小男孩站起来瓮声瓮气地说："月亮像圆盘"；一个苗条的小女孩站起来柔声细语地说"月亮像小船见图 040"。笔者感慨：孩子们若没有充分的自由，其想象力也不会丰富和生动的，因为心理学意义上的"创造性"等于人类学意义上的"自由"。那些孩子的身体受着拘束，他们的心理要受着老师威严的震撼，因而甚至恐惧，他们的精神自由受着威慑的捆绑，所以，其想象力的空间、虚构、丰富、生动，都要大打折扣了。中国人不乏想象力，尤其是中国的儿童，而是其想象力受着很大的限制。

图 040　月亮像小船

具有创造性的人显得孤傲、独立，具有性别异质化的倾向，而在处理矛盾和解决难题时往往能扣其两端而取其中，即能够把他人认为是两个极端的事物中庸起来，创造成第三种事物。独特性在制度方面是指每当国家总意志表现出历史的不充分性时，人民就在制度或体制上有所创新。

具有学术性的教师善于并勤于培养学生的创造性，因为创造性是学术性的关键。如果把教师的学术性在发展性教育教学中的表现看成是智能发展之促进的一种比较级的话，那么，教师学术性表现的最高级则体现于创造性教学之中。

创造性是指最终解决问题、制造产品和提供服务从而产生独特价值的生命进化特性。这是静态的说法。创造性的动态说法是指创造力，表现为发明和发现。发明是制造新事物，发现是找出本来就存在但尚未被人了解的事物和规律。

创造性培养的最关键之处是：让学生的身心处于自由状态。以下是一些其他关键的要点，教师可结合课堂教学实际进行教学设计。根据国外的相关研究，具有创造性的人拥有十种对立的个性品质见表 008。①

表 008　创造性的十种对立品质

①精力充沛而又安静多休息	⑥非常谦虚又特别骄傲
②很聪明也很天真	⑦女性支配欲强，男性更敏感
③把玩笑和纪律相结合	⑧传统保守又叛逆独立
④开放敏感而极苦和极乐	⑨热情工作而又客观对待工作
⑤扣其两端而取其中	⑩异想天开与脚踏实地相结合

2008 年 6 月 30 日，笔者带领曾选修过笔者“创造性培养的比较研究”课程的中央民族大学的研究生谢玲同学采访，行进在德宏泰族景颇族自治州潞西市三台山乡的乡间小路上，见路旁有

---

① ［美］奇凯岑特米哈伊著，夏镇平译：《创造性：发现和发明的心理学》，上海译文出版社，2001 年，第 56—72 页。

一摊新鲜的牛粪，就试探其创造性之想象力和独特性，于是问她：你看那摊牛粪最与众不同的用处是什么？有多少种可能，请按独特性大小排序。她立刻就回答出三种可能：第一，把鲜花插上！第二，可以美容！第三，作为燃料！当笔者逗她说，那摊牛粪最与众不同的用处是在东北嘎嘎冷的冬天拾柴火的小孩子见了就赶紧把露着脚趾头的单鞋插进里面暖脚，听笔者这样说，谢玲低头默默不语……

大凡有德行的做学问者，皆寻求学问的本原与本质以及得"道"而后的躬行实践，乃"德"，无论是"治身"，还是"治国"，但绝不"人治"或（和）损人利己地"技治"，因为"人治＋技治＝恶＋恶"，从而限制了他人的自由、禁锢了他人的创造性，违背了人类学的定律。在心理学意义上的"创造性"等同于人类学意义上的"自由"，没有自由，即没有创造性，自由被限制得越多，创造性就发挥得越少，创造性就越低。人该从本能的统治下解脱出来，趋向于创造性地自我决定，[①] 人的创造性是哲学人类学的核心关键词。大凡有德行的教师亦如此——为培养学生的创造性，而给足学生自由的空间：使学生的第一爱好是自由、第一特长是散漫，当然也让学生懂得"从心所欲不逾矩"的道理，这种散漫绝对不是生活的散漫或人生理想的散漫，从而有利于想象力、独特性和批判性的顺应而然。以此才可达到教育教学的至高境界："莫春者，春服既成，冠者五六人，童子六七人。浴乎沂，风乎舞雩，咏而归"（《论语·先进》）。

红绿青蓝志愿者大学生杨贞兰同学在其工作日志《做真实的自己》中这样写道：

在云南省德宏傣族景颇族州潞西市中山乡中心小学的那次师

---

① ［德］兰德曼著，阎嘉译：《哲学人类学》，贵州人民出版社，1990年，第8页。

资培训期间，每天下午第三节，都是《意象英语》课。我照样去听课。跟这群可爱的孩子在一块，我会觉得自己又回到了童年那个纯真的时代。孩子们在英语课上总是很积极，每一次学了新的内容之后，老师都会给他们一定时间练习和表演。孩子们很是天真可爱，他们仗着嗓门大，常常使得老师三令五申让他们保持安静，他们太活跃了。老师话没说完，他们有的就已经举手，迫不及待地跑到教室中间表演了。老师并不加以阻挠这些课堂上"无法无天"的孩子，孩子天性如此嘛！有时老师会以比赛的形式练习，此时则是无烟的战场，这一组不服那一组的评分，就会在那大喊："抗议！抗议……"耳畔听着孩子们的"抗议"声，我不禁想到了美国对儿童的教育。曾经在网上看到过这样一个故事：在美术课《画苹果》上，美国小学生画苹果，教师拿来一筐苹果，由学生任拿一个去画；日本的学生也是每人自己拿一个去画；而中国学生则是先由老师在黑板上画一个标准的苹果，并规定先画左，后画右，这边涂红，那边涂绿……最后的结果是，中国学生画得最像，然而也最缺乏个性。其实，孩子的想法是最原始的，他们没有太多格式的限制，也没有技法的约束，他们就是画自己所想，画自己所爱。由此可以看出美国教育是十分注重培养孩子的个性，让孩子做真实的自己。

这群孩子现在还保持着他们纯真的天性，然而几年后呢？几年后，他们是否还能不被那些世俗的框框套套所束缚，恐怕很难吧！我真希望他们永远做真实的自己，敢于说出自己的真实想法，敢于做自己认为合情合理的事情。

做真实的自己，总会有一天得到别人的肯定和欣赏的。

美国现任总统奥巴马（B. H. Obama II，1961－）在《2009美国振兴与再投资法》中谈到美国教育改革的五个支柱之一是：以高标准和评价的积极竞争终结学校中的低效竞争，其中特别强调积极竞争要侧重于"问题解决"和"企业管理"等能力与"批判思维”和“创造性”的培养。[①]

认知心理的出口是创造性，对学生创造性的培养恰是美国基础教育与中国基础教育的本质区别之一。传统而微观地讲，俄、美、中三国人才培养的主要差别在于：最近发展区内的潜能挖掘（俄罗斯）、创造性培养（美国）、经典基础知识传授（中国）。

许多培训者不懂得最近发展区，或根本就没有这个理念。人云亦云“创新精神”、“创新能力”和“创新思维”，但是，他们有可操作的具体指标吗？在微观上如何操作创造性培养的教育者，寥寥无几。也许就是因为如此，钱学森先生在临终前的几年里总是对国家高层领导人说，为什么中国的突出人才就是培养不出来。

为了验证创造性培养在培训效果上的体现，我们这样设计了抽样调查题目（可多选）：

您认为，通过培训，您知道学生的创造性主要在以下______方面着力培养。

□A. 想象力 □B. 反抗性 □C. 独特性

□D. 批判思维 □E. 好奇心 □F. 虚心（尊重科学）

在1397人次的有效调查者中，分别有453、313、275人次的教师和教育管理人员认为，培养学生的创造性主要是在想象力、独特性和好奇心方面着力培养，分别占总人次数的32.43%、22.41%、19.69%，见图041，即大多数教师知道着力培养学生的想象力、独特性和好奇心，但是，创造性的另外三个关键指标，即反抗性（B项）、批判思维（D项）、尊重科学的虚心（F项），却被严重忽视。

在笔者所调研的云南的13个少数民族聚居区，很少有教师（4.29%、11.02%、10.15%）着重培养反抗性、尊重科学的虚

① Renference to http：//www. soudoc. com/bbs/thread-8789918-1-1. html

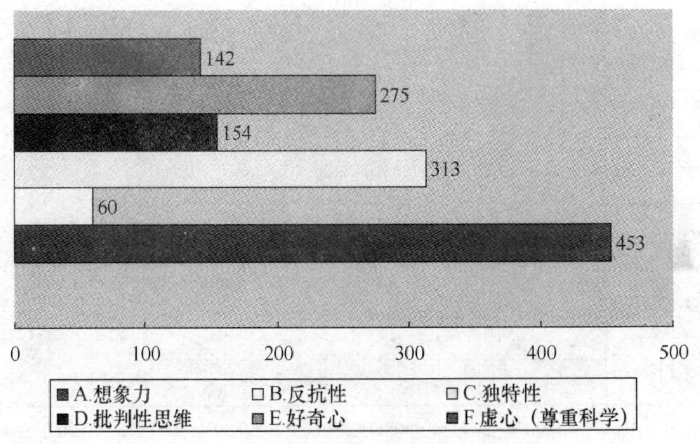

图 041　创造性培养的疏漏

心和批判性思维。这是“只知其一，不知其二”的结果。其实，培养学生的反抗性、尊重科学的虚心和批判思维也同样重要。好奇心、尊重科学的虚心、批判思维，这三项，是美国教育培养人才的一条主干线：从幼儿园到博士园！

教师教学必有其教师专业标准。为了调查教师心目中的教师专业标准，笔者针对教师，包括校长和教育系统各级管理人员，这样设计了抽样调查题目（可多选）：

请在理念、知识（陈述性知识）、创造性、师德、能力（程序性知识）、批判思维六项培训标准中按重要性大小列出您认为是必要的教师专业标准：

①____；②____；③____；④____；⑤____；⑥____。

且看教师心目中重要的教师专业标准——用数据说话：

从图 042 可知，师德被排在了第一位，而创造性和批判思维被排在了后两位。

教师的差别在于专业化水平，而专业化水平的差别在于学术

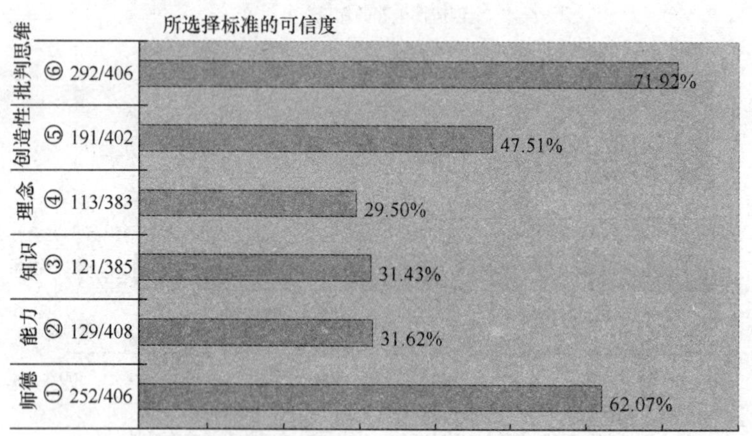

图 042 教师专业标准重要性排序

性和师范性，学术性和师范性的差别在于批判思维、创造性和师德。在批判思维和创造性与师德的关系上是不能“三缺一”的。

中国西部少数民族聚居区义务教育教师和教育管理者在师德方面无可挑剔，但是，在批判思维和创造性这两项标准上严重地缺乏猛醒意识，难怪“五四”运动的“科学”和“民主”两面大旗仍需要费力地高高擎起。该是“猛回头”、“警钟鸣”的时候了。说到“猛回头”、“警钟鸣”，并非危言耸听。比较一下就可略见分晓，美国很多州的基础教育课程标准自始至终贯穿着“批判思维”，而中国的新课标大谈特谈“探究”，就是不探究、探究该怎么探究，所谓九个步骤，比八股还多了一股。比想知道为什么中国人缺乏批判思维更重要的是，国人首先要知道什么是批判思维。

简要地说，批判思维是对事物事件的关系和价值进行反思和扬弃。对事物和事件的价值与关系进行反思和扬弃就要把握要点、条理贯达、态度严谨、事证举例、正确推理、掌握变数、价值判断。批判思维在认知心理学意义上的核心是对已然世界的“反思”，而反思的对象是人类认识世界、改善世界和顺应世界的诸种方式及其全部成果。批判思维在哲学意义上的核心是“扬弃”。批判思维能够对陈述性知识进行重组，并为推动知识增长的创造性思维提供前提。批判思维由多重智能与批判意识复合而生。批判意识的培养实质上就是指受教育者的意识化过程。意识化是指批判意识生长和发展的过程。

批判教育学认为，意识化是指学习识别社会、政治、经济矛盾，即发展批判的警觉，以使个体能够针对现实中的压迫因素采取行动。意识化在教育行动中占有核心地位，因为意识的发展具有改善现实的潜力，其结果是行动萌发的契机，对霸权知识会采取无可避免的战斗行动。批判意识的培养需要鼓励学生不仅对文本做出文献批评的反应，而且要作为觉醒于反抗宰制的社会成员对文本做出反应，为参与社会实践、促使社会转型奠定基础。总之，批判思维是对事物和事件的价值与关系的评估。不严格地说，价值是哲学的核心，而文化的核心是哲学，站在不同的文化立场就会有不同的评估，如果不同文化相对主义的话，如果不同文化视阈融合的话，而关系则涉及很多，物与物、人与自然、国际、族际、人际……

总之，创造性培养非常重要，国人、师者与师之师者要格外重视。也许大家都重视了，中国的突出人才就培养出来了，但在制度或体制不很限制人的自由的情况下，就像前文提到的那样：尊重教育生机，让孩子们享有最充分的自由！

教育体制僵化是指公立教育机构及其运行机制不能灵活而高效地满足国民的巨大教育需求，其主要外因是由全球化扩张而威逼出的明显的政府有限性，其主要内因是集权型的教育体制与行权模式扼制着教育生机。

就外因来说，由于全球化扩张是靠资本主义市场运营来实现，钱权系统中的“钱”的力量也会凌驾于发展中国家的教育之上。如果这个国家“唯钱是图”，那另当别论，但如果缺了“外援”或外国的贷款而自身的教育就运转不灵，那么，这只能说明其教育体制僵化和被威逼出的政府有限性。例如，非洲的许多政府采纳的结构调整规划，或多或少地都有国际货币基金组织和世界银行参与其中；这些规划通常强调减小政府在经济活动中的直接作用、缩减国民服务规模、鼓励境外投资、支持包括公共服务在内的许多活动私有化，导致物价上涨、包括教育在内的社会服务费用，或是新增款项或是价格上扬，而迫于缩减教育开支的压力，非洲的一些政府仍然依靠外国的教育投资。①

就内因来说，要大概分出集权型、分权型和集权与分权结合型的三种情况来看。目前世界各国的教育体制与行权模式基本分为集权型、分权型和集权与分权结合型。其实，极端的集权型和过度的分权型都不如集权与分权结合型更能促进教育发展。如果这个国家本来就是一个集权制国家，教育生机不被尊重而受扼制，那也另当别论。然而，如果这个国家是一个集权与分权结合型的国家，而教育生机受到扼制的程度又相对地不低，那么，就得找原因，看是历史的原因，还是现实的原因，还是二者兼而有之。

中国在新中国成立以来实行人民代表大会制度，其教育体制属于集权与分权结合型，实行中央集中领导下分级管理的原则，随着教育自主权的下放，分权的倾向也比以前明显。但是，在资本主义经济全球化扩张的形势下，新自由主义胁迫发展中国家的政府在世界贸易组织成立以后都明显地被迫向市场滑落，中国虽

① Reference to Joel Samoff. No Teacher Guide, No Textbooks, No Chairs in Comparative Education: The Dialectic of the Global and the Local, edited by R. F. Arnove & C. A. Torres: 1999 by Roman & Littlefield Publishers, Inc. p. 401.

然在经济等领域表现出比以往历史时期更大的灵活性和前瞻性，但也毫不例外地在其行权模式中还带有某些集权制的痼疾，其体制僵化明显地表现在诸如教育、卫生、生态等公共事业领域，最明显地表现为政府的相对有限性。在教育领域，这种有限性主要体现为在教育决策上缺乏足够的前瞻性和“单一财政视角”的教育改革。多年来，单一财政视角的改革，“或者说是一种‘经济主义路线’的改革，其主要动机为弥补教育经费短缺，兴奋点围绕着创收、经营、转制、上市、产权、市场化等问题，以增长和效率为主要追求”①，而缺乏对缩小二元结构中地域性教育差距的足够关注，在一定意义上说，这也是扼制广义的人之全面发展的教育生机。当前，在国家决策方面，诸如在教育等公共领域内的区域性和结构性失衡的问题以及促进社会全面发展等问题已备受关注。

2. 教育商品化

除了体制僵化的因素之外，扼制教育生机的主要因素还有教育商品化和教育投入不足。教育商品化是指教育因受资本主义市场经济的宰制而物化为商品生产的一种教育异化现象。例如，教师充当资本家的劳动力资本、学生被等同为可交换的商品，而经营者赚取的是最大化的利润。教育的目的因此而被改变，人自身质的生产或曰精神生产的这一内在规律被违背。教育不能商品化，可从不同视角来分析。

首先，商品是用来交换的劳动产品，交换的前提是交换双方需要占有对方劳动产品的使用价值，从而实现商品的价值和使用价值的统一，而作为教育对象的人不是用来交换的劳动产品，所

① 杨东平著：《辨析“教育产业化”》，载《教育发展研究》，2004年第12期，第64页。

以从商品交换的角度看，教育不能商品化。

其次，消费者购买服务，在享受服务时不需要自己付出劳动，但教育则不同；教育是教育者与受教育者共同劳动的过程，仅有教育者或受教育者一方面的劳动，不能构成教育；如果受教育者不付出劳动，就没有教育可言。[①] 所以，从劳动过程的角度看，教育不能商品化。

最后，人类生产还包括物质资料的生产和人类再生产。物质资料的生产包括生产资料生产和生活资料生产，而人类再生产则包括量的生产和质的生产。量的生产是指生命生产，包括生育和为延续生命而单纯作为劳动力的素质提高，而质的生产是指精神生产。生命和精神都不能用来交换，而劳动力虽然可以交换但不是产品（资本主义生产条件下资本家通过劳动力再生产来榨取剩余价值正是资本主义反人类的一面）。所以，从生产性质的角度看，教育也不能商品化。

教育具有服务性，表现为公益性服务和商业性服务的两个方面。就其公益性来说，在一国之内，教育是属于公共事业的公立教育，即由政府来运行、不以营利为目的、代表全体公民的意志、面向全体公民而服务的事业，因此，公立教育不具有商业的服务性，因而不能商品化。也就是说，即使劳动力或劳动力素质没有作为资本家的资本，在公立教育领域内的公益性教育服务也不允许因受制于市场逻辑而带有商业性，教育作为公共事业的理念不容丢失、教育是国家的公共事业这一性质和个性规律不容违背。就其商业性来说，在一国之外，教育服务因跨越了一国之内的教育公益性，因而具有国际的商业性，如世贸组织在服务贸易总协定中对教育服务有跨境交付、境外消费、在服务消费国的商

① 孟明义著：《高等教育不是产业　更不能产业化》，载《北京科技大学学报》（社会科学版），2000年第1期，第80—85页。

业存在、自然人流动等规定。在这种情况下，如果教师没有充当资本家的劳动力资本（如非垄断的私立教育）、学生为将来的生活做准备（如提高劳动力素质的职业教育）而没有充当商品的话，那么，还不能说教育是商品化的；反之，教育就是商品化的。在一国之内，私立教育不以营利为目的，可以通过经营教师的劳动来保证成本和获取适当的收益，也不能说教育是商品化的，但无论是私立教育，还是公立教育，如果违背了教育是人自身质的进化与生产这一内在规律，把受教育者等同为物资资料生产过程中的产品和市场交换中的商品的话，那么，教育就是商品化的。然而，人类进步与正义之善和普遍之善要求人的行为不能反人性和反人类，受教育者既非产品亦非商品，所以，从教育所具有的服务性的性质来看，教育更是不能商品化。但是，从世界范围来看，教育商品化是一种全球性的教育异化现象。这背后有许多复杂的原因。

首先，从世界银行所持有的人力资本理论观点来看，把教育作为一种开发国家人力资源的投资这一观点，似乎符合客观世界之真理性和社会世界之正当性，但实际上要作不同社会条件的区分。如果在非资本主义社会，或在资本主义社会条件下的自由竞争阶段，把教育作为人力资源开发的一种手段而不是把劳动力作为资本再生产的必要条件，那么，这种观点及其行为无疑有益于提高民族国家的综合国力而又不反人性和反人类。但是，如果在资本主义社会条件下的国家垄断和国际垄断阶段，世界银行认可的人力资本理论，即从根本上把教育作为一种社会性投资来对待的主张与行为，几乎就是劳动力资本的理论与实践。这造成了发展中国家的政府及其教育工作者无力解决注定棘手的社会问题，因为这种主张把教育视为投入与产出的经济过程，而忽略了教育就其本身来说是一个社会化过程的事实，忽略了受教育者的诸多社会目标，如消除歧视、学会共处、非暴力地解决冲突、增进集体意识和民族凝聚力等,① 从而教育因其外在规律被违背而失真。

其次，再就教育的内在规律而言，无论是私立教育，还是公立教育，如果违背了教育是人自身质的进化与生产这一内在规律，把受教育者等同为物资资料生产过程中的产品的话，那么，教育就被异化为产业。学校因此就会被视为工厂，并聚焦于效益的目标，把产出作为检验成功的标准，而校长好比是工厂的总监、教师好比是生产线上的工人、学生好比是原材料和从指定的投入与生产程序中制造出的产品。② 学校所运行的教育因此而被“异化”，在教育领域出现了马克思所指出的“大工业”对人的“异化”现象，忽视了培养学生的全面素质及其学以致用的社会实践能力，从根本上迷失了人之全面发展的唯一途径，使为全面发展而实现地域性流动和职业性流动、进而推动社会转型的目标难以实现。

最后，就教育的生产性和服务性的复杂程度来说，在资本主义社会，当仅仅是教师的劳动被买卖而教师没有受到剥削时，教育还不能说是被异化而失真的，但当教师充当资本家的劳动力资本时，教育就是被异化而失真的。又如，在公有制为主体、多种所有制并存的社会主义中国，如果市场部门通过办教育来追求商业利润最大化，那么，教育就是被异化而失真的。这是因为物质资料生产的效益必须由降低生产成本来保证，而在教学过程中的投入与产出的差别是模糊不清的；从表面上看，似乎班级越大，

① Reference to Joel Samoff. Institutionalizing International Influence in Comparative Education：The Dialectic of the Global and the Local，edited by R. F. Arnove & C. A. Torres：1999 by Roman & Littlefield Publishers，Inc. pp. 68－69.

② Reference to P. K. Kubow & P. R. Fossum. Comparative Education：Exploring Issues in International Context，2003 by Pearson Education，Inc.，Upper Saddle River，New Jersey，p. 65.

教育的单位成本就越低，但教育的适当单位并非学生数量，而是学生的学习效果。[①] 要保证教育的精神生产性和教育的公益性，就必须抵制教育商品化。总之，教育不能商品化，因为教育商品化违背教育规律，使教育迷失了全面的育人方向，扼制了教育生机。

3. 教育创收

然而，教育不被商品化，教育生机就不被扼制了吗？众所周知，生产劳动与教育相结合是人之全面发展的唯一途径。在中国少数民族农村地区，在教育投入不足的情况下，仅靠勤工俭学是不能缓解教育供需矛盾的。为此，本书所做的研究在此提出教育非商品化的“教育创收”，并结合“生产劳动与教育相结合”的马克思主义教育学基本原理，来一石二鸟：在一定程度上缓解教育供需矛盾和走人之全面发展的唯一途径，以切近教育本真。

在国家教育投入不足的情况下，做以勤工俭学为主的教育创收是必要的。首先要指明的是，勤工俭学只是教育创收的一种，因为传统的勤工俭学所得收入不能也不应该用于教师的奖金发放，而教师待遇的提高也要靠教育创收来保证一些。另外，教师接受师资培训所需要的基本费用，在教育总投入的5%用于师资培训不能保证的情况下，甚至2%都不能保证的情况下，搞教育创收是非常必要的。在此，笔者通过调研，总结了云南少数民族地区教育创收的几种模式：传统模式——犒赏型；楚雄模式——科技型；福贡模式——用巧型；校有模式——主体型。

①传统模式——犒赏型

① Reference to Joel Samoff. Institutionalizing International Influence in Comparative Education: The Dialectic of the Global and the Local, edited by R. F. Arnove & C. A. Torres: 1999 by Roman & Littlefield Publishers, Inc. p. 70.

所谓“犒赏型”是指学校的学生在老师的带领下，在学习之余，利用周边的资源，通过自己的劳动而有所得，用于生活学习补助，由于收入甚少，所以，在国家补助之外，又有些收入来改善伙食，比如，在现在一碗米饭一勺菜一勺汤的基础（国家每月每生的50元或60元的生活补助）之上，用教育创收所得，再添一勺菜一勺汤……

图043 学生汤菜不够吃（金欣 摄）

②楚雄模式——科技型

2005年1月，笔者曾到云南楚雄市调研，除访谈和做问卷之外，还实地拍摄了录像，实地记录了那里的科技型的勤工俭学模式。

从20世纪中叶开始至今，楚雄市的教劳结合就没有中断过。后来小学布局调整，相当多一部分小学没有食堂。为减轻农民负担，学校决定降低成本办食堂——喂猪，效果很好，符合农村实际。楚雄的做法（以云龙初级中学为例）是：提高养种的科技含量（如用营养液进行的无土栽培），为当地农民示范，由农民来学习。与农民田地比邻的学校勤工俭学用地，种得规范、科技含量高、长势好，并形成养种的科学循环（如猪粪进鱼塘作为鱼饲料，鱼塘淤泥作为肥料给菜地施肥……），是马克思主义关于教育与生产劳动相结合理论观点在中国的最好体现，面对其他地区失效的教劳结合，这是一个亮点。

云南楚雄市云龙初级中学创建于 1981 年，2005 年有教职工 50 人，13 个教学班，学校有 13.5 亩的渔塘一个、猪厩 637.2 平方米、其他养殖场所 250 平方米，有种植基地 11.2 亩，其中钢架大棚 600 平方米；2004 年，学校勤工俭学收入 7.85 万元；该校做“科技型”的勤工俭学的思路是：第一，找准教育与经济发展的结合点，使教育服务于当地经济建设；第二，开展勤工俭学活动，发展校园经济，举行“小星火”综合示范活动，最大限度发挥学校办学效益；第三，发挥勤工俭学基地、“小星火”综合示范基地的作用，辐射带动当地经济的振兴。其具体做法：选项目、筹资金、抓培训、抓辐射。10 多年来，该校通过创办农村综合初中班，来培养农村“实用型”人才，取得了很大的成效。①

③福贡模式——用巧型

在云南各少数民族聚居地区，其自然条件不尽相同，大体说来，南部虽然山区和坝区交错，但毕竟比北部开阔，而北部山高谷深，绝少坝区，生活更加艰苦，因而那里的少数民族家庭大多经济都不宽裕，例如，2007 年，云南省怒江傈僳族自治州福贡县石月亮乡全乡人均纯收入只有 9505 元，家长供子女读书非常困难，米价、菜价、肉价相对较高，国家拨给农村在校生的生活补助费不够用，学生生活费缺口资金很大。石月亮乡中学就坐落在海拔 3000 多米高山的半山腰上；为使绝大多数贫困家庭的学生安心在校就读，校长陈再春带领师生开展“用巧型”的勤工俭学。2004 年 8 月，石月亮乡中学把县教育局补助的一万元经费作为启动资金，全体师生利用课余时间到两公里外的山里去挖腐

---

① 云南省楚雄市云龙初级中学：《营造人人成才环境——楚雄市云龙中学调查报告》，载《楚雄日报》，2005 年。

质土，用盆种菜，一盆盆菜遍及校园，克服了校园狭窄、根本就没有耕地的局限，基本解决了家庭经济困难学生的吃菜问题。接下去，学校以菜养猪，以粪肥菜，不断扩大养猪规模，增加肉类产量，解决了住校学生的吃肉问题；同时，学校充分利用周边丰富的水资源，围池养鱼，用养鱼的经济收入购买大米，解决了部分学生的吃粮问题；随着勤工俭学规模的扩大，种菜（石堆变菜地并架设大棚）、养猪（还用猪粪发展沼气）、养鱼（引山泉水入池）、酿酒（用食堂锅炉产生的蒸汽蒸煮包谷），都成为学校的主要产业。①

④校有模式——主体型

所谓“校有模式”，是“国有模式”的套写，即学校创收要以市场主体的形式出现，但赢利所得，在减去生产资料成本和劳动力成本之后，要归学校所有。北大方正与人民大学附中学生乐团可为借鉴而不单纯机械地模仿。在笔者调研的云南省民族聚居区的基础教育中，学生们觉得最难的是数学，最怕的是英语，而教师们普遍缺乏的是认知心理。手把手、一对一的“临床指导”式的师资培训需要钱，可更多的钱来自哪里？当高贫困率和低入学率汇成交集，当政府的教育投入严重不足，思想解放后的领导集体应大胆地做教育创收（领导班子一分钱也不拿），而不只是勤工俭学，教育创收的收入，可用来培训师资，用来给教师发奖金，用来给娃娃们的饭碗里再添一勺菜，因为一碗米饭随带的一勺菜、一勺汤，娃娃们吃不到一半，就剩下难以下咽的米饭……

大力发展教育产业是云南民族聚居区基础教育摆脱教育贫困的必由之路。以德宏傣族景颇族自治州潞西市为例。由于潞西市乡镇学校硬件建设跟不上，危房面积大，市场物价不断上涨，目

---

① 杨云慧：《种菜养猪酿酒——山村校长如何带着学生脱贫》，载《中国教育报》，2008年，第11期，第10页。

前中小学校教育的最大困境之一是学校经费短缺。部分学校还过着寅吃卯粮的日子。难以调动教师的积极性和吸引优秀教师安心从教的主要原因是学校缺乏必要资金，来给教师发放奖金和改善福利待遇。对贫困学生的救助仅靠社会、团体、个人，还不足以在根本上解决问题，而学校想从根本上解决这个问题，但又无财源。因此，学校积极开展创收有利于学校的发展和优化师资队伍。

教育必须与生产劳动和社会实践相结合，强调教育不仅是学习书本知识，还要联系生活，联系社会经验。因此，要积极创造条件，为学生提供生产劳动和社会实践的机会，实行勤工俭学，但勤工俭学并没有很强的市场竞争力，其创收也只用于学生，而教师队伍优化所需资金在政府教育投入不足的情况下，空缺的那部分仍无着落。兴办校企以有创收，是学校发展之需，是教师队伍优化之基。教育产业不是教育产业化。教育产业化避不开以学生为赢利对象的嫌疑，而教育创收，完全用于师生以及教师队伍发展和优化。

20 世纪 80 年代末 90 年代初，潞西市教育局组建“潞西教育服务中心”，其宗旨是服务学校，经营文化用品，其经营方式是将文化用品比市场价低的价格转给学校，学校按市场价出售给学生。赚到的钱主要用于补给公用经费不足，保证学校工作的正常运转。从当时的体制来说是不得不为的选择，但资源开发前景有限且单一，是“工厂→教育服务中心→学校→学生”的路线，其不适当之处是把学生作为了赢利对象。相比之下，教育产业不以学生为赢利对象，而是为师生服务，有必要为师生发展开辟创收途径。

潞西是一个山川秀美的好地方，具有亚热带气候，生物多样性强，民族文化浓郁等特点，国土面积近 3000 平方公里，林业用地面积 21 万公顷，森林覆盖面积 61.2%，具有创办以学校实体的教育创收的条件。例如，潞西的竹子有 10 多种，绝大多数竹笋都可食用，而竹笋加工极为简单，无须较大资金投入。再如，潞西的蕨菜、傣家老人自己加工的竹筷、德昂族的酸茶、遮放的瑶池等，都是具有开发前景的教育创收天然条件。云南的各少数民族都有各自独特文化。学校是育人的地方、研究和传承文化的地方。学校是文化传播的中心，理应承担起民族文化发展的任务，挖掘民族文化精品，拓展民族文化市场。如傈僳族三弦舞、基诺族大鼓舞、傣舞和傣戏等，都可形成民族文化艺术品牌，让其走出本乡，走向全国，乃至世界。构建一个“农户→学校校办企业→消费者”的校办企业模式，即农户提供货源，学校把握主渠道，学校所得收入由学校按财经制度管理，用于解决贫困学生上学难的问题，用于给教职工发放福利和奖金，给学生发放奖学金等，学校领导班子任何成员都不从中拿一分钱，甘愿为师生服务。

学校创收可优化学校教师队伍。潞西市中山乡中心小学原校长蒋永成认为：面对学校人员超编又缺人才的局面，学校几乎束手无策，部分教师由于知识结构、教学能力偏低，每学期教学成绩测试及格率都在 20％以下，长期教下去，受伤害的是学生；通过开办校办企业，可让一些教师转岗，到校办企业多出力气、多挣钱，也是对教育的贡献；山区教师上山教书不到五年，就打算着往城里或城边走；有时留得住人留不住心，因为教好教差一个样，教多教少一个样，各领各的工资；教书有能力的教师没有条件创造条件要走，能力有限的教师想走也走不了；如学校做教育创收，那就可以给教师发放奖金了。

以上我们按“教育求是”的教育审美标准（亦即教育批判标准）之二“尊重教育生机”和“遵循教育规律”，讨论了创造性的翅膀、教育商品化问题以及教育创收。这三大问题也都关涉教育失真。

首先，中国近些年来大谈特谈创新精神、创新能力、创新思维以及创新教育，姑且不论这四个“创新”有否可操作的标准，仅就扼制创新的“人治”因素，就令人望而却步了。实际上，创新的核心是创造性，而创造性与自由是同义语。如果人类个体的自由被束缚，那么，其创造性就被“黄金”系住了欢快的翅膀，其批判性、想象力和独特性则会渐渐地干瘪了其潜能。对受教育者来说，如果其创造性受到风干、其自由受到冷却，那么，其教育生机就受到了扼制，因而教育失真，就是教育者在违背教育规律。

其次，目前的现代中国人大多都比前辈们更加功利化了。这可说是教育商品化的温床。爱钱爱权胜过爱学生的“教育者”，根本就不可能实施真正的教育，因为没有爱就没有教育。如果说一些教育者对学生还有一点点爱，但也要看那一点点爱是否符合教育之道，即那一点点爱是否没有扼制教育生机，是否没有违背教育规律。这是内因。教育商品化的外因来自经济全球化的剥削与控制因素，若想不扼制教育生机、不违背教育规律，就得看教育者是否有教育的蓦然境界、浩然境界和澄明境界了。

最后，教育创收的建议是针对教育投入不足而提出的。如果中国的、某省的、某市的、某县的、某校的教育投入在短时期内就是不足，即缺口很大，那么，思想解放后的领导集体为何就不能既保证教育方向和质量，又为“贫穷”的师生们多赚点钱呢？仅靠勤工俭学的收入，只是杯水车薪，况且还抵不住商家及其品牌在市场领域内的挑战。如果足够的、必要的资金就是缺位，那么，这本身就是在扼制着蓬勃的教育生机。

总之，尊重教育生机、遵循教育规律，意味着教育的决策者和管理者要还受教育者以更多的自由，各类教育者为抵制教育商品化，为填补教育经费缺口而大胆地做教育创收。

第七章　长 善 救 失

教育求诚，是教育者忠诚于人民的教育事业和在与人民的关系中讲究诚信。教育失善是教育者没有符合规则地处理教育关系，因而没有尽心尽力地促进受教育者的全面、充分、和谐发展。下面选取“摆脱教育殖民化”、“扎实民族素质教育之根”、“克服教育官僚化”、“追求发展性教育教学”为题，来分析教育者该如何不失忠失信于民，从而做到“长善而救其失者也”（《礼记·学记》），即救其失于“多”、“寡”、“易”、“止”。

一、不失忠于民

如前文“教育审美标准”所述，教育忠诚的两个标准是：尽心尽力、有益于民。教育者只要违反其中的任何一个，就会导致教育失善。民族素质教育失去其根性，内外因皆有，外因是独霸文化使教育殖民化，内因是教育者没有尽心尽力。

1. 摆脱教育殖民化

教育殖民化在此专指西方超级发达国家对其他发展中国家进行文化侵略，即独霸文化导致的教育殖民化。“冷战”结束后，盛行于全球的后殖民主义，其实质是文化殖民。文化殖民主义者凭借经济全球化的独占本性和政治全球化的霸权本性，发动了全球化的文化平整运动。文化殖民不仅影响到国家设置（如阿拉伯国家和菲律宾），而且还影响到大学教学所使用的语言①和以此为基础的知识体系。例如，由于西方发达国家长期以来对非洲的殖民，非洲的高等教育发展依赖于西方语言为基础的知识体系，不具备生产足够的、属于自己知识的能力，造成文化身份认同上的失败和非洲高等教育的衰落。② 这种借助语言所进行的文化平整运动不仅仅对发展中国家有影响，而且也激发其他一些发达国家对此做出反应。例如，在对本民族语言和文化进行保护的基础上，法国为因特网所做的准备就富有成效；在荷兰，针对作为母语的荷兰语有可能被英语替代的现实，该国的领导人下定决心要繁荣荷兰文化，挽救主要在学校、政府部门和法律界所使用的荷兰语。③ 中国的教育也受到了西方文化殖民的侵袭，这不仅表现在各级学校对英语的重视甚至超过了对汉语的重视，而且表现在依靠民语母语所承载的民族文化也面临着因消隐而丧失其根性的危险。

从根本上说，人之存在乃是一种文化存在。从这个意义上说，教育是对民族优良文化的传承，但目前中国的家庭教育、社会教育和学校教育都因教育者缺失广博和前瞻性的道德视野而导致一些受教育者文化素养底蕴不厚。国学中的精粹以及各少数民族优秀传统文化是德育的重要基础。针对国学中的精粹，我们的

---

① Reference to Daniel Schugurensky. Higher Education Restructuring in the Era of Globalization Toward a Heteronomous Model? in Comparative Education：The Dialectic of the Global and the Local，edited by R. F. Arnove & C. A. Torres：1999 by Roman & Littlefield Publishers，Inc. p. 290.

② ［美］达姆图（塔费拉 P. G. 阿特巴赫著，别敦容、黄爱华编译：《非洲高等教育面临的挑战与发展前景》，载《高等教育研究》2003 年第 2 期，第 25 页。

③ Reference to Daniel Schugurensky. Higher Education Restructuring in the Era of Globalization Toward a Heteronomous Model? in Comparative Education：The Dialectic of the Global and the Local，edited by R. F. Arnove & C. A. Torres：1999 by Roman & Littlefield Publishers，Inc. p. 290.

教育者应加大现有课程和教材中国学部分的比重，如关于《论语》，仅在语文课程中有二十几则的设置是远远不够的，课程的设计者和任课教师至少要加大“修齐治平”的理想教育的力度和仁道忠恕之标准的道德教育的力度。有类于此，学校可在《易经》、《道德经》、《论语》、《庄子》、《孟子》和《学记》等先秦经典中精选出《“易老孔庄孟学”典要》，散布在某一学期十五周（减去期中考试、期末考试和节假日）的教育教学之中。类似地，学校还可以把唐诗、宋词、诗经、元曲、楚辞、汉赋、史记，做成典要，融入日常的教育教学过程之中，参见表009中的典要课程设置，其课程标准“底蕴＋境界”，操作标准是“了解/理解→朗诵→背诵→默写”。

表 009 《基础国学》典要课程设置

学期	3.1	4.1	5.1	6.1	7.1	8.1
文体	唐诗	宋词	诗经	元曲	辞赋	史记
01	江雪	无言独上西楼	关雎	秋思	离骚01	殷本纪：汤出
02	梦游天姥吟留别	春花秋月何时了	螽斯	洞庭湖	离骚02	孙子吴起列传：武侯浮西河而下
03	过故人庄	四十年来家国	桃夭	小桃红	离骚03	货殖列传：太史公曰
04	长恨歌	帘外雨潺潺	芣苢	七月	离骚04	管晏列传：晏平仲婴者
05	送孟浩然之广陵	寒蝉凄切	汉广	讥时	离骚05	循吏列传：公仪休者
06	兵车行	东南形胜	伯兮	别情	离骚06	周本纪：褒姒不好笑
07	钱塘湖春行	伫倚危楼风细细	木瓜	风飘飘	离骚07	汲郑列传：天子方招文学儒者
08	伤田家	候馆梅残	噫嘻	知几	离骚08	项羽本纪：项籍少时
09	听颖师弹琴	庭院深深深几许	蒹葭	咏大蝴蝶	离骚09	越王勾践世家：勾践之困会稽也

续表

学期	3.1	4.1	5.1	6.1	7.1	8.1
文体	唐诗	宋词	诗经	元曲	辞赋	史记
10	琵琶行	梦后楼台高锁	黄鸟	晨鸡初叫	离骚 10	陈涉世家：陈涉少时
11	登幽州台歌	花褪残红青杏小	无衣	悟世	离骚 11	扁鹊仓公列传：扁鹊过齐
12	渭城曲	似花还似非花	衡门	寄兴	离骚 12	滑稽列传：淳于髡者
13	橡媪叹	大江东去	月出	即事	离骚 13	高祖本纪：高祖置酒雒阳南宫
14	送武判官归京	老夫聊发少年狂	黍离	悲秋	离骚 14	屈原贾生列传：屈原至于江滨
15	燕歌行	明月几时有	伐檀	九日	离骚 15	张仪列传：庄子欲刺虎
16	送杜少府之任蜀川	十年生死两茫茫	七月	春情	橘颂	楚世家：人有遗其舍人一卮酒者
17	望岳	纤云弄巧	静女	夜雨	湘君	晋世家：盾遂奔
18	在狱咏蝉	昨夜雨疏风骤	风雨	咏江南	国殇	留侯世家：良尝闲从容步游
19	居秋瞑	常记溪亭日暮	子衿	潼关怀古	哀郢	商君列传：令行于民期年
20	泊秦淮	寻寻觅觅	溱洧	戒嫖荡	九辩 01	孙子吴起列传：孙子武者
21	鱼翁	薄雾浓云愁永昼	硕鼠	忆别	九辩 02	秦始皇本纪：赵高欲为乱
22	西塞山怀古	少年侠气	东山	归隐	九辩 03	李将军列传：太史公曰
23	茅屋为秋风所破歌	昨夜寒蛩不住鸣	式微	浔阳即景	天问 01	老子韩非列传：楚威王闻庄周贤
24	蝉	怒发冲冠	柏舟	秋夜吟	天问 02	齐太公世家：丁丑……
25	赤壁	红酥手	相鼠	鲁卿庵中	天问 03	宋微子世家：襄公与楚成王战

续表

学期	3.1	4.1	5.1	6.1	7.1	8.1
文体	唐诗	宋词	诗经	元曲	辞赋	史记
26	蜀道难	当年万里觅封候	鹿鸣	风情	好色赋	淮阴侯列传：何闻信亡……
27	锦瑟	楚天千里清秋	采薇	树杈椏	洛神赋	韩长孺列传：强弩之极
28	无题	东风夜放花千树	生民	道情	长门赋	春申君列传：物至则反
29	李凭箜篌引	郁孤台下清江水	于役	秋夜吟	吊屈原赋	李斯列传：李斯者
30	将进酒	淮左名都	氓	雪粉华	藤王阁序	刺客列传：骐骥盛壮之时
学期	3.2	4.2	5.2	6.2	7.2	8.2
文章	论语选	道德经	系辞	孟子选	庄子选	学记、中庸、兼爱、心经

《基础国学》典要课程主要包括历代文学和先秦哲学。这是根据王国维的分法，而不是按“经子史集”的分法。历代文学包括《诗经》、《楚辞》、《汉赋》、《骈体文》、《唐诗》、《宋词》、《元曲》；先秦哲学包括《系辞》、《道德经》、《论语》、《庄子》、《孟子》、《学记》、《大学》、《中庸》、《劝学篇》、《兼爱》、《史记》、《心经》，目的是有利于师生沉淀文化底蕴和体悟人生境界。为便于教师在课堂上进行操作，这套典要课程包含十二板块，共六年十二个学期，例如，表009中的“3.1唐诗”是指：在小学三年级的第一学期的十五个教学周内，每周完成一长一短的精选唐诗，共三十首，其他板块依此类推。在少数民族地区，即使实施了上述典要课程设置也还不足够，还要有少数民族本文化的典要课程设置，类如《〈贝叶经〉选读》、《东巴文选读》等。然而，中国目前的德育缺乏足够的国学优良传统教育和少数民族优秀传统文化教育，因而民族文化的精髓，很难扎根于受教育者的人格

修养之中，反而是受教育者深受个人至上、功利主义、“我对他者”等西方二元对立的世界观的影响。各少数民族文化的精华，也因其民语母语教育在校的缺位而不能更有效地传承。

作为家庭教育实施者的家长，很多时候都没有把教育子女如何做人的德育工作放在首位；很多少数民族家庭的家长也因为应试的指挥棒的作用而不得不忽略对孩子进行一贯的本民族优秀传统文化教育。少数的学校教育工作者缺乏对受教育者的关爱，甚至有的教育管理者私心偏重，常以一已之利为利，而未使受教育者受其利、释其害，甚至与三百年前黄宗羲（1610—1695）提出的为人标准大相径庭（黄宗羲的原句为：“不以一已之利为利，而使天下受其利；不以一已之害为害，而使天下释其害”），对学校德育工作没有尽心尽力，而是任由受教育者道德滑坡，从而使教育失善。

面对西方超级发达国家的文化殖民，尤其是一些学校的德育工作流于形式、贫乏无力。如果单对校内的德育工作者来说，造成这种局面的原因可归结为以下的主要三点：一是有些教育者虽然不缺乏对受教育者的关爱，即不缺乏教育爱，但缺乏有效的心理学方法，不能恰切地把握和利用教育规律，即有教育爱、但无教育之道；二是有的教育者迷失了对教育本原的忠诚，一“钱”障目，为教育商品化推波助澜，而没有抓住教育的文化之根本；三是教育者本身就缺乏实施德育所必须的传统文化根性和国学学力。例如，很多一线教师比较认可这样一句英文：Tell me，I forget；Show me，I remember；Involve me，I understand. 并翻译成：“告诉我的，我忘了；给我看的，我记住了，让我参与的，我理解了。”殊不知，那句英文是外国朋友从《论语》中翻译过去的，原文是：“知之者，不如好之者；好之者，不如乐之者也”（《论语・雍也》）每当笔者向语文科任老师问起“乐之者也”中的“乐”、“有朋自远方来，不亦乐乎？”（《论语・学而》）中的

“乐”和“人不堪其忧，回也不改其乐”（《论语·雍也》）中的“乐”都是怎么个“乐”法？大多数老师都不能贯穿《论语》全书“以孔解孔”地加以解释。外国朋友缺乏中华文化底蕴，那样理解也罢，但我们作为教师的国人也跟着东施效颦就贻笑大方了。可见，我们的老师确实要加强培训，以加强国学学力。

另外，在中国少数民族地区，尤其是边疆农村地区，摆脱和抵御教育殖民化的任务十分艰巨，因为针对跨境民族，存在着边疆少数民族地区跨境教育的复杂现象。例如，在云南省德宏傣族景颇族自治州潞西市的边境线上的小学，就有中国国籍的孩子到缅甸去上学的情况，但更多的是缅甸的孩子来中国上学的情况。当地教育局和学校都能妥善处理此种情况的各种事宜，既能做到有效交流与互动，也能尽其所能地做些抵制文化殖民和反殖民的事情。例如，在潞西市中山乡，中心的校长和老师都在极力地让更多的特困儿童得到中国一方的捐助，以“抢占”儿童的精神空间，不至于儿童被过早地“西化”。再如，有的学校接纳外籍儿童入学，学的是中国课程，升的是中国国旗，戴的是五星红旗的一角和团徽，与境外势力的宣传单、广播电视、校外成人课程培训，形成鲜明对照和反差。

抵御西方文化殖民是我们保护本民族文化和为了国家安全而不得不负的责任。例如，笔者在调研期间正赶上潞西市政府妥善处置边疆农场和糖厂群众集体上访事件，政府官员包括教育局行政人员几乎全体出动，日夜守护在一线的临时岗位上。据说该事件有国外势力的渗透，而从抵御西方文化殖民和从国家安全防御的角度来考虑，我们首先要有国家安全意识和长远眼光。在云南省怒江傈僳族自治州贡山县的那个地方，境内只有7000多人的独龙族人居住在边境的独龙乡，那里每年都有半年的封山期，是一种“千山鸟飞绝”的境地，自然条件恶劣，生存条件极其艰苦，很多教师都因为吃不消那份辛苦、难耐那份孤独而选择离开。那里的许多孩子的一生理想就是有朝一日能到县城（贡山）逛逛，因此有些男孩子就试图结伴逃学，打算花上三天三夜去县城，结果都是被校长、老师和家长追了回来……当有人问：既然不适于生存，那么，为什么不让那里的人都迁移出来呢？我们的教育局局长回答说：只要那里有中国人常年居住，那里就是中国的领土，而有人的地方，就应该有教育。

“不利于民族团结的因素都是国家安全的重要诱因”，主要包括：不正常的民族认同、民族差别与事实上的不平等、国家的民族政策和协调能力、全球化致使的民族问题国际化。[①] 2009 年 1 月，笔者率领六位研究生和一位本科生沿云南边境进行调研。在调研所用的 1.5 万份共六种问卷中，有两道开放题是这样探询被调研者关于国家安全的意向和思想意识的：

①近年来，某大国某组织机构到我们某少数民族地区大量收购（用大卡车装运）该少数民族传统服装，并扬言：“20 年后，你们若要研究这个民族的服装，请到我们国家来研究！”

您怎样看待这一现象？

②如果某教堂捐助所在地区少数民族特困儿童（小学生）每年 350 元，捐助的特困面很大，与此同时，境内某一公益组织捐赠少数民族特困儿童（小学生）每年 600 元，但捐助的特困面很小，您对这一现象引出的后果有何看法？

问卷统计结果表明：大多数问卷填写者都有较强的民族文化保护和国家安全意识。

摆脱教育殖民化的积极方式是增强文化多样性，因为文化多样性意味着生机盎然。例如，生物多样性显现宇宙生命的创生，文化多样性本显地球人类的生机。一国之政府及其所领导的学校

① 徐祗朋：《当代民族主义与边疆安全》，民族出版社，2009 年，第 34－36 页。

要为少数民族同胞的民语存续及其文化承载进行制度性安排。作为文化传承的主要渠道之一的学校，必然肩负着传递少数民族优秀文化的重要使命。然而，在全球化的冲击下，少数民族文化在学校教育中不断地流失与失真。很多的少数民族的学生已经渐渐忘记了本民族的文化传统，对自己的民族文化已知之甚少，因为他们很少有机会接触自己民族的历史和文化。

中国是一个由56个民族组成的中华民族大家庭，每个民族都在其具体的自然环境和漫长的历史进程中，通过无数代、无数人的实践和摸索，积累起了各自独特的文化。如果没有文化的积淀和传承，一个民族就会止步不前。云南省是全国少数民族种类最多的省份，被称为“天然的民族博物馆”，那里聚居了全国25个少数民族，各少数民族都有其独特和优秀的民族文化，如语言、文字、服饰、风俗习惯、宗教、建筑艺术、音乐、舞蹈、体育、节日庆典、生活方式等。他们文化传承的方式也多种多样，包括学校教育、家庭教育、社会教育等，而学校仍然是少数民族文化传承的主要场所，是传承少数民族文化的主要渠道。

据笔者的彝族研究生饶赟所说，在她的家乡云南省元阳县，一个拥有哈尼族人口65%的民族聚居县，县级中学和小学在学校教育主要用普通话教学，少数民族教师和学生很多不会讲本民族语言，更不会用他们的文字；有些学校即使实施双语教学，民语也只是作为学习汉语或英语的工具，只起辅助作用。西双版纳傣族自治州政协副主席李永义就很为傣语仅作为学习汉语的工具而表示担忧。他认为学校要肩负起对民族文化的传承，不仅是领导及教师在认识上要加以重视，而且政府要有相应的得力政策和措施。勐海县教育局的高主任就很惋惜傣族的《贝叶经》几近失传，因为越来越少的人能读懂，几乎不能传承。还有很多的民族优秀文化，如布朗族的茶工艺、基诺族的太阳鼓舞等，若不加以重视，则会消逝得很快，因为现在的社会变得更加功利了，高考，棒喝着民族文化生机，因为学校要保证升学率，而少数民族优秀传统文化又与升学考试无关。

总之，教育是持守民族文化精粹之根、增厚民族文化底蕴、不断提高受教育者道德水平的必由之径。学校和教育者要馈赠学生以国学精粹，国人教师要增强国学学力。如果任由西方文化殖民新生一代的精神家园，中华民族文化的精华根性就会持续消隐、素质教育就会无根。

2. 夯实民族素质教育之根

与政治存在和经济存在相比，文化存在是更根本的存在。既然最根本的存在是文化的存在，那么，就有必要让少数民族文化正规地进入中小学课堂，因而有必要九年一贯地开设诸如民族舞蹈、民族音乐、民族历史、民族文学等方面的课程。在少数民族师生的意向选择中，他们首选的是民族舞蹈，其次分别是民族音乐、民族历史、民族文学。如果有一天这些选择能兑现为现实，那么，少数民族文化存在的那种根本性就会在学校中大面积地显现。我们翘首以待。

笔者经过调研发现，在云南省一些少数民族聚居区义务教育阶段的小学和初中阶段，在宏观上几乎都未体现出民族教育特色，与全国其他地方相比，在办学模式、教学方式以及教学目标上，基本上没有什么区别，是全国统一的。不过在一些细微之处，该项调研发现了一些民族教育特色。例如，云南省的一些民族小学和初中正在把本民族音乐和舞蹈引入校园。云南省德宏傣族景颇族自治潞西市把傣族的葫芦丝音乐引入小学音乐课堂，但还没有大面积展开，因为缺乏足够的葫芦丝乐手。笔者曾建议潞西市教育局设岗聘任校际专职流动乐手教师，但也存在着编制和机制的问题。另外，云南民族地区的大多数中小学，在课间操的编排上，没有机械地安排学生做全国统一的广播体操，而是将这些地区的一些民族舞蹈融入了课间操，并且与全国统一的广播体操轮换（周一、周三、周五，或周二、周六），例如，德宏傣族景颇族自治州和西双版纳傣族自治州的一些中小学，将傣族舞蹈、傈僳族舞蹈和基诺族舞蹈融进了课间操。

素质教育是指教育者面向全体受教育者，从其先天素质和后天素质的统一性出发、兼顾其共性与个性，贯穿其人生全程，使其全面、充分、和谐发展的创造性教育，即人自身质的进化所展现的各种生命形式和社会化的那一切。在受教育者的先天素质中，虽然含有人类复演的文化素质成分，但这种先天素质成分不是人类个体作为一种文化性存在的决定性成分，决定性成分在于后天培养的文化素质成分。如果素质教育缺乏后天培养的文化素质成分，那么，素质教育则无根、人类个体的文化性存在就是一种羸弱的存在。文化根性是植根于人内心的文化本质，包括精华和糟粕。观其精华，中华各民族传统文化的根性，因为西方文化殖民主义的侵袭而有消失隐遁的危险。

就中华主体文化来说，中华文化根性精华的主要构成是儒、墨、道三家的合金，其中以儒家为主。就儒家而言，中华文化主要表现为自强不息之“有为”、强烈的社会责任感和作为爱国主义精神根源的民族意识；就墨家来说，主要表现为公而忘私的自我牺牲精神和探索自然、明辨真伪的科学精神；就道家来说，主要表现为对个性之自由主义精神和批判精神。[①] 如果以人与自然、人与社会（民族和国家）、人与他人、人与自身的关系和谐为标准，来挖掘中国传统文化的基本精神，即文化根性的精髓，并从教育的角度来看，中国传统文化的基本精神是：天人协调、自强不息、贵和尚中、矢志爱国、敬老爱幼、诚信待人、勤劳节

① 张岱年著：《文化与价值》，新华出版社，2004 年，第 95—96 页。

俭、慎独自爱等。[①] 天人协调，剔除了封建伦理的束缚，非指天道与人道的统一，而是指自然生成万物、人因为是自然的一部分而与自然协调；自强不息，是指“天行健”般地顽强不屈、不断进取、自力更生、团结奋斗的精神，“天行健，君子以自强不息”（《易·乾》）表达着生命意志的坚不可摧；贵和尚中，是指因重和谐而主张“和而不同”和“中庸”，强调不同之融合以及不偏不倚、不走极端；矢志爱国，剔除了封建伦理的束缚，非指“纲常”之忠诚，而是指忧国忧民的爱国主义精神，表现在中华民族的大团结上、中国领土的统一上和对中华文化的认同上；诚信待人，是指以诚信的道德准则来调节人际关系的道德情操，也是调节国际关系，以促进世界和平的道德准则；勤劳节俭，是指勤劳致富、节俭使国家可持续发展、从而使富足长久的文化美德；慎独自爱，是指人在他人无所察知之时自觉遵守道德规范、在“富贵”、“贫贱”和“威武”之时尊重自己的人格和保持气节的精神境界和最高的人格品质[②]。下面以尊重文化根性，即以教育者忠诚于人民的教育事业，进而忠诚于民族的文化存在为标准，仅就中华文化根性中的天人协调、敬老爱幼、贵和尚中三个方面的消隐，来指明素质教育不可无根。

天人协调不同于天人合一。天人协调强调人与自然和谐，而天人合一实际上是唯人中心，因为“中国儒学所主张的‘天人合一’并非是对自然的态度，而是儒学伦理思想的一部分，是用天道来解释人道，用天道来为人道服务”[③]，即天道显示出的“天意通过老百姓的抉择表现自己。所以搞清了人道也就明白了天

① 顾明远著：《中国教育的文化基础》，山西教育出版社，2004年，第70页。

② 顾明远著：《中国教育的文化基础》，山西教育出版社，2004年，第70－80页。

③ 顾明远著：《中国教育的文化基础》，山西教育出版社，2004年，第71页。

道。人间有什么规律，你就去实践这种规律，天总是会给你作证的”[①]。天人协调是指人与自然的协调与融通，可从类似于“我即树、树即我”的禅语中得到领悟：不讲求主客体的差别与对立，而是主客体相互渗透、天地人三才统一。人只有摒弃“唯我独尊”和“唯人中心”与树（这里代表自然万物）“和其光、同其尘”（《老子·道冲》），才能与自然为善、才能与自然和谐。

敬老爱幼是中华民族的传统美德。当然，并非人人都能达到孔子主张的“仁”的状态，但“仁者”则是必定要具有这种传统美德的，[②] 即能做到“忠”和“恕”，从而保持正义之善。然而，文化根性消隐，使目前中国的一些教育者对学生缺乏足够的关爱，一定程度上导致受教育者道德滑坡、缺乏对他人及社会的关心、对老人不恭不敬的现象也日长。

贵和尚中，包括和而不同与中庸。在东西方文化相互的关系上，各民族国家普遍倾向于文化上的相互交流，取长补短，共荣共生，因为“和”乃是不同文化成分的互利互助的共存状态，而不是同样文化成分的简单集合或共存。[③] 同时，各民族国家非常关注各自的文化身份相互认同，而反对文化价值观的强加，尤其反对工具理性猖獗的“西化”和“分化”。

就中华各少数民族文化来说，各民族都有其文化根性。作为人民意志总代表的国家代表着民意，在法律、政策及其执行的过程中，要看是在哪一级的“管理”上，或曰“为人民服务”方面，出现偏差，即没有进行有效的制度性安排。也可以进一步考虑，能否将少数民族文化纳入国家课程，能否把少数民族优秀文

---

① 周春生著：《直觉与东西方文化》，上海人民出版社，2001 年，第 284 页。

② 张祥龙著：《海德格尔思想与中国天道——终极视域的开启与交融》，生活·读书·新知三联书店，1996 年，第 248 页。

③ [美] 倪培民著：《儒家文化与全球性的对话与和谐》，载哈佛燕京学社：《全球化与文明对话》，江苏教育出版社，2004 年，第 306 页。

化按绝对的比例安排到高考应试之中？文化的传承要凭借语言作为载体，而文化身份认同的基础是文化的个性。如果中国的学校所教所学的汉语和民语无时不刻地受着英语的挤兑，那么，汉语和民语之“文以载道”的功能就会衰减：不是形上之道统领形下之器，而是形下之器在左右形上之道。如果教育者因失忠于民族文化精华根性而使民族素质教育无根，那么，他们将“培养”出一批批重功利而轻修养、逐名利而无境界，对“修身、齐家、治国、平天下”置若惘然的片面发展之人。

以上我们按“教育忠诚”之“尽心尽力、有益于民”的教育批判标准，讨论了“摆脱教育殖民化”和“扎实民族素质教育之根”两个问题。这关系到教育臻善。

首先，为沉淀学生的文化底蕴，教育者要注意哪些是国粹，哪些是本民族文化的特质精品，在学生时间有限的情况下，该如何进行课程设置。

其次，广大教师该如何增强自己的国学学力，为增强教师的国学学力，师范院校该如何进行师资培养，培训者该如何进行师资培训。

最后，基础教育课程的决策者和设计者该如何通过新课程改革来增加学生文化底蕴，为实施正宗的、实效的素质教育尽心尽力，从而有益于民。

总之，教育者要真正做到教育忠诚，忠诚党的教育事业，为人民服务，就要为摆脱教育殖民化和扎实民族素质教育之根而尽心尽力、有益于民。

二、不失信于民

教育诚信的两个标准是：符合规则和促进发展。只要违反其中的任何一个，就会导致教育失善。教育官僚化，内外因皆有，内因为主，是“人治主义”，外因为辅，是猖獗工具理性主使的“技治主义”。外因虽为辅，但引发仕欲膨胀的是内因，仕欲膨胀导致非发展性的教育以及人才误用，进而导致教育行政人员不追求发展性评价，教师无心无力于发展性教学，受教育者的充分发展得不到促进，因而失信于民。

1. 克服教育官僚化

教育官僚化，是教育管理者在缺乏专业技术能力的同时，却凭借官僚制的强制力量和僵化的规则非发展性地对待被管理者，从而造成教育关系被钳制，进而教育生机被扼制的一种教育异化现象。钱权系统之所以凭靠猖獗的工具理性凌驾于生活世界之上，是因为其中的经济力量畸变为资本主义的拜金力量和契约力量，政治力量通过猖獗的工具理性（非启蒙的工具理性和非科学的工具理性）强化了“人治主义”的力量而畸变为官僚制的强制力量，钳制着主体间的生产关系。

关于官僚制的定义，国内外学者意见不一。国内学者大多都从更宽泛的意义上理解官僚制，即官僚政治制度。[①] 在韦伯（M. Weber，1864—1920）看来，官僚制具有一定的结构性特征和程序性特征，即高度效率性、权威性和持续扩张性，强调合理合法地利用集权、监督以及加强责任制的方法来改善行政绩效，但韦伯的不足之处是他过于理想化地高估了官僚行为的理性成分，而未考虑不同社会之间存在的巨大的文化差异，也不理解在

① 吴宗国著：《中国古代官僚政治制度研究》，北京大学出版社，2004年，绪论，第1页。

何种程度上专业分工与正式科层权威相冲突。[①] 对此，本尼斯（W. Bennis，1925—）指出的官僚制特点更为广大学者所接受。他认为，在我们所处的现实世界里，官僚化的管理者缺乏技术能力，却凭借愚蠢的规则而独断，非人性地对待部属。[②]

官僚制的强制有其两面性：当其中的工具理性是合理而又科学的，它有利于科层管理；但当工具理性猖獗，它会殖民着生活世界和导致专制的管理。在政治上，现代的民族国家，无论是资本主义私有制的西方发达国家，还是以社会主义公有制为主体的中国，都有其强制和民主两面性。对社会主义中国来说，强制是对反动势力和违法者的强制，民主是对人民的民主。以政治制度来论，社会主义中国具有资本主义国家无法比拟的优越性，其关键在于国体、政体及其宪法原则。如果按孙中山（1866—1925）的民权主义来理解，政治包含政权与治权，政权是人民权——人民管理政府，治权是政府权——政府为人民服务，而政权与治权的分离可以起到资本主义国家代议制起不到的作用。[③] 但是，官僚制强制的本性与一些特定的因素结合后就会非常嚣张，如封建主义的毒素与资本主义的毒素相结合以后的"人治主义"和"技治主义"，使少数教育管理者把人民赋予的权力"当作个人权力而非'职权'来处置"[④]、滥用手中的权力、不能很好地处理

① ［美］戴维·H. 罗森布鲁姆、罗伯特·S. 克拉夫丘克著，张成福等校译：《公共行政学：管理、政治和法律的途径》（第五版），中国人民大学出版社，2002年，第154—157页、第158—159页。

② Transferred from Warren Bennis. Beyond Bureaucracy，Transaction 2（July/August1965）：p. 32.

③ 孙中山著：《三民主义》，载《孙中山选集》，人民出版社，1981年，第791页，转引自唐文明著：《与命与仁——原始儒家伦理精神与现代性问题》，河北大学出版社，2002年，第277页。

④ ［英］安东尼·吉登斯著，胡宗泽、赵力涛译：《民族—国家与暴力》，生活·读书·新知三联书店，1998年，第80页。

“管理”与“服务”的关系，在行使职权时，不是为人民服务，而是治理人民，使人民为之服务。

对教育管理起消极作用的官僚制强制，因为有“人治主义”与“技治主义”相结合，所以，就引发出仕欲膨胀，即少数教育管理者为升官晋级而图“政绩”的权欲弥张。权欲弥张，意味着对仕途升迁有着过分的欲求。有的人虽然被“利害”罩住，但趋利之心不过分，还符合哈贝马斯所说的社会世界之正当性和内心世界之诚实性，而权欲弥张者则以一己之利为利。如果仅以一己之利为利，必然导致不能妥善处理管理与服务的关系、不能很好地做到执政为民。这就意味着他们会失信于民，因为他们没有用好人民赋予的权力。少数教育管理者仕欲膨胀的外因是工具理性猖獗，即最经济地计算着把手段应用于自利的目的，并把这一过程所凭靠的合理性，肆意地渗透到包括教学在内的所有教育领域。例如，有的教育管理者，为了突出自己的管理业绩，在进行教师绩效评价时，把一些所谓“科学”而“合理”的非发展性指标，机械地作为测评教师绩效的工具手段，践行的是“技治主义”。再如，有的教育管理者，为了保官和升迁、为了稳定自己的“势力范围”而要利用虚假民主来推举和评定其“势力范围”内的下属作为“先进”、“标兵”和“学科带头人”，结果是玩弄了科学、践踏了民主，践行的是“人治主义”，而有动力作用的猖獗的工具理性和非人性化的技术，一旦与致仕的欲望相结合，致仕的欲望就会膨胀，犹如注射器里推压出的浆糊，会在出口处骤然变粗，发生“射流膨胀”现象（用一支注射器不加针头，如果射水，会流出一条细水线，若用浆糊则在射出的瞬间，流变体在出口处变粗，如图 044 所示。

如果说旧中国的官员因滥用管理权力而一次次地失去民心，是由旧的社会制度所决定的话，那么，社会主义中国的少数教育管理者，也会失去教师的民心支持。一是因为没有把价值无涉的第三方对公立教育进行管理绩效或服务绩效的评估，二是因为有少数教育管理者没有把自己定位是为人民的服务者。他们最关心的是工具的应用和自己的“政绩”，而“政绩”的背后是膨胀的致仕欲望，更有甚者，一些教育管理者既是“学霸”，又是“权霸”，二者相得益彰，类如“两栖类动物”，鱼与熊掌兼得，学术权力与行政权力兼容。教育管理者的致仕欲望膨胀，使其失信于民、破坏了教育关系的和谐、导致教育失善。借用韦伯的话来说，“想象有一天这个世界完全被那些‘小螺丝钉’所充斥，这些小人物附着于微小职位，并为了爬到更高的位置而终日忙忙碌碌，那是多么可怕的一幅情景”①。

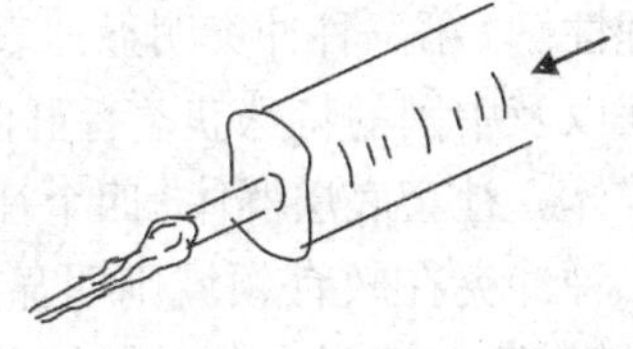
图 044　射流膨胀

对教育管理起消极作用的官僚制强制，具有非专业化的特点，但却凭借非发展性的规则而评价，因为教育管理者的仕欲膨胀和自身缺乏专业化的管理技术，所以，误用人才，即少数教育管理者任由或任用专业人员做非专业工作、非专业人员做专业工作、给予专业人员以非专业的不公正评价的一种教育管理失效现象。

这种教育管理失效的社会背景主要是中国自经济转轨以来、尤其在成功加入世贸组织之后，面临着两大冲突：一是生产力提高、经济高速增长、谋利之生产与平衡生产关系、进行公平地再分配之间的冲突；二是在高度效率的组织中，专家对组织成员的要求与组织成员自我做主的要求之间的冲突。资本主义全球化扩张把这两种冲突赤裸裸地呈现了出来，暴露了资本主义本质的非

① Transferred from Reinhard Bendix, Max Weber. An Intellectual Portait (Garden City, N. Y.; Doubleday, 1962), p. 464.

理性。[①] 第一种冲突明显地表现在中国的东、中、西三大区域之间以及中国的特殊获益者群体、普通获益者群体、利益相对受损群体、社会底层群体[②]四个社会利益群体之间的贫富差距上。第二种冲突在教育领域则明显地表现在教育管理层（“学霸”且“权霸”双栖类）与教师群体（批判教育学意义下的被压迫者）之间的僵化关系之中。这如同韦伯所说，“只是借助一种以指令式的管理来取代自我调整的市场法则，这其实只能‘减轻’问题的尖锐程度，在今天说来它代表了彻底的官僚化。除非人们准备忍受着一种非专业性的管理形式，不计较其可能带来的巨大损失，否则社会主义仍然解决不了第二个问题”[③]。正是这种非专业化的和非发展性的管理形式，才导致在教育领域内发生人才误用的管理失效现象。人才误用原指某一社会组织的管理人员，由于自身缺乏足够的专业性知识和能力，加之受裙带关系的左右，不能根据所用人才的才能安排以适当的位置，或安排了所用人才处于适当的位置，但没有给予公正的评价，即两种情形都不能做到人尽其才。在中国目前的一些大学里，人才误用的表现主要有以下两个方面：一是专业人员从事非专业工作或非专业人员从事专业工作，即专业人员边缘化；二是给予专业人员的评价有些是非公正的评价，从而使专业人员离心化。现代教育必须适应不断分化和细化的专业化分工，然而，教育领域内的外行领导内行、专业人员从事非专业工作、非专业人员从事专业工作等状况都是对这种细化的分工的一种反动，从而使专业人员边缘化和离心化。教育领域内的非专业人员缺乏对教育规律的把握，对教学规

---

① ［德］施路赫特著，顾忠华译：《理性化与官僚化——对韦伯之研究与诠释》，广西师范大学出版社，2004 年，第 65—66 页。

② 李强著：《社会分层与贫富差别》，鹭江出版社，2000 年，第 104—118 页。

③ ［德］施路赫特著，顾忠华译：《理性化与官僚化——对韦伯之研究与诠释》，广西师范大学出版社，2004 年，第 66 页。

律也知之甚少，因而在教育决策时，经常有失远见，或因违背教育规律而常常顾此失彼、遮蔽教育本原、扼制教育生机。在教育领域和学校事务中，非专业人员考虑自己利益的时候居多，关注的是权力平衡，而很少考虑专业化所生出的效率。使老板成为老板的是钱，同样，使官僚成为官僚的是权。“使企业家成为工业上发号施令者的不是他技术上的优越能力，而是简单的事实——他是资本家。同样地，使得官僚成为政治上发号施令者的不是他的专业资格，而是因为他属于支配阶级中的干部”①。

2. 追求发展性教育教学

这里所说的发展性教育教学，包括发展性评价和发展性教学。如果某种规则不成其为规则，那就根本不用说符合。社会规则至少是由同类的人共同约定，否则，也谈不上符合。非发展性评价指标就当属此列。所谓非发展性评价是指给予专业人员的评价由于缺乏专业技术的有效支撑而给被评者带来不公正，从而使专业人员离心化，对评与被评双方及其所共在的领域或行业都带来负发展的效应。在教育领域内的非发展性评价会挫伤教师的积极性，从而不利于学生的充分发展。教育是一种繁纷复杂的精神生产和培养人的社会活动，绝对不能机械地加以衡量。以民族地区中小学教师教学效果评价为例，如果教育管理者为了所谓的效率和“政绩”而把非发展性的学生成绩之“游标卡尺”来衡量教师的绩效，那么，势必因教育管理的非发展性而引起教师的不满，因为非发展性评价的指标被广大教师视为大马斯特斯的“铁床”（在希腊神话中，残酷的客店强盗、铁床匪大马斯特斯有两张床，一张很长，一张很短。如果过往的陌生人是个小个子，他

---

① ［德］施路赫特著，顾忠华译：《理性化与官僚化——对韦伯之研究与诠释》，广西师范大学出版社，2004年，第62页。

就把陌生人的肢体全部拉开，直到陌生人断气为止；如果来的过客人高马大，他就把客人的脚砍掉，直到客人跟那张床正好适合为止)①，认为自己被所谓的规范性和教育管理者无休止的工具性估算所左右，致使教师个人为了生存而产生被迫的消极适应性，产生职业倦怠和离心化倾向。

再以大学教师教学效果评价为例，目前国内有些大学所采用的教师教学效果评价指标存在着许多不尽科学和非人本之处，缺乏明确的师范性（如尊重、启发、激励）和学术性（如学科结构与认知结构相结合等）的维度，尤其是评价指标因缺乏简约性概括而数目过多和由于存在着自相矛盾之处而有失公正。例如，有的学校给学生使用的教师教学效果评价指标达二十八项之多，违反学生评价心理负载的限量，与加拿大阿尔伯塔大学（The University of Alberta）现在使用的评价指标（如表010所示）相比较，就可以看出二十八项评价指标的烦琐。又如，“无论课上或课下老师与我们都有充分接触”这样的教师绩效评价指标是有失公正的。实际上，绝大多数教师是愿意与学生充分接触的，但随着招生规模不断扩大，高校生师比变大，授公共课的教师有的甚至要面临1对200名左右学生的大型教学班。如果不缩小班级规模或不更改教师绩效评价中类如上述的指标，那么，对参评的教师来说是不公正的，因为这种自相矛盾的教学绩效评价，违背了《中华人民共和国教师法》第二十三条之规定：“考核应当客观、公正、准确，充分听取教师本人、其他教师以及学生的意见”，也侵犯了教师权益，因为按《中华人民共和国教师法》第二十四条之规定，即“教师考核结果是受聘任教、晋升工资、实施奖惩的依据”，即学校在教师竞聘岗位和职称评定时，是要把教师绩

① ［德］古斯塔夫·斯瓦布著，曹乃云译：《希腊古典神话》，译林出版社，1995年，第242—243页。

效评价的结果作为条件之一的。这种非专业化、非发展性的评价使教师产生离心倾向。

表 010　加拿大阿尔伯塔大学课程评价量表（学生用）

	SD	D	N	A	SA
1. 课程的目的和目标清楚	①	②	③	④	⑤
2. 课堂时间的使用有效	①	②	③	④	⑤
3. 老师激发了我拓展关于主题领域的学习动机	①	②	③	④	⑤
4. 在这门课程中，我增长了关于主题领域的知识	①	②	③	④	⑤
5. 总之，这门课程的内容质量卓越	①	②	③	④	⑤
6. 老师讲解清楚	①	②	③	④	⑤
7. 老师精心备课	①	②	③	④	⑤
8. 老师尊重学生	①	②	③	④	⑤
9. 老师通过这门课程提供建设性的反馈	①	②	③	④	⑤
10. 老师尽心尽力地创造和维持互相尊重的气氛	①	②	③	④	⑤
11. 总之，这位老师很优秀	①	②	③	④	⑤

请在问卷的背面回答下列问题：
A. 你最喜欢这门课程的哪些方面？
B. 你最不喜欢这门课程的哪些方面？

注：SD＝坚决不同意；D＝不同意；N＝无所谓；A＝同意；SA＝坚决同意；

资料来源：由中国教育部外专局组织的中国高校领导赴外考察团（2005 年 5 月 28 日至 6 月 28 日）提供（英文原文）。

非发展性评价的背后是私利的角逐与持守。为了私利，更有甚者不惜对别人阴损阴为。何故？因为在这些人看来，不阴损就不能活得有滋有味。巧妙躲着敌人子弹冲锋的战士不幸因中弹而倒下，他无怨无悔，但是，倘若他中了背后自己人的冷枪，他会死不瞑目。比较民族教育研究，需要用人类学的视角，以比较法为主要研究方法，进行田野实践研究，因为“人类学家远非只是在旅馆观看民间舞蹈，而是会竭力融入社区，数月或数年地参与其中，深深地扎入当地文化，并最终从中发现意义所在"①。这本来对民族教育比较研究及其该专业的研究生的田野实践来说是一条唯一正确的途径和路线，可是，当阴损的人站在自己的利益立场上进行势力争斗时，民族教育比较研究及其该专业的研究生的田野实践就会成为阴损的牺牲品。中国的大学在日益提高自己的学术研究水平，需要"精品"，需要带着某种"精神"的"精英"来打造的"精品"，需要更多、更深入的、更田野的比较民族教育研究，但是，阴损的人会对那些冲在队伍前面的人开冷枪的。阴损冷枪弹药的主要化学成分是：女研究生入田野实践所遇到的两类潜在的安全隐患（交通安全和女性安全），谁负责任？第一，研究生的奖学金评定，是否因研究生在田野一线不在学校而被阴损之人算计？第二，公对公的出行介绍信是否开？是否时段有效（至少两个民族的实践比较，一个民族所在学校至少要用半个学期）？第三，研究生导师被赋予第一责任人，可是第一责任人的权力在哪儿？谁来保障？等等，还有第四、第五……第一千零一。中华民族中的阴损之人倘若代表着中华所有阴损的民族劣根性，那么，如何以中华精品文化以及通过制度建设剔除之？老子曰："常无欲，以观其妙；常有欲，以观其徼"（《道德经·体道》）。

大学强调科研要出精品。大家知道，这样的正确提出是有针对性的，大家都知道中国目前社会科学的学术背景和氛围。但是，学院又提出研究生离校一个月以上要向研究生院请假。这个规定没有错误，但研究生外出做田野研究不是个人私自外出，难道教育管理者忘记了自己的职能之一了吗？这是自相矛盾：一方面要求靠田野研究做出"精品"，而另一方面却处处限制研究生

① ［美］詹姆斯·皮科克著，旺丽华译：《人类学透镜》，北京大学出版社，2009年，第48页。

做田野研究，甚至一分钱的研究经费都没有！笔者的一位研究生，作为志愿者自费前往地处偏远又封闭的独龙江乡支教做田野。她于 2009 年 8 月 15 日在家乡坐从湖南长沙到云南昆明的火车。那列火车晚点，在雨中的昆明火车站外等待，结果她没有赶上晚上由昆明到六库的夜间大巴，笔者和几个被救助的孩子也不得不等待在六库的旅馆里。事事不容易，她也是顶着压力去独龙江乡的：比如，她在独龙江乡做田野工作期间，其奖学金评定资格是否真的被剥夺？再如，离开学校一个学期，是否就按擅自离校对待？研究生田野工作的经费是否落实？

教育质量评价以学生为本，其中的教师教学效果评价应以教师为本。本着这种民主原则，学生评价教师教学效果的评价指标应该科学而且人本地度量教师的师范性和学术性，并在此基础上进行简约性概括。教师教学效果评价指标如果不能做到对特殊性因素进行简约性概括，就会“一刀切”，势必伤害教师的积极性，甚至侵犯教师的合法权益。比如，如果教师所任课是公共英语，讲授的是《大学英语》，那么，按某大学设定的第二十一条教师教学效果之评价标准，即“老师能充分讨论本学科领域目前的发展趋势”来评价教师的教学效果，显然是不公正的，因为教授公共英语的教师，无法充分讨论英语语言本身目前的发展趋势。当然，十全十美的评价指标是不存在的，各学校应根据实际情况和不同的学科，具体问题具体分析。在学生评教指标中不能缺少师范性和学术性的维度，应该在氛围舒适、课程价值、关心学生、真诚尊重、激励学生、有效交流和课程组织①等方面去度量师范性和学术性，因为称职的教师应该把师范性与学术性统一于教学

① Reference to Suzanne Young & Dale G. Shaw. Profiles of Effective College and University Teachers in The Journal of Higher Education, Vol. 70, No. 6 (November/December 1999), pp. 670—684.

过程之中。可见，教育管理者应采用科学而简约的发展性评价指标，并把管理融于服务之中，使教师的积极性不受到挫伤，以使教育关系和谐。然而，实施科学而又简约的发展性评价，就首先需要克服教育官僚化及其官僚制强制的因素。否则，如果因为教师没有或不追求蓦然、浩然、澄明的教育境界，也就没有可能以美的超越来面对自身利益的损失，那么，教育专业人员（这里主要指教师）的边缘化和离心化现象则必定发生，从而使教育教学的绩效必定只停留在教育过程和教育结果的表面，因为从教者没有或根本就不关注使受教育者充分发展的教育理念和技术、不能通过实施发展性教学来激发受教育者的潜能、不能通过实施批判性教学，来启迪受教育者的批判意识，培养其批判思维、进而培养其创造性。

人之充分发展，有诸多的促进方略，其中，发展性教学可谓凤毛麟角，在俄罗斯基础教育的理论与实践中，富有成效。然而，这种教育教学理论的精华还未能被广大教师积极地吸取，甚为遗憾。发展性教学是促进人的德、智、体充分发展的教学，其核心理念是维果茨基提出的“最近发展区”。维果茨基认为，只有跑到儿童发展前面的教学才是好的教学，因为惯常的教学总是跟着儿童的发展走，而儿童发展的过程并不总是符合教学过程的，儿童发展的过程应该跟随着建立了最近发展区的教学①。发展性教学理论后来主要发展为赞科夫的一般发展理论和达维多夫的主导活动理论。前者重在儿童情、智、意的全面发展，后者偏重儿童理论思维的发展。一般发展理论强调理论知识占主导作用，其教学论思想的核心是教学要最大限度地引起和发展学生学习的内部诱因。主导活动理论以辩证唯物主义为哲学基础、以逻

① ［苏］Л. С. 维果茨基著，余震球选译：《学龄期儿童的教学和智力发展问题》，载《维果茨基教育论著选》，人民教育出版社，1994 年，第 403、第 406 页。

辑一心理学为依据，目标指向儿童最大可能的一般发展。为促进人之充分发展，教师还要有实施发展性教学的技术。教师如把学生德、智、体的现实发展水平规定为“必要的最近发展区”的下限，把学生将要达到的课程标准水平规定为“必要的最近发展区”的上限，即“可能的最近发展区”的下限，而把学生德、智、体的充分发展水平规定为“可能的最近发展区”的上限（如图 045 所示）的话，那么，可发现在可能的最近发展区，存在着学生充分发展的诸多领域的诸多潜能。如同一线老师所说要使学生“跳一跳”才能够得着树上的苹果。如果这些潜能因从教者没有发展性教学的理念和操作技术而被忽视，在某种意义上说，这也是误人子弟，也就是教育失善。

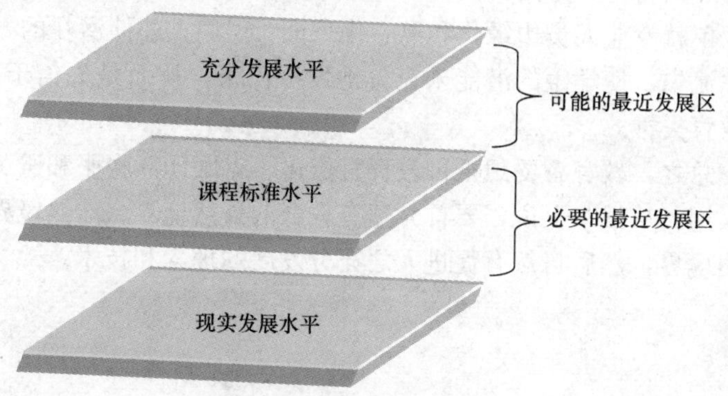

图 045　最近发展区上下限的确定

批判性教学可作为实现发展性教学的另一种有效技术手段。批判性教学得益于批判教育学的基本理念，其可贵之处在于它锋芒直指受教育者的创造性，当然也指向存在于“可能的最近发展区”限阈里的诸多其他潜能。批判性教学旨在启迪学生的批判意识和培养其批判思维，凭借在发展性教学的“可能的最近发展区”内挖掘潜能，而直指创造性，为提高学以致用能力做准备。批判意识的培养实质上是指受教育者的意识化过程。培养批判意识，重在激发学生警觉于钱权系统和独霸文化给人们的生活世界带来的双重殖民，也重在启迪学生对已然的客观知识进行“证伪”式的批评。用批判思维对陈述性知识进行重组，并为推动知识增长的创造性和促进社会转型的学以致用能力提供前提。处理好发展性教学、批判性教学、学以致用、创造性这四者关系，有助于有效促进人之充分发展和国家发展与社会发展。俄罗斯基础教育的成功，在微观上说，很大程度上归功于发展性教学及其在最近发展区内对儿童诸多潜能的培养。1957 年的苏联“卫星冲击”便是明证。美国教育的优势在于批判思维和创造性的培养，诸多诺贝尔奖的获得者就是明证。中国教育的长处表现在基础教育的经典与扎实方面，但在人之发展的充分性上，还需要加倍努力。单就专业人员边缘化和离心化来论，误用人才使潜在的教育资源流失、使学生的潜能未充分地发挥出来，从而是失信于民，使教育失善。

总之，教育者要想抵御教育官僚化、克服仕欲膨胀和避免人才误用，从根本上说，要首先蕴有教育的蓦然境界、浩然境界和澄明境界，然后自然有促进人之充分发展的理念和技术。

第八章　教育和谐

教育失美指的是教育有失公正，因而使教育关系不和谐，从而有损教育公共的一种教育败绩现象，而教育公正的标准是：教育公平和教育正义；教育公共的标准是：教育关系和谐、教育作为公共事业。下面选取“调整教育机会不均”和“平衡教育资源配置”为题，对全球化扩张如何威逼发展中国家的教育及其民族教育失去公正的外因进行清理；选取“道器结合与重树教师集体形象”和“抵御西方独霸文化”为题，对教育内外部关系如何受到商品化腐蚀和独霸文化侵略而失和的内外因进行清理。清理的结果是找到原因，而寻找原因的目的是探寻解脱现代性断裂困扰民族教育发展的途径。这就需要不仅在理念和技术的层面寻找途径，而且要在精神品格的层面寻找途径，即创造教育关系之美的和谐、追求教育境界之美的超越，从而在教育审美的王国里实现入世与出世的统一，让教育者和受教育者都追求或能蕴有蓦然、浩然、澄明的教育境界，以此作为解脱现代性断裂困扰民族教育发展的另一种途径。

一、克服有失公正的教育

全世界的任何民族国家都有教育失去公正的现象，因为诸如违反人权、阶层差异、种族歧视、历史和政策等内因和全球化扩张、独霸文化等外因都会导致一国之内的教育失去公正。教育有失公正的现象还经常由外部因素和内部因素共同所导致。作为外因的资本主义经济全球化扩张，使社会生态景观发生断裂，冲击着传统工业和农业以及教育，造成教育机会不均和教育资源配置失衡，而这种后果的内因往往是发展中国家在受国际垄断资本主义经济逼迫的情况下，由于历史的惯性和经济发展水平的限制，而没有采取及时的国策来遏止二元结构中城乡差距的拉大。

1. 调整教育机会不均

全球化扩张的资本主义本性有其历史渊源。20 世纪 70 年代，在开始第二次现代化进程之前的西方发达资本主义国家，因"滞胀"而陷入新的危机，资本主义面临抉择：或是进一步限制资本自由，使市场经济向人性化，或是从根本上消除国家疆界的局限，在民族国家的废墟上建立起资本绝对自由的帝国；因为新自由主义主张保护并扩大资本自由，完全适应了国家垄断资本主义向国际垄断资本主义发展的要求，所以，美国决心结束世界以民族国家划分的时代，把垄断资本主义推向全球，为全球化铸定了新自由主义的质地。① "冷战"结束以后，特别是在世贸组织成立以后，全球化扩张的这种残酷的资本主义本性尤为明显。作为超级发达国家的美国，垄断着世界金融，即在很大程度上决定着全球资金的流向和速度，使发展中国家的经济更容易受到国际资本的操纵和冲击。这种美国式的、残酷的资本主义及其"货币战争"，曾使作为高速工业化的韩国，在亚洲金融危机期间的短短几个月里失业人数就达到了创纪录的 200 万人，仅在 1997—1998 年破产的企业就达一万家，② 致使日本曾高速发展的经济在

① 王立强著：《肢解民族国家——为垄断资本提供更多的空间是新自由主义的根本目标》，载何秉孟主编：《新自由主义评析》，社会科学文献出版社，2004 年，第 126—127 页。

② ［德］赖纳·特茨拉夫主编，吴志成、韦苏等译：《全球化压力下的世界文化》，江西人民出版社，2001 年，第 13 页。

长达20年的时间内难以恢复元气。

全球化扩张还加剧着在发展中国家的三次文明浪潮的界限分野，并使发展中国家的社会生态景观发生了严重断裂。例如，北京中关村的高科技之光与石景山首钢的灰色基调和周遭广袤的农村形成鲜明对照：中关村“科技园区”的计算机、网络、软件、基因、生物技术、电子商务、白领和总裁之洋称谓CEO；中关村西南十几公里石景山“首钢”生产基地的灰色基调、轰鸣的机器（如果没有停产的话）、同时排放废气、废物产品和“下岗失业”的口头禅；在城市周边广袤农村，有家庭生产单位、小块耕地、主要由自己消费的农副产品和农民对高科产品的渴望。[①] 这种由现代性所鼓动的渴望，犹如能被“无管虹吸”（水可经细管从水缸中越过高点被引出，但当把细管入水的一端提高而离开水面，水则断流。如果将水换成番茄酱，再把伸入番茄酱的细管的一端稍稍提高，高出番茄酱表面时，即有一段是无管状态时，仍可保持虹吸现象）的番茄酱，虽然处于断裂的社会景观的下界，但依旧汩流不止，如图046所示。

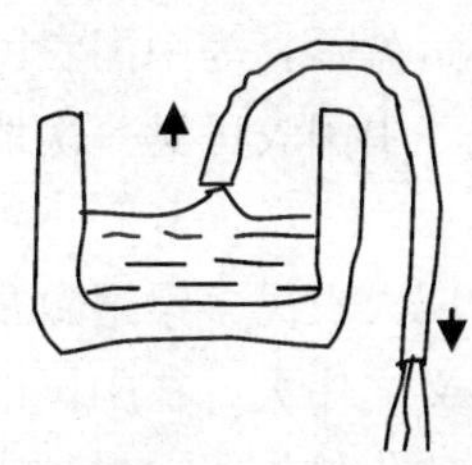
图046　无管虹吸

作为欲求主体的农民，受全球化扩张的冲击最为明显。他们在小块耕地上生活得越久，他们就越向往城市生活、渴望改善其生活的高科技产品、渴望自己的子女能通过接受良好的教育来改变生存状态，尤其是要改变自己的农民身份、离开家乡的土地，向城市进军。但是，中国的农民“自汉武帝即位以来，便成为

① 孙立平著：《断裂：20世纪90年代以来的中国社会》，社会科学文献出版社，2003年，第15页。

‘中国的悲哀’”①，因为旧中国历代政府在吃、穿、住等基本生活资料方面，需要依靠农民，但同时又不给予农民基本的生产资料和基本权利。直到中国共产党领导的土地革命时期和新中国成立以后，农民才有了自己的土地等基本生产资料，并且作为工农联盟的基础成员，在历史上第一次和工人阶级一起成为国家的主人。但是，在随后的年代里，中国的农民依然很穷，因为计划经济的体制钳制着广大农民的生产积极性，并且限制着他们潜在的致富与发展的空间。到了改革开放初期，中国安徽凤阳小岗村农民，冒着生命危险而敢为天下先，自发地签署“生死契约”，实行家庭联产承包责任制，分田包产到户，自负盈亏，为中国农民摆脱贫困、自足致富起到了范例作用。从此，中国农民又一次地“赢得”了自己的土地。

30 多年来，农村家庭联产承包责任制给广大农民多渠道致富奠定了最根本的基础，其作用之巨大和其意义之伟大，在中国的历史上不可低估；但是，伴随着资本主义全球化的扩张，耕种小块耕地，自产自销的农民，又遭受着资本主义经济全球化的冲击，同时，他们也认识到了自己的局限。于是，随着中国城市化进程的加快，大量农民开始涌入城市打工，自发地实现着农村剩余劳动力向城市的转移。当然，在当今中国，农村城市化、农业现代化（工业化）和农民接受现代教育（现代职业教育），是历史的必然趋势；但是，资本主义经济全球化扩张正在冲击着中国农村的自然经济，拉大了城市与农村、东中西部的区域性贫富差距。

“冷战”结束后，特别是在中国加入世贸组织以后，全球资本主义在客观上更加明显地逼迫着中国广大农村地区的经济发展，致使中国农业面临着巨大危险，加之政府也受到全球资本主

① ［英］阿诺德·汤因比著，徐波等译，马小军校：《人类与大地母亲——一部叙事体世界历史》，上海人民出版社，2001 年，第 596 页。

义以资金退出市场的威逼而不能迅速有效地平衡生产关系，再加上中国农村由来已久的贫困问题，导致中国农村地区的教育经费严重不足，使农村儿童所享受的教育机会，与城市儿童相比，显得严重不均。“从 1996 年到 2002 年每两年的统计数字表明，全国小学城乡生均经费差距比从 1.80∶1 扩大到 1.83∶1、1.86∶1、1.82∶1。同期初中城乡生均经费差距比从 1.59∶1 扩大到 1.75∶1、1.97∶1、1.94∶1”[①]。教育不能独立地消除社会现实的不平等，这已是清楚的共识，但教育本身的不平等首先亟待消除，因为在许多国家里，旨在消除不平等的一些制度本身就程度不同地存在着不平等，其表现形式明显地有三种：一国之内的区域不平等、性别的不平等和来源于经济不平等的不平等；发展中国家几乎毫无例外地以比初等阶段快得多的速度扩大大学和中等教育阶段的入学人数，例如，在 1960 年至 1980 年的 20 年间，非洲的初等入学人数增加了 218%，而高等教育增加了 709%，南亚相应的数字是 128%和 411%，而拉丁美洲的数字是 135%和 831%，结果是这些国家的绝大多数远远不能达到原定的初等教育目标。[②] 这在中国现阶段的表现是高等教育跃进式地大众化和研究生扩招，而中西部农村的义务教育因教育投入不足和城乡二元结构分化的贫富差距造成的不平等而面临“普及九年义务教育”的两基攻坚。可见，教育资源配置在地域上的失衡是导致教育机会不均的最主要的内因之一。

调整教育机会不均的方式可以有许多，比如在第一部门（政府）内部的调整、第二部门（企业）参与的外部调整、第三部门

---

① 袁振国著：《缩小教育差距　促进教育和谐发展》，载《教育研究》，2005 年第 7 期，第 4 页。

② ［美］菲利普·库姆斯著，赵宝恒等译，王英杰校：《世界教育危机》，人民教育出版社，2001 年，第 221—222 页。

（志愿组织）的介入调整。

在促进民族教育均衡发展的过程中，可以化合更多的社会资源，以减低自身的相对有限性程度。由于任何政府的教育公益性都不能充分地张显，所以，作为政府向市场进行软着陆的民间非营利志愿组织，有可能同时弥补政府和市场两方面的不足——既能克服政府因其有限性而产生的低效率，又能克服市场主体因追逐利润最大化而产生的偏颇。针对发展中国家存在着的地区间的贫富差距，针对由城乡二元结构、教育投入不足所导致的资源配置地域性失衡等问题，政府除了要在体制、法律、政策和资金等方面加以解决之外，还要为多渠道地落实教育均衡发展而有必要通过提倡专业化的志愿者行动和扶持民间非营利组织非营利地介入其中，来牵引高效的教育公益行动，以促进广义的人之全面发展、降低教育在广义上的失真程度。

大众参与教育是社会现代性和教育现代性的一个标记，而政府有限性和市场追逐利润最大化，也为民间非营利组织（包括草根的志愿者组织）从事教育公益事业留下了空间。然而，任何一个非营利组织都不能越出制度之外，也都不能不受市场制约。不过，公益事业有其特殊性，各国因国情不同而其公益事业具有不同特征。中国的非营利组织与国外的非营利组织相比，在政治上，更容易受到体制僵化的制约；在经济上，没有雄厚的资金实力。在这种情况下，中国的非营利志愿组织在从事公益事业时，不得不考虑与政府的关系和运作成本问题，所以，与国外比较成熟的非营利组织相比，其发展空间相对狭小，有时甚至在政府与市场的夹缝中求生存，不能有效地发挥作为政府向市场软着陆的“气垫船”的作用。在与政府的关系上，中国的非营利组织要努力克服体制僵化的制约，而政府要给予非营利组织更多的政策倾斜和制度性安排，为它们提供法律保障、为它们提供成本运作资金、为它们在其他事项上的商业运作减税免税（只要它们保证和负责把利益所得用于公益事业）等，以充分解放其专业化的生产力，提高其教育公益行动的效率。在与市场的关系上，中国的非营利组织要克服全球化扩张带来的商品化影响，但要想保证运作成本就要有“造血”的机器，即有必要参与市场的商业运作，但要把减出成本后的利益所得全部用于公益事业，以保证其非营利的性质；另一方面，需要有更多的市场主体具有儒商理念，以资金援助、资源共享等方式，积极赞助非营利组织志愿支援中西部教育事业的非营利行为。总之，政府不要仅仅考虑自身和市场这两条线，市场主体也不要被最大化的利润捉弄成“一根筋”。如果政府和市场主体对非营利组织的教育公益行为进行制度性扶持和更多资金上的支持，那么，解决中国目前教育资源配置区域性失衡的矛盾，就会多一些坚定而可靠的力量。

从现实角度看，由于教育之大，大得复杂多样，无论是农业时代的私塾制教育、大工业时代的班级制教育，还是信息时代的网络终端个性化的终身学习，教育之大令任何部门都不能独揽。目前“人民教育人民办，办好教育为人民”的大教育理念盛行。有的地方政府“大办教育、办大教育、办人民满意的教育”，作为第一部门的政府和作为第二部门的企业，作为第三部门的教育志愿组织，都在促进教育发展、人之发展和中国发展。

志愿组织是志愿者组织的简称，目前在中国有两类：一类是注册的志愿者组织，另一类是草根的志愿者组织。注册的志愿者组织又分两种：一种是在民政部门等登记注册的志愿者组织，具有合法的社团身份；另一种是由于难于突破制度上的屏障而不得不在工商部门登记注册以取得合法身份的志愿者组织。草根的志愿者组织没有经过任何登记注册，而是由某些国家机关的工作人员、学校的师生、社区的居民、企业的雇主或雇员、自由职业者等民间人士发起。在目前中国，这些草根的志愿者组织数量巨大、规模不一、历经困苦、生命力强。

下面以“红绿青蓝教育志愿者组织”为例。

“红绿青蓝教育志愿者组织”，简称“红绿青蓝”，前期（2002—2009）属于上述第一类的第二种，2009年下半年至今，属于草根的志愿者组织。红绿青蓝今年八岁了，这个孩子出生在2002年的元旦。那是一个非常寒冷的冬日，漫天飘着雪花……属于非营利组织或非政府组织（NPO/ NGO）的“红绿青蓝”，由于当时在民政部门很难申请到三级学会的账号，于是就在工商局注册，交着工商管理费用，数年来，没有做任何生意，而是全身心做着爱心专业化的公益。

“红绿青蓝”的教育志愿者受瑞士教育家裴斯泰洛齐（J. H. Pestalozzi，1746—1827）的精神感召，秉承中国绝世一流教育家陶行知的理念，面向中国大陆“老、少、边、穷”地区，包括红军长征沿线和广大中国西部地区，义务开展贫困儿童救助与师资培训。该组织拥有顾问团、专家库和中青年博士、硕士、学士等志愿者梯队，从事贫困学生救助、教育志愿者培训、受助贫困生所在学校的师资培训，最终为提高教育教学质量和培养当地职业人才来支持当地支柱经济，且奠定了坚实基础。

红——是指红色的革命传统。红军长征沿线山高路远、贫困偏远，当年红军战士沿途浴血奋战。在抗日战争中，无论是八路军和国民党的部队还是抗日游击队和人民群众，他们在中国大地以自己的巨大牺牲，换取了中国今日的和谐和平。如今受其恩泽的国人应无愧于他们的牺牲，应有对本源的忠诚，把善性付诸善行，让贫困的不再贫困，让西部农村及其他贫困地区的孩子能享有更多的平等资源，以利其全面发展、充分发展、和谐发展。

绿——“改造世界”不如“改善世界”。“改造”的始作俑者是西方的二元对立，“改善”的最终归宿是三才统一。前者造成了人与自然的极度不和谐，于是人与人之间出现了战争，人与自然之间失去了和平；后者可以克服二元对立，使人类实现与自然之间的和平，回归人“位在其中”的自然，唯其如此，才有绿色希望。

青——青出于蓝，而胜于蓝。儿童是祖国的未来。学生学会认知是他们掌握 21 世纪认知科学的关键。国学是中华民族的精神长城；初学英语，关键在于用意象统领应用于生活实际的情境；数学是艺术和科学的结晶，关键在于趣味和思维；数理逻辑又是信息科学发展的依据。所有这一切，是儿童走向 21 世纪的主要领域。

蓝——正像当年的裴斯泰洛齐一样，每位心系祖国和儿童未来的人民教师都不免怀有某种蓝色忧郁。面对那些美丽而忧伤的孩童，孔子告诉我们要“泛爱众”，孟子则言“幼吾幼，以及人之幼”，老子规劝我们彰显本原、尊重生机、遵循规律，庄子告诫我们不要丢了中国人的悲情劲气，佛祖让我们普度众生，观音指示我们“与乐拔苦”……蓦然、浩然、澄明的教育境界、教师专业化、把教学正式作为一种职业、实现教师人力资源有效流动，进行师资培训的行动研究是“红绿青蓝”对贫困儿童进行彻底救助的不懈追求。

志愿精神是一种在自愿的、不计报酬的条件下参与推动人类发展、促进社会进步、无私帮助他人和志愿服务社会的社会理念。志愿精神以互助和自助为基础，以爱心为根本，以为人民服务为核心，以参与为本质，以独立和自治为前提，以技术为手段。

草根的志愿者组织的志愿精神虽然经常表现为“自由、散漫、无组织、无纪律”（这里的“自由”是草根志愿者因为志愿而追求的自由，而“散漫、无组织、无纪律”是指因为志愿而不被任何组织或个人强制），来去随意，但它是一种典型的、宝贵的社会资本，任何社会都离不开这样的社会资本，都需要加以不断地开发利用和珍惜保护，因为志愿精神建立社会合作与互助，促进社会团结与友爱，促进社会交流与进步，推进社会繁荣与发展，改善社会公共服务，推进社会服务多元化，丰富个人生活经历与体验，推动公民社会的发育与成长，特别是能给那些贫困儿童带来有效而殷实的希望，使他们远离忧伤。

“恻隐、怜悯和同情之心是蕴藏在人类精神深处的人文关怀意识，不求回报是人类所共有的利他动机，并不是哪一种特定社会或特定文化的专利”[①]。总之，无论是儒家文化、道家文化、佛家文化，还是双希文化、基督文化、伊斯兰文化，志愿精神所凭依为基的、所谓罗素的第三种牵挂（深切同情人类的苦难），都是共性的。

云南省德宏傣族景颇族自治州潞西市教科中心办公室主任番在礼老师在其当地网站上发表的文章《真情奉献　真情所感》一文中这样写道：

北京“红绿青蓝”教育志愿者组织的志愿者和中央民族大学李剑博士率领四位研究生（前期一个月）、四位本科生（后期一个月）对潞西民族教育进行调研、诊断、师资培训，在调研与培训的过程中，他们敬业、吃苦、奉献的精神，着实令我们边疆教师钦佩和感动。

中央民族大学大学生志愿者杨贞兰在工作日志《长征精神永存!》一文中这样写道：

早上六点半，正是我们开始晨练的时候，天突然飘起了不温不火的小雨。我们都以为不跑步了。但事实相反，不一会儿，李老师跟孩子们就站在了空地上做起了准备活动。我们几个大学生不能起反作用，就跟了过去。准备活动做完之后，便开始围着场地跑步。

看着四周的大山还在黑暗的笼罩之中，雨也渐渐变大，我们的灵魂在雨中、在大自然中接受洗礼。

我忽而想到了长征的红军。

他们不知克服了多少困难，历经了多少艰险。长征路上，他们困难重重：前有阻敌，后有追兵，粮食短缺，环境恶劣，路途

① 沈杰著：《志愿行动——中国社会的探索与践行》，2009 年，第 23 页。

遥远而艰险，山高水急……然而，就是在如此艰苦的条件下，我们的红军战士依然士气高昂。我突然也变得精神振奋了。

看着雨中那个大男人（李博士），这个曾经而且现在正在为红军长征沿线的贫困地区和边疆贫困地区无私贡献财力、物力、精力、智力的人，我仿佛看到了一个不折不扣的军人，一个红军！

是的，红军长征精神永存！任何时代都不会落后！

甘肃省甘南藏族自治州迭部县腊子口乡腊子口学校的志愿者教师措姆卓玛在其《仁慈的双手把种子撒遍贫困的西部山村》一文中这样写道：

2005年，我在甘肃省腊子口朱立村校任教时，发现我的学生没有钱上学。我让他们旁听，他们都听得非常认真。后来，我很高兴地认识了从北京来西部志愿支教的李剑博士。在村校，我和另一位老师带李博士去了两家家庭最困难的学生家。杨杏花和杨成蜜是姐妹俩，她们的学习成绩很好，在班里排前几名。她们家的房子是临时改建起来的土房子，因为她们家就在我们学校隔壁，我很清楚她们家里的处境。她们家除了自己开荒的田地外，几乎没有经济来源，一年四季都穿一件衣服，为了过眼前的生活她们根本没有时间也没有钱来学校上学，她们要干很多我们大人干的事，种地、砍柴、挑水、做饭。他们的生活，我不忍心再往下述说。只有当你亲自去那里才能体会到那种气氛，他们渴望学习，但条件不允许他们这么想，那时乡里出了一年的学费让她们暂时回到学校，而以后的生活又会是什么样子呢？我们无从想象。我知道还有许多各方面条件很差的学生，但那时我们只能选困难中的更困难的学生来帮助。那时，是李博士让我在心里暗自下了决心。不管怎么样，我以后一定要用我最大的努力帮助他们，就像李博士和红绿青蓝的成员那样。

那些贫困的学生是有翅膀、有梦想的，那么，就不该被贫穷捆住。我相信：只要多一点爱和关注，多一点鼓励和支持，他们一样可以飞上天空，寻找更广阔的蓝天，更明媚的阳光。每一个人的力量，都可以让这个世界变得更美好。每个人心里都会有爱，你可以同时分给很多人，就像种种子，你种得越多就收获越多。希望我们都能伸出仁慈的双手，把种子撒遍贫困的西部山村。

2008 年 7 月 7 日

图 047　路途艰险（谢玲　摄）

在中山乡小街中心学校，星期一领导班子的例会，我们也应邀参加。他们特意缩短了会议的时间，留出时间与我们交流。笔者佩服五位村校长中的四个提出的问题都那么关键得很有水平，不得不严阵以待。我们本来是想把关于傈僳族教育的调查问卷打印出来的，因是刚刚在昨晚通过对傈僳族老师的访谈而加以修改完成的，但由于停电，四位女研究生不得不动手誊写。四川汶川大地震令人心震，这里通向新寨河傈僳族聚居的村小的道路也是令人心震的，几乎每隔一公里都有山体崩塌和地裂，六位摩托车车手带着我们五人以及蒋校长一行十二人浩浩荡荡蜿蜒蛇行在崎岖颠簸的泥水路上，有可能随时塌方的山体和马蜂威胁，令人提心吊胆，两个半小时共走了 23 公里，可见有多少个阻断，六位车手，相互扶助，让摩托车惊险地擦行在巨石与深沟之间的羊肠小道上……回来又是 23 公里！

志愿组织不仅要有其志愿精神和爱心，而且还要有专业化的技术。为避免教育公益行动的低效，就要大力促进志愿者行动的专业化。这可用老子思想加以阐发。老子说他有三葆，“一曰慈，二曰俭，三曰不敢为天下先”（《道德经·不肖》）。作为落实教育均衡发展的一种“修补”渠道，启用志愿者的力量对中西部贫困地区的教育进行支援，以在一定程度上缓解教育资源配置地域性失衡的矛盾，此可谓“慈”。既然可以启用志愿者的力量来支援中西部贫困地区的教育，就要“好钢用在刀刃上”、让专业人士做专业之事，即让专业化的志愿者队伍来支援中西部贫困地区的教育，以求高效，避免因低效而浪费社会资源，此可谓“俭”。不为非慈非俭之事，以求“无为而后有为也”，此可谓“不敢为天下先”。

中西部贫困地区教育发展所面临的三大问题是体制问题、资金问题和师资问题。志愿者支援中西部贫困地区的教育，主要是对解决当地师资匮乏问题有所帮助，而师资匮乏表现为在量上的不够和质上的需要提高。如果仅仅在量上进行填充，而不能保证质的提高，那就意味着善事没有做实，即仅在量上进行教育支援远不如求得教育质量的改观，或双管齐下，所以，政府要提倡专业化的志愿者行动。这至少要考虑以下三点：一是派遣志愿者主要不是在寒暑假进行支教或搞活动，而是因地制宜、就受援学校的实际教育教学状况，主要是在正规的学期教学活动时间内派遣志愿者支教来提高教育教学质量；二是派遣有经验的专家型教师对受援地的教师进行教师教育培训，不能仅限于讲座和报告会，因为针对新课程改革与升学率的矛盾、升学与就业的矛盾，受援地的教师不仅仅需要更新观念和具有新理念，而且更需要的是教育教学技术上的“临床指导”；三是派遣的志愿者需要以有经验的中小学教师、师范类学校的毕业生和实习生为主，而派遣师范类学校的实习生最为可行，只不过派出学校要加大对实习生志愿者的专业化培训力度，让他们能在受援学校对当地教师有所带动、与之合作、起到“授之以渔”的作用，以期发挥受援学校教师的主体性作用，以长期有效地提高教育教学质量。

在中国的师范类学校数量近年来锐减的情况下，针对上述三点的后一条建议，政府在提倡师范类学校的实习生付出专业化志愿者行动的同时，也要考虑充分的制度性安排。

下举20世纪70年代坦桑尼亚的类似例子，以资适当的借鉴：

> 1974年，(坦桑尼亚)最高领导作出了到1977年底完成普及初等教育的决定。很清楚，通过常规途径是不能达到这一目标的，因为且不说需要大量额外费用，光受过培训的教师就需要增加4.5万名，而坦桑尼亚35所国家教育学院每年只能培养5000名教师。因此，一种临时捷径被采用，这在很多人看来是一个审慎的以数量换取质量的过程。从大量读完小学的青年中招募实习教师以代替只依靠受过培训的合格教师来发展教育。这些实习教师的时间相等地分为教学(主要在农村学校中)和在专门指导教师及有经验教师的指导下受训。另外，远距离教育(函授和广播课程)也被采用。服务大约两年之后，这些新实习教师(接受非常低的工资)如果通过了一个资格考试，就能提升为C级教师，拿到相当于他们见习期工资三倍多的工资。通过这种方式，到1979年，培养了大约4.5万名新教师。统计资料表明，坦桑尼亚的毛入学率已达到了100%。当然，提高质量和为教师提供更多年预算经费的问题仍然存在。不过，在为大量没有接受教育机会的农村儿童提供接受小学教育机会方面已经取得了很大的进展。①

① [美]菲利普·库姆斯著，赵宝恒等译，王英杰校：《世界教育危机》，人民教育出版社，2001年，第228—229。

2. 平衡教育资源配置

资本主义经济全球化扩张，使各国都在进行着特殊的现代教育改革，这不仅改变了世界范围内的教育方向，而且在拉美、非洲、亚洲和大洋洲，使贫富差距拉大。[①] 这种贫富差距的拉大，不仅表现在不同的利益群体之间，也表现在一国之内的不同区域之间的各个领域，包括教育领域。城乡儿童受教育机会之所以严重不均，是因为国家的教育资源配置因贫富差距的拉大而出现地域性失衡。这使普及教育的任务依然艰巨，在很大程度上困扰着广义的人的全面发展，因为中西部地区的贫困县(乡)的学校，"校舍简陋，缺乏必要的教学设备、课本和读物，特别是缺乏合格的教师"[②]，使人的全面发展失去了根本性基础。时至今日，这种状况在中西部的农村地区，依然没有很大的改观，笔者在 2005 年 1 月、2006 年 3 月、2007 年 8 月、2008 年 7 月、2009 年 1 月和 7 月、2010 年 5 月和 7 月连续五年所进行的相关调查的结果，也证明了这一点。这些贫困地区的学校发展，除了资金匮乏这个问题的困惑以外，还受到师资问题的严重桎梏，具体表现在量上的不够和在质上的需要提高。仅根据 2005 年第一次的调查结果显示，有 85%以上的地市(县)教育局局长和校长们认为，除了资金的问题外，当地教育发展或学校发展所遇到的最大问题就是师资问题。有效解决资金和师资双缺问题的关键在于制度创新和英明决策。如对"专业化的志愿者顶岗—受援学校教师专业化轮训"进行制度性安排，又比如扩大中等师范专业的招生规模、加强高职高专学科教育专业的在校生的学术性和师范性能力培养，并且给予一定的政策倾

① Reference to Anthony R. Welch. Globalisation, Post-modernity and the State: comparative education facing the third millennium, in Comparative Education, Volume 37 No. 4, 2001, p. 481.

② 顾明远、薛理银著：《比较教育导论——教育与国家发展》，人民教育出版社，1996 年，第 248—250 页。

斜，如“特岗计划”、“硕师计划”、“联校走教”、“省际联盟”等。

教育公正以教育公平为基础，而教育公平是指全体公民的受教育权利平等和受教育的机会均等，并且首先关注不同划分标准所形成的特定受教育群体在教育利益和负担的分配中所占的份额。① 然而，“三大区域农村义务教育的财政来源、资源配置和供给水平处于严重的不均衡和不公平之中。当城市和经济发达的东部农村地区以地方雄厚的财力作保障实现‘普及九年义务教育’之时，中、西部农村地区特别是边远地区、少数民族地区等却因自然资源贫乏、经济社会发展缓慢、政府财政困难、吸收民间资金能力弱等原因而使义务教育处于财力、物力、人力全面匮乏的困境，相当数量的学校甚至完全没有有效完成教学活动所需的最低程度的师资与设施条件”②。如果将教育经费按人员（义务教育教师）经费占预算内事业经费支出的比重来划分，那么，可以从表 011 中看出中国三大区域间的教育差距。

表 011　2001 年中国农村义务教育教师工资支出（节略）

地区	小学教师（千元）	初中教师（千元）	工资支出合计（千元）	事业费支出合计（千元）	占预算内事业费支出
东部	8669433	5878670	12548103	17255449	72.71%
中部	17059265	10267250	27326515	33754319	80.95%
西部	13836711	4886038	18722749	22822719	82.04%

资料来源③：《中国教育经费统计年鉴（2002）》，中国统计出版社，2003 年，第 288 页。《分地区地方农村初级中学预算内教育事业费支出、基建支出明细》，第 302 页。《分地区地方农村普通小学预算内教育事业费支出、基建支出明细》。

① 胡劲松著：《论教育公平的内在规定性及其特征》，载《教育研究》，2001 年第 8 期，第 9—10 页。

② 高如峰著：《重构中国农村义务教育财政体制的政策建议》，载《教育研究》，2004 年第 7 期，第 20—21 页。

③ 高如峰著：《重构中国农村义务教育财政体制的政策建议》，载《教育研究》，2004 年第 7 期，第 24 页。

2001年中国东、中、西部地区农村义务教育财政预算内教师工资支出情况，即西部地区的人员经费占事业经费支出的比重比中部地区的高出1.09个百分点，比东部地区的高出9.33个百分点，“从而教育经费短缺、人员性经费挤占公用经费的现象较为严重，这必然影响教育机会的数量和质量。因而，各地区间事业性经费支出结构的差异显示中国存在地区间教育机会的不均等”①。也就是说，地方财政在保证教师工资支出的前提下，财政预算内教师工资支出的百分比越高，用于教育其他事项的财政支出百分比就越低。政府在农村地区（尤其是贫困县）实际教育投入的缺口较大，显示着中国现阶段的教育资源配置区域性失衡。例如，在云南省，有限的教育资源失衡严重。潞西市基础教育学校的教师被择优从山区到坝区再到市区，导致教育资源配置失衡，这背后有着深刻的历史原因和经济因素。潞西市地处中国西南边陲，其现代化水平还不是很高，对教师个人来说，从艰苦的山区到坝区、从坝区到更好一些的市区从事教育工作，本无可非议，但长久以来，从州到市、从市到乡镇的这种择优式的层层选拔，导致师资资源配置严重失衡，制约了潞西市教育现代化的发展水平，而这种层层选拔的根本原因是教育投入不足和制度性安排的失当。

根据笔者调研的问卷调查统计分析结果，导致云南民族聚居区基础学校教师紧缺的第一位原因是上级部门教育投入不足或不到位，占被调查的945名教师和教育管理人员总数中的40.85%，如图048所示。

云南省南部有坝区也有山区，地域辽阔。云南北部山高谷深，坝区很少。如果简单地按上级有关部门的规定，“一刀切”

---

① 吴淑姣著：《从教育经费收支结构的地区差异看教育机会均等》，载《北京大学教育经济研究》（电子季刊）（第2卷），2004年第3期，第13页。

地划定师生比，既违反了马克思主义“具体问题具体分析”的基本要求，又导致了教育不公。这里的教育不公主要指以下两点：一是在数量上教师缺编，在岗的乡村教师不得不超负荷地工作；二是学校因缺少专业化的教师而不得不让教师包班。所谓包班即指教师所学专业与所教科目不对口——非专业人员做着专业人员的事。

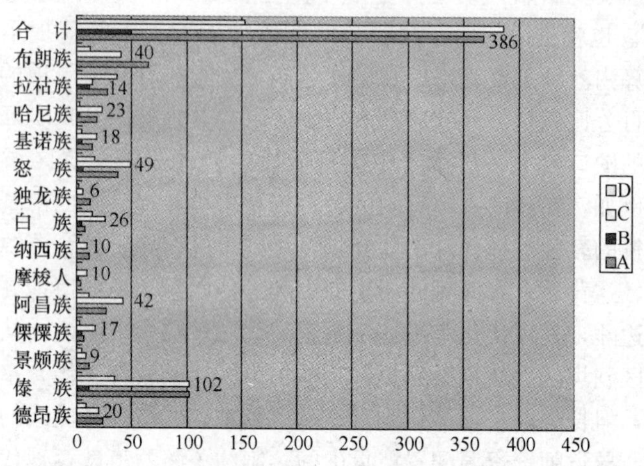

图 048 “有编不用、缺编不补”是导致学校教师紧缺的关键原因

A. 教育局内部资源配置不合理 B. 为节省成本而聘用代课教师

C. 上级部门教育投入不足或不到位 D. 国家法律法规以及政策不健全

根据我们的问卷调查统计分析结果，有 34.55%的教师和教育管理人员认为，有关部门规定的师生比应该这样合理划定（见图 049）：特殊情况特殊处理；有 30.79%的教师和教育管理人员认为，应适当加大农村学校（如村小）的师生比。如果这种盲目“一刀切”的师生比不在制度安排上加以协调、在政策上加以科学规划，那么，势必影响教师专业化水平的提高和挫伤广大农村教师的积极性。

如果说高中生存量、高考上线率、人均教育经费都是一个地

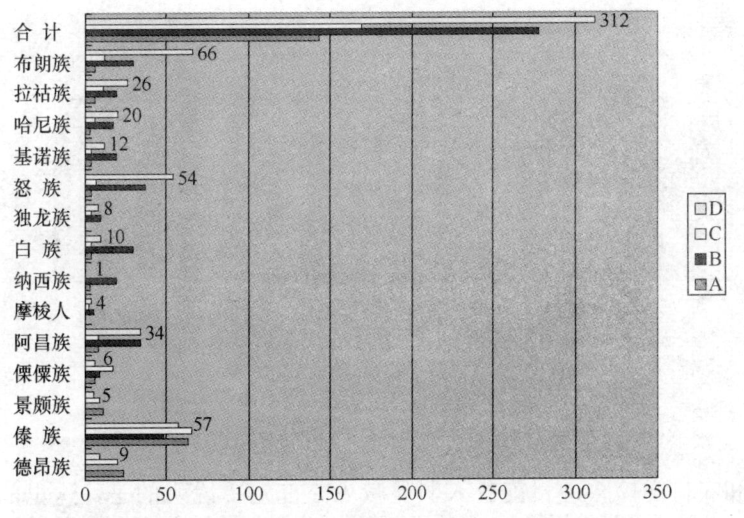

图 049 有关部门规定的师生比的合理划定

A. 维持现在的比值不变 B. 在农村（如村小）适当加大

C. 在城区的比值保持不变 D. 特殊情况特殊处理

区教育发展水平的标志的话，那么，生师比则更显示出这一地区的教育发展水平。根据本调研组的调查，截止 2008 年年底，云南十四县市的生师比平均水平为 16.52（小学）和 15.63（普中），而 2007 年全国的生师比平均水平为 18.82（小学）和 17.15（普中）。云南省 2006 年的生师比平均水平为 20.37（小学）和 17.17（普中）（见图 050），看似十四县市的生师比与全国平均水平比显得要低，但对于少数民族聚居的贫困农村，由于相当数量的一师一校的存在和教师包班现象的严重存在，“一刀切”的生师比也是极其不合理的。实际上，各级政府也早就注意到了这个问题的严重性，但是，要想逐级落实，绝非容易。

影响广大农村教师积极性的因素有很多，除了教育投入不足和师生比的问题以外，其主要因素是：村小教师少有奖金和福利

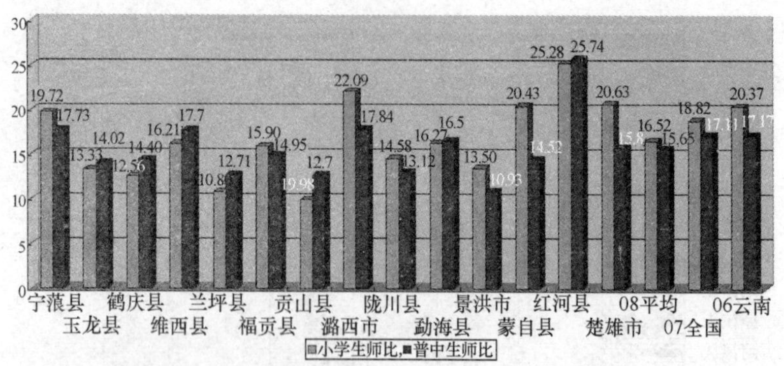

图 050　2008 年云南民族聚居 14 县市生师比

资料来源：本次调研的数据统计，日期截止到 2008 年 12 月。

和农村学校教师目前收入明显减少。首先要说明的是，这里的“收入明显减少”是相对于农村教师的购买力和与公务员已提高的平均工资水平而言的。根据我们的问卷调查统计分析结果，有 30.81％的教师和教育管理人员认为，农村学校教师的工作积极性不能充分发挥的主要原因是：村小教师少有奖金和福利，见图 051。

然而，针对教育资源失衡，并非没有调整措施或模式。以“省际联盟”的宁海模式为例，云南丽江市宁蒗县于 1988 年开始与江苏教育强县海安县签订了联合办学协议，由海安县出师资，宁蒗县发工资，给报酬，群体引进海安教师，创办了示范学校——宁海中学，1993 年延伸到高中教育合作，2007 年拓展到职业高中教育合作，铸就了声名远播的“宁海模式”和“宁海效应”。宁海效应集中表现为：(1) 铸就了“敢为人先、知难而进、爱岗敬业、无私奉献、团结协作、争创一流”的宁海精神；(2) 引入了先进的教育理念、管理经验、教学方法和竞争激励机制；(3) 推动了该县民族教育事业的快速发展；(4) 在全国范围内，产生了轰动效应，成为小凉山教育发展的“催化剂”，推动

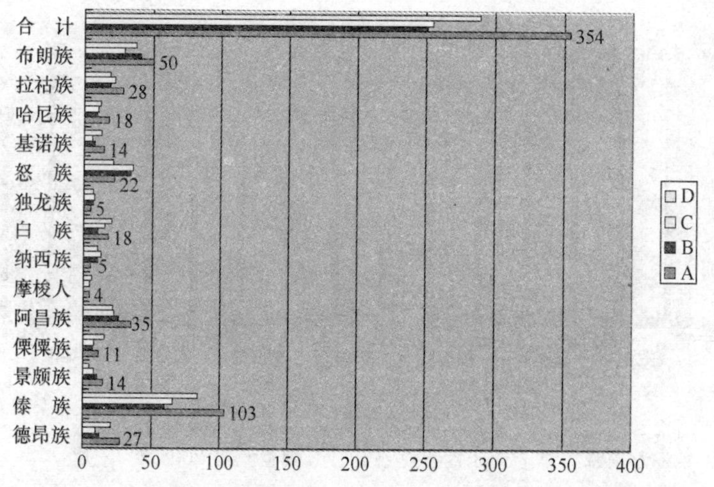

图 051　农村学校教师的工作积极性不能充分发挥的主要原因

A. 村小教师少有奖金和福利　B. 边贫寒地区未上浮一级工资

C. 政府未给教师发放地方政策性津贴和补贴　D. 农村学校教师目前收入明显减少

资料来源：本次调研的数据统计，日期截止到 2008 年 12 月。

了该县民族教育事业的快速发展。以 2008 年高考上线率为例（见图 052），云南民族聚居区十四县市 2008 年高考上线率的平均值是 66.04%。如果把这种计算作为基础教育发展的指标之一的话，那么，目前还作为国家级贫困县的宁蒗县，2008 年的高考上线率，在笔者调研的云南 14 个少数民族聚居的市县中名列前茅，位列第四（87.44%）①。宁蒗县，作为只有 24 万人口（2009 年 1 月的数据）的国家级贫困县，其高中生存量占全县总人口的 2.18%，在本调查组调研的云南 14 个少数民族聚居的市县中名列第一（见图 053）。

平衡教育资源配置，还体现在民族地区师资配置与师资培训

① 鹤庆县第一（93.66%），楚雄市第二（92.00%），玉龙县第三（88.28%）。

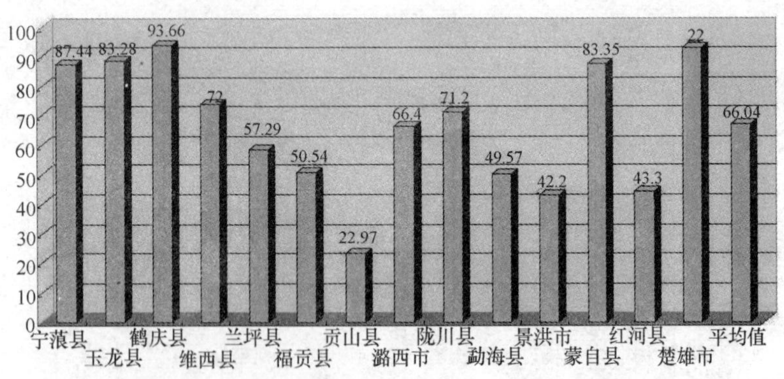

图 052 2008 年云南民族聚居 14 县市高考上线率（%）

资料来源：笔者调研的数据统计，日期截止到 2008 年 12 月

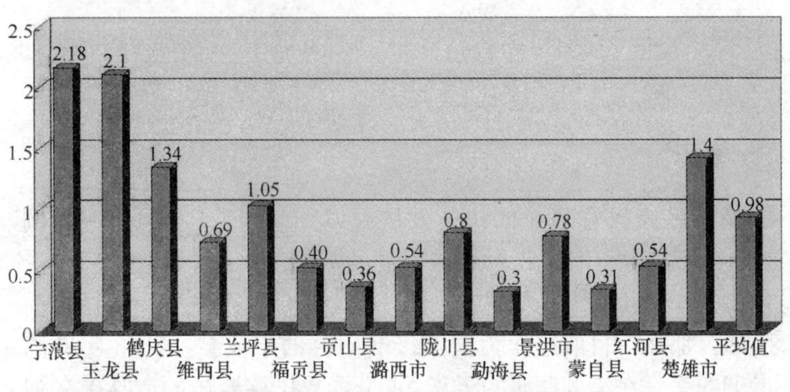

图 053 2008 年云南高中生占人口的百分比（%）

资料来源：笔者调研的数据统计，日期截止到 2008 年 12 月。

方面。在一定意义上说，国家的差别就是教育的差别。在这个意义上说，地区的差别亦如此。教育的差别就是教师的差别，教师的差别主要是教师专业化水平的差别，而决定教师专业化水平高低的两大因素是师资管理和师资培训。

云南省是一个多民族的地区，现有 25 个少数民族，当地教育起步晚，起点低，德昂族、摩梭人、佤族等许多民族都是“直过民族”，教师实施素质教育的能力和水平远远不能满足当代教育改革和发展的要求，虽然云南少数民族聚居区的基础教育近些年来有了跨越式的发展，办学条件明显改善，师资队伍的素质有了较大提高，办学特色日益鲜明，办学水平和教育质量整体上有了一定的提升，但仍然存在一些问题，最大的矛盾和问题主要表现为有限的教育资源失衡。

在世界教育史上，一直存在着教师的“学术性”与“师范性”之争，但现在，教学作为一种职业，这一观念已经深入人心。随后，教师专业化发展也日益受到重视。但在我国，自从不适当地取消了中等师范以后，广大西部农村地区基础教育的师资就一直存在着多年解决不了的矛盾，主要表现为教师的数量和质量都很难满足现实教学的需求，师资队伍专业化水平不高，是这种矛盾的集中体现。影响师资队伍专业化水平的另一个重要因素是师资队伍结构。在 1050 名被调查者中，有 352 名教师和教育管理人员认为，师资队伍结构不尽合理首要表现于学科结构不合理，占总人数的 33.52%。有 267 名教师和教育管理人员认为师资队伍结构不尽合理的次要表现是区域分布不合理，占总人数的 25.43%（见图 054）。

教育要满足广大人民群众的利益，为提高升学率而做出最大的努力也是应该的，但是把升学率作为评定教师绩效的主要依据是不科学的。在 1072 名被调查者中，有 390 名教师和教育管理人员认为，满足家长对子女升学的需求与新课改的矛盾表现是评定教师绩效要依据升学率，占总人数的 36.38%（见图 055）。

教师绩效评价要具体落实到每科每个年级的流程化教学管理当中，比如在配餐制的英语教学改革的实施过程中，课前的配餐要看教师是否把要讲的内容精致地陈列出几点来，至于到底是几个要点，教师则要有明确的把握，不该多的，不能多，不该少的

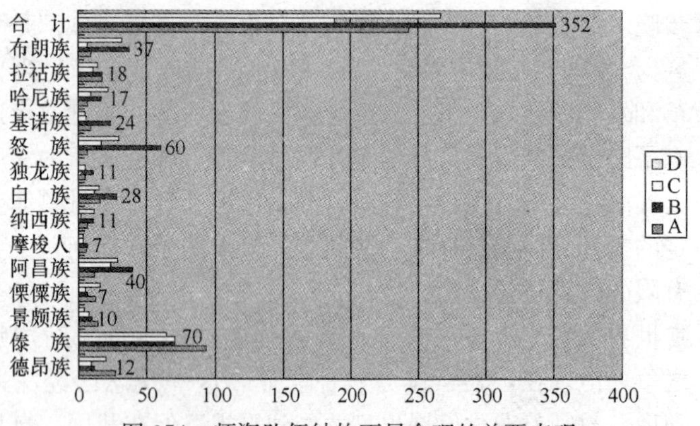

图 054 师资队伍结构不尽合理的首要表现

A. 年龄结构不合理 B. 学科结构不合理 C. 职称结构不合理

D. 区域分布不合理 E. 层次分布不均衡 F. 性别结构不合理

资料来源：笔者调研的数据统计，日期截止到 2008 年 12 月。

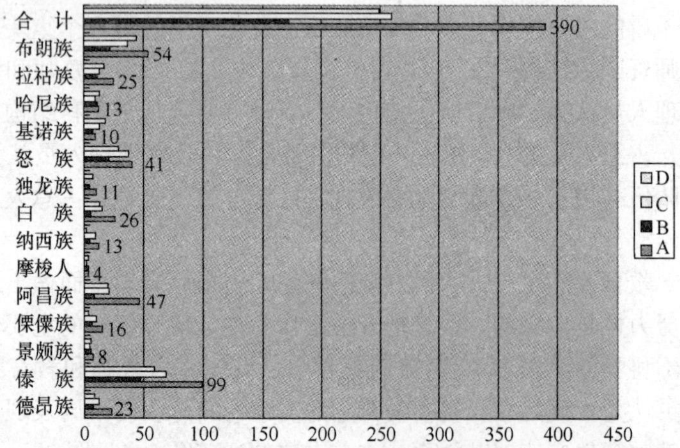

图 055 满足家长对子女升学的需求与新课改的首要矛盾表现

A. 评定教师绩效要依据升学率 B. 教师习惯于传统的教学方式

C. 新课改在大班额的班级无法展开 D. 培训内容不符合课堂教学实际

资料来源：笔者调研的数据统计，日期截止到 2008 年 12 月。

也不能少，更不能混淆，而这个要求一定要落实给科学的学科绩效评价。

涉及教师专业化发展水平提高的是师资培训本身，而师资培训的最大难题是缺乏资金保障和激励措施。根据本调研组的调查结果，在1038名被调查者中，有360名教师（占总人数的34.68%）和教育管理人员认为，师资培训存在的最大难题是对教师没有激励政策和措施（见图056）。

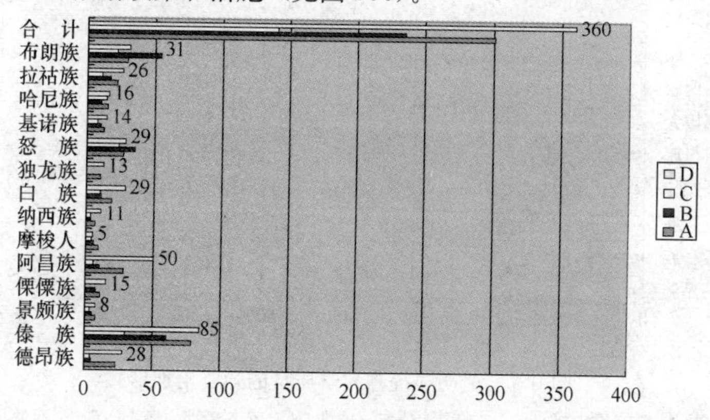

图056 师资培训存在的最大难题

A. 教育局或学校没有资金保障 C. 多方培训，即组织培训的主体不清

B. 校点分散、成本高、难组织 D. 对教师没有激励政策和措施

资料来源：笔者调研的数据统计，日期截止到2008年12月。

师资培训存在的第二大难题是培训主体不清的问题。例如，对潞西市芒中教师进行培训到底应该由州里负责，还是由潞西市教育局负责，是一个值得磋商和容易理顺的问题。教育科研中心对高中教师进行师资培训的义务和权利也要重新审定，要克服历史遗留因素，辨清利弊大小和效率高低。

至于师资培训形式，在1850名被调查者中，有745名教师和教育管理人员认为，更明显地提高教学质量的培训形式是“临

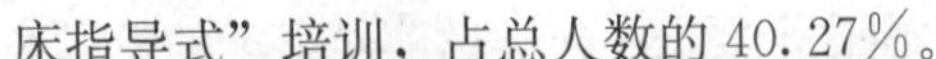

床指导式”培训，占总人数的40.27%。

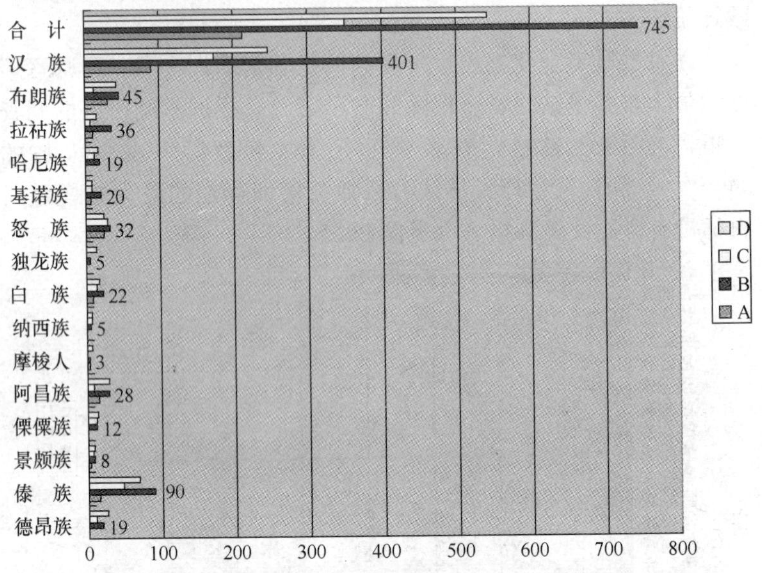

图057　最明显提高教学质量的师资培训形式

A. 传统的集中培训　B.“临床指导式”培训　C. 校本培训　D.“一对一”交换培训

资料来源：笔者调研的数据统计，日期截止到2008年12月。

教师专业化发展，主要是在职前和职后两个阶段进行。中国目前的师范教育在现代化进程中“大跃进”式地侧重高等师范教育，而与此同时人为地削弱了中等师范教育，这对广大农村的基础教育来说是很大的损失。在这种情况下，职后的师资培训就尤为重要，而教育经费投入的5%用于师资培训的设想还属于理想国的设计，在广大农村地区就连2%也难达到。

在诸多的师资培训形式中，有目共睹的和最有效的是手把手、一对一的“临床指导式”培训，其中的要旨是落实于学科、章节、知识点和能力要素的认知心理学的师资培训。2008年7月20日至8月20日、2009年7月15日至8月13日、2010年7月

17 日至 8 月 8 日，“红绿青蓝”和潞西市教育局前后三次分别选定中山乡中心小学和三台山乡一贯制学校作为试点，带上被“红绿青蓝”救助的孩子和北京来的专业化志愿者，去了中山乡和三台山乡，分别进行了为期一个月的战斗洗礼，不仅促进了娃娃们的学习，而且在行动研究中，形成了当地的专业化志愿者集体。

下面从师训的培训方式、培训反思、培训效果、培训内容等四个方面，以案例法和田野工作，来说明志愿组织是如何介入和参与当地县域的大教育的。

（1）培训方式

由中山乡中心小学和三台山一贯制学校的志愿者们具体给孩子们上课，“红绿青蓝”成员做指导，研究生和本科生分学科进行一对一的课前、课中、课后辅导，志愿者教师开展教学活动。

（2）培训反思

除星期天外，每晚 9 点志愿者都要利用一个多小时的时间进行交流互动，共同总结或反思当天的教学效果或教学得失。我们习惯上将之称为“评议会”，有时开玩笑说它是“批斗会”，因为针对白天所讲的内容，晚上将有很多的听课者，包括一线的同行老师和在师训行动研究中负责指导的研究人员。一般是在头一周内，白天讲完课的老师并不习惯于别人对自己的评点，可是，一周过后，大家就习惯了，也都进步了许多。

2010 年 7 月 20 日师训评议会记录要点

①对李博士语文教学所提出的感想与意见：

彭相留：很好，没有意见。

李　剑：本人有发错的音，本堂课没有课件。

杨　静：课件是工具，气氛很重要。

②对龙春来教学所提出的感想与意见：

晏美文：好，让对英语讨厌的学生都已经爱上英语。

杨　静：平河小学生因为英语零基础，感觉到与别的同学的差距而掉眼泪，应该多注意零基础学生的心态，给予鼓励。

李　剑：《意象英语》的写比较薄弱，应当注意针对准初一学生的写的训练。

③对李剑博士英语教学所提出的感想与意见：

寸桂仙：李全波同学过于活跃，王秋艳同学小动作过多，知识点没有昨天多。

李　剑：活跃的学生要用恰当的方法来教育，知识点的问题明天会注意。

④对蒋老师数学教学所提出的感想与意见：

李　剑：没有照顾到数学弱势群体，某些同学百无聊赖，蒋老师可能没有特殊关照一下弱势群体，这方面应该做得更好。

刘　堃：与本人存在的问题一样，自身觉得太简单，所以，有时解答问题会有疏忽。

杨　静：蒋老师的普通话过快，念题不太容易听懂，是否可以将题目提前写在小黑板上，提前准备好。

晏美文：难度较大的题是否可以放慢速度。

⑤对张全欢老师数学教学（见图 058）所提出的感想与意见：

晏美文：整体感觉非常清楚、非常清晰。首先张老师复习之前内容，让学生自己总结找出突破口，张老师给予肯定，举例说明。张老师给学生留出足够的思考时间，在学生思考时间对差一点的学生进行指导。师生互动很好，学生很配合老师，以学生为主体，老师为引导，能将理论充分运用到现实当中，循环使用理论，注意回顾总结。讲到平均数问题，我认为张老师在讲平均数的时候可以先将概念明确一下，先复习概念，让学生先对概念有所认识。此外是否能将平均数的特点总结一下。中位数讲得非常好，排列时候应该跟学生点明一下。总的来说非常好。

孔建荣：张老师在课时把握上非常好。内容不多，但是非常精。可能在新的环境下有些紧张。

赵仁婷：认真、细致。张老师的板书工整清秀。语速有点快，第一节课声音有点小。

李　剑：我只听了一道题（就有事出去了），在基础知识比较清楚干净的前提下应侧重四种思维的训练。四种思维与基础知识二合一，尽量合拢。

图 058　张全欢老师在上数学课（龙春来　摄）

2010 年 7 月 27 日师训评议会记录要点

①对于李博士语文教学所提出的感想与意见：

张全欢：听后很有感觉，但是，说不出来。

彭相留：很好!

②对赵仁婷老师数学教学所提出的感想与意见：

高琼仙：赵老师讲课逻辑清楚、板书清晰，也顾及整个群体。教室后两个男生说话，赵老师用眼神提醒，结果两个男生继续说话，也许赵老师可以下讲台来提醒一下。

张全欢：赵老师运用多种方法训练学生的多种思维，但必须有个侧重点，讲方程可能小一点的学生听不懂，可以讲得再清楚点，照顾到全体同学。

李　剑：训练思维最重要，方程列出了即可，主要是让脑子动起来，培养多种思维的训练。

③对龙老师英语教学所提出的感想与意见：

赵仁婷：学中乐，乐中学，每次上课都自发地参与当中，有所收获。

李　剑：让学生与听课的老师一起活动，没有差别，与学生打成一片。

朱春改：我觉得应该多学习，又唱又跳，我们学校的英语课是传统式教学，可以多运用《意象英语》的教学方法。

李　剑：《意象英语》第一步是“呈现”（show），然后影响学生让他们去“模仿”和“参与”（involve），最后落实到“写”（write）上。

④对朱春改老师英语教学所提出的感想与意见：

李　剑：被动式的表达式 be done 过去分词讲成了过去式。

⑤对李博士英语教学所提出的感想与意见：

李　剑：我自己太啰唆，讲得过慢。

王　帅：这两课内容较多，比较繁杂。

⑥对王帅老师英语教学所提出的感想与意见：

赵仁婷：虽然听不懂，但是，从王老师在讲课、分析的过程当中，他的英语功底非常好！王老师的发音非常好，闭上眼听，还以为是老外！

朱春改：王老师相当有耐性，举例子、造句也做得很好！王老师上课带读的时候速度是不是有点快？准初一的同学能拖就拖长一点。板书有点混乱，有点多，不同颜色看不清楚，比较费劲。

“红绿青蓝”志愿者、中央民族大学教育学院研究生龙春来同学在其 2010 年 7 月 21 日的《关于教学评议会》一文中写道：

很荣幸，笔者教的《意象英语》课，除了本班学生上课之外，每天都有很多老师来听课。他们是来自陇川和平河的中小学老师，除了英语老师之外，也有其他科目任课老师来听课。每次上课，他们都像学生一样坐得笔直，认真听讲，毫不怠慢，该读的读，该写的写，完全没有老师的架子，正是“如婴儿之未孩”。老师们的积极参与也调动了学生的学习积极性，每天的《意象英语》课堂都如此热闹，好不愉快！每晚8点50分开始的师训评议会，老师们坐在一起，都会就当日的教学互提意见，相互学习、共同进步。说句实话，刚开始笔者还挺抵触这评议会，眼中的它与批判大会无异，实在不喜欢这种严肃的气氛。记得上课的第一天，也是笔者人生中第一次教课，站在讲台上虽然已尽量调整好紧张的情绪，但由于缺乏教学经验、对班上学生的英语水平不是很了解，课堂效果并不理想。当晚，教学经验丰富的老师们在师训评议会上当即给笔者提出了很多宝贵的意见，尤其是陇川的英语老师寸老师，她告诉笔者，上英语课，一定要照顾到英语零起点的学生，在小学生英语课堂上要注意避免内容过多过难。第二天，笔者根据老师们提出的意见及时调整改正，课堂效果果然好了很多，与学生的交流也更为自然、融洽。于是，这才明白李剑老师的良苦用心。现在，每日的师训评议会成为笔者一天中最期待的时刻，那些真诚的眼神，中肯的意见，都是笔者在三台山收获的财富。

龙春来同学在其2010年7月18日的工作日志中写道：

上课第一天，小学二班全体同学在晚自习的第一节课举行了班干部竞选活动。经商讨，全体师生一致同意选出包括班长、学习委员、卫生委员、生活委员、体育委员五名班委。竞选活动由学生自愿参加，竞选者主动上台发表竞选演说，再由全班同学无记名投票选出最佳人选。小学二班目前共九名学生，有来自青海化隆的回族学生马家两姐妹，有来自四川阿坝的藏族学生翠翠，有来自云南德宏的德昂族男生、西双版纳的基诺族学生慧慧，还有笔者在来三台山之前就通过“红绿青蓝”而熟悉的美美、巧巧等同学。由于大家互不熟识，竞选演说中便有了自我介绍环节，让大家先互相熟悉熟悉。在这个细雨纷飞的夜晚，一场激烈而又和谐的竞选大会在三台山九年制学校景范教学楼的某间教室如火如荼地进行着。掌声从这间热闹的教室里一次又一次传出：为美美在班长竞选一栏上写下自己名字的胆量鼓掌！为马家姐妹勇于竞争体育委员的精神鼓掌！为巧巧热情洋溢的精彩发言鼓掌！为翠翠走上讲台敢于表现自己的勇气鼓掌！掌声在幽静的山谷间回绕，更萦绕在我的心头，久久回荡。我望着讲台上这些热情而勇敢的孩子们，心潮澎湃。竞选的结果并不重要，不是么？在这竞选过程中学生已经深刻地赐了我一课。昨晚我还在问自己：我能留下什么，又能带走什么？没想到如此之快，我就得到了答案。第一天，我的收获就比付出多出许多！

(3) 培训效果

有的教师说：到外地参加培训，只能听专家讲授的理论，看别人的操作，这次培训在自己的学校里就得到培训师的教导，有先进理论的传授，研究生和本科生的热心辅助，我们能操手术刀，做临床实践，真是学到了一些东西。由此，孩子们的文化底蕴得到了一定积淀，体会到了一定的人生境界，认知水平和学会学习的能力明显提高，教师专业化质量在本质上得到了很大的改善。

以下是参加培训的大学生志愿者、研究生志愿者和志愿者教师的工作日志，针对培训效果，可知其内心的评价：

中央民族大学的大学生志愿者金欣在《趣味数学》总结中这样写道：

到今天星期三（2008 年 7 月 30 日），本周已经开了三天的课，三位老师每人都各上了两节数学课。由于上周开会决议，本周趣味数学课重心是兴趣，并辅之以思维训练，所以老师们在选题备课，讲授课程时都比较重视提高学生学习数学的兴趣。以下是我对这六节课的一个简单的总结和给本周接下来的六节课的授课老师的一点建议：

第一，三位老师在上数学课时，通过一些课堂游戏、学生自己动手的课堂小实验、讲故事等方法来激发学生学习数学的热情，学生们也都积极地配合老师，举手发言的数量和质量都比上周提高了很多。这种“逗小孩子乐”以提高学生对学习数学的兴趣的招儿，老师可以合理地运用在今后的教学过程中。也就是说，我们通过这三天的教学已经基本达到了提高学生兴趣的目的，在接下来的教学中，老师还是应该回归到训练思维这一块上来。因为我们每个人都清楚，兴趣对于学生学好数学来说是前提，而思维才是真正的主导力量。我们应该将数学教学逐渐带上正轨——兴趣少一点，思维多一点，但是，前提是一个也不能少。由于教学从兴趣到思维的转变对学生和老师都有一定的难度，所以，我提议，是否可以建立“兴趣—技巧—思维”的一条线教学，教学过程中，老师应该把握好逗乐的时间，传授一些解题技巧给学生（比如加减乘除的简便计算），学生在进行技巧训练时，思维也得到了一定的锻炼，最后再展开全方位的思维训练。

第二，老师讲课时，必须重点突出，中心明确。课上，老师讲课时间不应该是均匀地分配到各个题目及其解法上，不管重点还是非重点都一律细讲的做法是不利于学生对知识的掌握的，因此，老师在备课时应该确定本节课的重点，并对重点进行一个全面精确的分析，以便在讲课时可以突出重点，并且能够根据学生的反映来讲解课程，使学生真正地学懂用好各个知识点。

第三，老师在抄题时应该注意两点：一是题目的正确性，即老师抄题应该尽量抄准、抄工整、抄完后应该校对题目，或是采用小黑板代抄；二是题目的量，即老师所抄的题目不要太多，可以逐题逐题地抄写，以减轻由于黑板上的信息太多而给学生造成的思想负担，这样有利于使学生在一个比较轻松的环境中学习。

第四，之前的课程设计和课时分配上有些欠妥。通过本周前三天的教学进度和学生理解程度来看，老师们不应该交错着讲课，因为这样会使得整个知识体系处于比较混乱的状态。所以在课程设计上应该是一位老师负责一个专题，一个专题结束后再进行下一个专题，并在中间插入一些相关的巩固知识的练习题。

第五，我想对各位老师说句抱歉，因为我是一个乳臭未干的小孩对各位老师提出的……基本没啥好话，也希望各位老师多多指出我的不足之处。总之，对各位老师，如有不敬之处，请多包涵！

云南省德宏傣族景颇族自治州潞西市中山乡赛岗小学的张恒书老师在其《师资培训反思》一文中这样写道：

此次，我参加了中央民族大学李剑博士到中山乡开展的暑假师资培训活动。和李博士一起生活、一起工作的这短短三十天里，我的思想受到了极大的撞击。为了辅导好学生，李博士起早贪黑，有时还通宵达旦。这种乐于奉献的精神，是我自叹不足而尤为敬佩的。

本次活动，采取白天跟踪上课，晚上集中反思、点评指导的方式，在李博士的带动下，每天晚上九点开始集中交流，有时到晚上十一二点。对当天的每一节课都要进行细致的交流，使老师的思想产生碰撞，促使授课教师在每次备课时，思考得更全面、精细、深刻，从而完善自己的教学，提高教学水平。就这样，三十天如一日，从头坚持到了最后，每一天的时间都得到了充分利用。我想这样的活动，不就是校本教研吗？不就是校本教研与行动研究的结合吗？校本教研所需要的不就是认真的态度和持之以恒的精神吗？

曹珊在《一周记学》一文中这样写道：

从2008年7月22日下午到达云南省潞西市中山乡小街中心校，到今天周六，一周的学习已结束。从前两天的上台讲课到现在作为一个助手协助老师用追求意境的标准来上好《唐诗》这一门课程。亲身参与教学本身也好，或是作为一个旁观者也好，对小学唐诗课的教学有如下体会：

首先从教学方式来看。老师的教学方法有很多优点。如课程引入方式用复习学生熟悉的诗歌的方式引入当次教学；给学生的朗诵、背诵方式的多样性灵活性（如分组朗诵背诵、个别朗诵背诵、击掌带节奏朗诵背诵、用抽点诗意背诗句的方式等）。

其次从教学内容来看。唐诗这门课中存在一些问题，主要是知识性的问题：①一些生僻字的读音在前两节课的教学中没有给学生标出来、一些复杂的字形没有给出强调，导致背诵默写时压力加大、错误增多。如《钱塘湖春行》中“绿杨阴里白沙堤”的“堤”字很多学生读为“ti”（二声），《将进酒》中“烹羊宰牛且为乐”中的“烹”很多同学在默写的时候将下面的“了”写成了“子”。②一些文言多义词的解释问题。如《钱塘湖春行》一节课将“云脚”解释为“雨脚”，《将进酒》一课中将“高堂”解释为“在朝廷做官的人”，意思有所偏差。主要解决办法是在课前查一些东西，或者老师自已先疏通一遍，不确定的地方大家再一起讨论解决。③一些诗句的漏讲问题。如《将进酒》中“人身得意须尽欢，莫使金樽空对月”一句漏讲，这一句中“金樽”算是比较生僻的词，没有点到，会直接影响教学中其他步骤的实施。④关于诗歌写作背景的介绍。《将进酒》讲解过程中对李白的性格、对诗歌写作年代、作者命运的简介都是有必要的，这种忽略，不太利于学生了解诗歌的情感意蕴，对诗人消极情绪的把握也可能产生偏差。

再次从意境的角度来看。老师开始注意到这方面的问题，也在讲解的过程中刻意强调。如对《望庐山瀑布》中“飞流直下三千尺，疑是银河落九天”的诗意讲解导入“君不见黄河之水天上来，奔流到海不复回”所描写的磅礴气势。对《钱塘湖春行》中“乱花渐欲迷人眼”描绘的画面的强调都是很好的现象。由于对诗歌的理解、对诗境的把握是一个需要长期积累的工作，推荐的解决办法首先是要老师花时间去读诗、背诗，只有对诗歌的内容本身有了熟悉，诗境的理解之类的问题才可以随之得到解决。

最后从教学效果来看。诗句长短的增加是一方面的原因，由于这一周学的几首诗大多是八联律诗，导致了背诵、默写上的困难，学生虽然大多已能成诵，但记忆的消失是一个很大的问题，有学生反映一觉醒来很多都忘掉了，也有同学反映唐诗课不太有趣。我们都不希望这样一门美的艺术在学生那里变成煎熬，应当寻求提高学生兴趣的教学方法。

总之，这是一个小小的总结，希望对下周改进教学有所帮助。

曹珊在另一篇工作日志《小学教育是否需要避讳爱情》一文中这样写道：

《长恨歌》叙述的是唐玄宗和杨贵妃的爱情绝唱，歌颂了人间真爱的伟大——“但教心似金钿坚，天上人间会相见”，表达了一种超越时空、超越生死的爱情的可能——“天长地久有时尽，此恨绵绵无绝期”。一次次吟诵，一次次深受感染。在这一曲爱情婉歌中，君王也好，皇妃也罢，他们成了普通的一对恋人，相爱相伴；他们的身份却又限制了他们长相厮守的可能，阴阳相隔，玉颜空死，圣主掩面，他们得不到平凡人的幸福；然而即使是天上人间的距离，爱情的坚贞让读者也来祝福他们的相见、祝福他们爱情的延续。

这样的一首诗，情深意切，又加上白居易细腻的描写、浪漫的想象，艺术价值可谓不凡。可是在备课的过程中，我和老师们都曾产生过怀疑：这样的一首爱情诗，对于年龄最大不超过十三岁，最小只有六七岁的小孩来说，该怎么讲，他们是否能够接受，是否能够理解？今天，《长恨歌》的课堂结束了。从这几天的课堂来看，单从课堂气氛来说就已经能显示我们的成功。

人是有感情的动物，小学生固然缺乏人生阅历，但不管是从平时生活中与小学生的交往来看，还是从近一个月以来与小街小学的孩子们的交流来看，他们的情感不贫乏，他们重情重义，与人真诚，甚至超过了那些束缚于名利之中不能自拔的成人。在物欲横流的现代社会，我们从小来进行有关真情的教育又何尝不可？

当老师讲到“六军不发无奈何，宛转蛾眉马前死”时，我可以看到有学生的愤慨和惋惜；当讲到最后的“天长地久有时尽，此恨绵绵无绝期”时，我也可以看出学生们脸上的感叹。他们都能理解。

至于“芙蓉帐暖度春宵”之类描写爱情比较露骨的诗句，不刻意渲染也不刻意避讳，在疏通句意、不妨碍全篇理解的前提下做交代，老师把握适度，课堂进行得很顺利也很“健康”。另外，小学生对于爱情也并非无知的，何况对于爱情的无知并非是健康的成长方式，他们已经敏感，作为学校又岂能扼杀这种敏感。合理的利用，可活跃课堂气氛，提高教学效果。我们不封闭也不封建，我们可以合理地开放，不是吗？

作为唐诗的姊妹篇，宋词在中国甚至是世界文化史上的地位也是不可小视的，宋词的大多主题是爱情，描写细腻、文采斐然、艺术价值高超。我认为宋词教育是可以在小学教育中出现的。我们在潞西的唐诗教育培训，目的在于增强小学生文化底蕴、提升境界，唐诗宋词中有关底蕴、境界的东西太多，《长恨歌》中关于中国历史的知识、关于中国古代服饰、文化、建筑的知识都是增长见识的点滴渠道，如此长期积累，必将收到良好效果。

正如李博士所言，国学大师王国维讲人生的三境界用三句宋词来概括，无论是“衣带渐宽终不悔”还是“众里寻他千百度”都是言情之词。中国古代诗词中又有多少能收到这样的效果呢？

由爱情到人情，由人情到人生，谁说《长恨歌》中没有人情的普遍性、没有生命的普遍性？“此情可待成追忆，只是当时已惘然”又在表面对情感、情绪的表达背后蕴涵了多少历经人事后的感慨思考，成为一种总结，千古共鸣。

总之，我认为爱情不应当是一个招避讳的字眼，对于小孩子，无论是在小学的教育中，还是在家庭的正常生活中。但是，“度”是一个必须注意的问题也是不可否认的。

2008年8月5日，云南省德宏州潞西市教育局杨局长等一行领导来中山看望志愿者和在这里接受锻炼的娃娃们。他们听了几节课，下午第三节课后，还和这里的志愿者（包括中山乡的老师和中央民族大学的大学生）开了一个关于这次志愿活动前半期成果的座谈会。会议由袁副局长主持。志愿者们一一发言，大谈体会和收获，一致夸奖这种“临床指导式”的师资培训。在他们夸奖笔者这个团队的奉献精神时，笔者除了不好意思之外，还心里默念“南无阿弥托佛”，也还得意于我们这支志愿者队伍的专业化水平：“爱心＋技术”。

云南省德宏傣族景颇族自治州潞西市中山乡中心小学的志愿者教师杨翠香在《培训小结》一文中这样写道：

光阴似箭，日月如梭。转眼由中央民族大学李剑博士于2008年7月22日至8月20日在潞西市中山乡中心小学辅导学生的培训活动已经结束了。在这短暂的一个月里，我参加了《论语》科目的教学辅导活动。在李博士及他所带来的大学生尧江英老师的指导下，我主要完成了《学而篇第一》、《述而篇第七》、《泰伯篇第十八》、《乡党篇第十》、《微子篇第十八》及《子张篇第十九》的部分内容共计三十二则。

在教学上，我认真备好要上的内容，请指导老师解答疑问，认真听取意见，查阅资料，尽量让每一则《论语》内容都背得熟练一些，在课堂上能够得心应手地与学生进行交流，以此来达到教学要求。在教学的过程中，我根据李博士的指点，以了解意思、会读、能背诵并默写下来的教学顺序来组织教学，大部分学生在短时间内就能把预计的内容默写下来，这种教学效果还真是不错。

之前，在短时间内（一节课）学生能把大量的知识掌握好，这是从未有过的。在他们的指导、意见和建议中，我根据预计一节课要完成的内容，合理安排课堂时间，适时呈现新信息，控制好学生的学习思维，让他们时时有事情做。这样在李博士及各位老师的帮助下，我才能尽快地进入角色，较好地完成了预计内容的教学任务。在这短暂的培训时期，我收获还真不小。除了能恰当地处理好一节课外，还从《论语》这一科目的一些内容中，懂得了一些学习的态度、学习的方法以及做人之道，而做人之道更大的感受就是“仁爱”和“以和为贵”。

我相信在各位领导、各位老师的继续帮助下，在自己的不懈努力中，我会把学到的知识、方法与技能很好地应用于教育教学中，为教育献出一份爱。

云南省德宏傣族景颇族自治州潞西市中山乡赛岗小学的志愿者教师康世芹在《英语教学的点点收获》一文中这样写道：

博士昨天说好今天的课全由我上，不与我“抢”。没想到才第一句“After I had had lunch at a village inn，I looked for my bag”的句子类型结构和时态讲完，亲爱的博士又来“抢”了。我一想心里挺不是滋味的。所有的不快都写在脸上，博士大概看到了。事实上我知道这几天博士都在有意无意地训练我，他这是在补充我没讲到的，弥补我的不足，可在那一分钟，我就觉得博士在打击我的积极性。不过，下课后我马上后悔了。

不仅仅是因为博士跟我道歉了，而且是因为他没有错，我不应该耍脾气。想想博士可敬的奉献精神，这几天见到的慈父尊容，以及他对孩子们的爱心和耐心，无论在哪一点都是我应该学习的。李博士，一个为了让我有进步令我尊敬的老师，我真不该有这样的态度。同时我体会到了教育面对的是孩子，一定要重视课堂教学的知识性和过程的连贯性，课下需要花工夫备课，而我这两天，这些都没做好。

中央民族大学的大学生志愿者尧江英在《〈论语〉课小结》一文中这样写道：

先说一下课堂上吧，因为语文的要求是意蕴，对孩子们的最终要求就是默写，要让他们积累一些诗词，了解中国博大精深的国学，增加一些文学底蕴。

首先，课堂上，主要是让孩子们朗读、背诵和默写，因此就需要不断地进行单调的重复，背着背着就会烦的，所以老师们想尽办法把他们的背诵弄得有趣些。我觉得开火车、同桌互背、分角色朗读等方式很适合小孩子。

其次，老师们经验丰富。杨老师画笑脸奖励学生，之前我觉得真的好幼稚，慢慢地，看着孩子们得到笑脸之后的笑脸才知道，那么一个简单的笑脸对他们有多重要，原来这个很适合小孩子。

最后，当然，也有一些不足，可能是因为小学正式课堂上不讲《论语》吧，有些字他们会教错、意思也容易弄混。在理解意思上，经常只理解表面意思，很难挖掘深刻含义。

课后的一些情况：课后老师们备课非常努力，他们常常不耻下问，讲《论语》之前他们常常来问我们那句话什么意思，或者是那个字怎么读，虽然有时候我们也理解得不深刻，只能尽力帮他们说说。说来这里的教学水平真的不怎么样。不说老师怎么样，这里的硬件就一般，就连一本《唐诗宋词鉴赏辞典》或者是古典文学，四书五经之类的书的都没有，老师们虽然很好学，但很多时候我觉得他们是想要扩充自己的知识都没有机会，我带来的那本杨伯峻的《论语译注》成为他们讲解论语的唯一参考资料。他们的知识来源可能只能限于那么几本薄薄的课本。或许校长办公室里的两台电脑可以给他们提供一些资料，但是一来他们不会使用，二来网上的资料也不权威，很多是胡说八道的。我感觉到他们说自己很多东西都不懂时候的强烈无奈，这边的教育真的很需要加强，学校里，虽然是小学也很需要有一些必备的工具书。其实，有时候我觉得这些也不需要很多钱吧，或许我想得太简单了。

此外，除了上课的孩子，这里似乎有很多没有机会上学的孩子，经常会看到一些跑到学校来玩的孩子。他们整天无所事事，小一点的就在外面捡捡垃圾或者到处溜达，晒得黑黑的，衣服也很脏，乍一看真的有点像野孩子……大一点的也常常流里流气的，又没什么可做的事情，又没机会读书，时间无处打发，他们就只有天天闲逛，慢慢的内心淳朴的孩子也变了，说得不好听就是有点小喽喽的气质。

教课意见：这些天听课之后都要开一个集体会议，关于语文教课的意见我做了小小的总结。

第一，今日事今日毕。就是说当天讲的课程最好当天就能完成，当天甚至当堂课就搞定，最好让孩子们在课堂上就默写出来，不要在课后给他们压力。至于复习，当然是在上课之前，还有早读晚读时间，以及每天第一堂和最后一堂课上。还有就是最好不要布置预习作业，怕累着他们。

第二，深层挖掘。就是说讲《论语》的时候不要停留于表面意思，要深入，要找出内涵。比如说“朝闻道，夕死可矣”不能只停留于表面说“早上听说了道德，晚上就可以死了”。可以理解为为了追求道德，追求自己的梦想连死都不怕，更别说一点小小的困难啦！

第三，联系实际。将《论语》与孩子们的日常生活联系起来，让他们更好地理解意思，也能在理解的基础上背诵。如“君子食无求饱，居无求安。”一句，不能让它成为孩子们不吃饭的理由。要点明在什么情况下君子才不求饱。

第四，画面呈现法。这一点主要是针对《唐诗》的，即要将《唐诗》中的意境尽量地描绘出来，给他们呈现出画面，有一个想象的空间，根据画面想象诗句，可以形象一些。也可以用演绎的方式将内容表演出来。

第五，背诵方法多样性。为了能默写出来必定要多读、多背，但又不能太单调，会让他们乏味，所以要有多种方式变换着，要有新意。男女生互相背、分角色朗读、“开火车”等方式都不错。

云南省德宏傣族景颇族自治州潞西市中山乡中心小学的志愿者教师杨祥娣在《参加“红绿青蓝——潞西中山乡师资培训”活动小结》一文中这样写道：

2008年7月21日至8月19日，我参加了“红绿青蓝”和中央民族大学的李剑博士在中山乡小学组织开展的师资培训活动，还担任了小学班的班主任。在近一个月的培训实践中，我受益匪浅。

这次师资培训的模式是师生自愿参加，培训者“手把手”地教，类似于医学上的“临床指导”，需要我们老师自己做，于是四邻八方的学生慕名而来。由于学生来自几个乡镇，到校上课的学生大多是自由来去，只有10个孩子在学校住宿，其中5个孩子就是“红绿青蓝”以“1+1”的形式资助的。对这个特殊的班级，管理也该有所不同，我就采取“集中班会少，平时监督教育多”的方式进行管理。在7月22日晚召开了一次班会，从认真学习、礼貌守纪、团结友爱、讲究卫生、注意安全、爱护公物等方面进行了正面的引导教育，为学生营造一个和谐的学习、生活氛围。至于其他的工作，我主要做好了监督学生睡觉和打扫卫生，并为住校生送凉开水，他们生病了给找药，有空就与孩子们交流、沟通感情。平时，只要发现学生有不良倾向，就及时提醒、教育。另外，还有更多的管理工作，都是李博士和四位大学生及中山乡中心校领导帮助我做的。在大家的共同努力下，孩子们在中山小学度过了一段平安、快乐的日子。

在教学方面，我参加了《论语》的教学，内容是从《学而篇》、《八佾篇》、《里仁篇》、《公冶长篇》、《雍也篇》、《子午篇》、《季氏篇》、《子路篇》、《卫灵公篇》、《阳货篇》里择选出来的，共五十七则。由于这门课我从没接触过，现在只有边学边教。李博士教导我们："教师必须在学生之前背下要教的内容。"这是合理的。在备课时，我努力做到这一点，同时认真地一遍又一遍地读《论语译注》中相关内容，查认生字，弄不懂的主动请教指导老师（大学生尧江英）和李博士，做到了有错及时改正，且不厌其烦。课上，按照李博士指导的"理解—朗读—背诵—默写"四个程序（目标）进行教学，其间努力采取多种教学方式激发学生的学习兴趣，如：多样的朗读以及对默写较好的孩子，给他画个笑脸等。这样，教学的效果还不错。在这边学边教的过程中，我知道了学习《论语》的方法即为：在了解字面意思的基础上，更重要的是挖掘其蕴涵的深刻含义；也学到了许多的知识，认识了一些生字和古字音，懂得了学习、为人之道，更深地认识到：无论做什么，都要有毅力、有信心、有准备，并做到"君子欲讷于言而敏于行"。教学之余，我还坐进课堂听了其他老师讲课，有《趣味数学》、《唐诗》、《论语》，从中又获得了一些知识，学到一些教学方法，如：数学中的巧算方法、找规律；教学要注意训练学生的思维；教学《唐诗》要让学生入情入境，要能将画面呈现给学生等。通过每晚的教学汇报讨论会，我们知道了自己当日教学中的成功点与不足之处，这一个教师长进的最佳途径。

短时的培训结束了，我觉得在班级管理方面自己做得还不够，教学上也存在诸多不足。但是，我从李博士和四位大学生身上看到了教书育人的决心与爱心，看到了“为了每一个孩子”而拼搏向上、无私奉献的精神，尤其是李博士那吃苦耐劳、爱岗敬业精神深深地感动了我，他的教学风格、对我们的谆谆教诲、高尚的道德情操将成为我成长路上的航标，我会在今后的工作中去努力奋斗，将培训中学到的知识与方法运用于教学实践。

云南省德宏傣族景颇族自治州潞西市中山乡中心小学的志愿者教师杨翠芹在《笑脸的魅力》一文中这样写道：

多年的教学实践，不知如何用什么方法来让学生对自己的数学教学感兴趣，经 2008 年暑假里跟李博士学习了一个月，使我深深地感受到，自己平时的教学没有激情，自己身上没有使学生感兴趣的东西。而从李博士的教学中我体会到，我们每人都有一张脸，但需要的是一张笑脸，因为笑是人与人之间拉近感情的一种最基本的表达，两个陌生人之间如能以微笑面对对方，那么，双方都会在心里产生一种好感，至少感觉对方并不坏，特别是在经济腾飞、社会和谐、科学发展的新背景下，在教育体制、课程标准不断改革，科学方法不断更新的当今时代，人们的人生观、世界观、价值观在新形势下发生较大变化。

正如苏霍姆林斯基所说：“如果教师不想方设法使学生产生情绪高昂和智力振奋的内心状态，而且不动感情地脑力劳动，就会带来疲倦。”这是我们教师永久研究的课题。

经过一个月的学习，我认识到只有相同的教育理念，没有相同的教学模式，而从李博士的身上学到教师的笑脸，能使学生产生情绪高昂和智力振奋的内心状态。虽然只是一种表情，一个教育细节，但“她”能产生巨大的教育魅力。因此，在以后的教学生涯中，我一定要丢下“包公脸”，处处以发自内心的笑脸面对学生，善于与学生交往，无私地关爱学生，还愁自己的教学没有激情吗？

云南省德宏傣族景颇族自治州潞西市中山乡中心小学的志愿

者教师李翠林在《师资培训小结》一文中这样写道：

自从2008年7月22日至8月19日，中央民族大学李博士及四位大学生到中山来组织志愿者辅导活动以来，既辅导了学生又培训了老师，这是一项公益性活动。我始终参与在唐诗的教学培训活动中。在培训中，我讲授了十首唐诗。

特别是《琵琶行》和《长恨歌》的内容很长，需要的画面很多。因为我的底蕴基础问题，呈现得不够理想，在李博士和曹珊老师的指导下，我觉得上课放开了许多，特别讲到一些与爱情有关的句子。

如《长恨歌》中的句子“芙蓉帐暖度春宵”，我有点不好意思讲这句话。正在踌躇中，李博士看到了及时点出其中的“暖”字，一下扩展了学生的想象思维，得到了圆满的理解。

谈及《长恨歌》这首古诗，以前我没学过，本次也是边学边教。课前和曹老师认真备课、找资料。每节课后认真听取李博士和曹老师的点评指导，得到了提高。

课上为了能配上画面让学生能入境，李博士几天来牺牲睡觉时间组装画面配音，不辞辛苦地制作多媒体，让我才真正看到了什么叫“一切为了学生，为了学生的一切”的老师。

在培训中我看到了李博士既是一位严师又是一位慈母，还是一位管理者。这值得我今后工作中学做。

就《唐诗》背诵而言，我懂得怎样指导学生背诵才能背出最佳效果。

在平时课堂教学中，只要发现不良行为我都会停下课来说教，准备好的课只好留到下一节再讲，这样的情况不知耽误我多少课堂时间。总觉得不说教则不好，心里很矛盾。通过这次培训我知道了该怎么去做，在今后的教学中我会抓紧课堂的每一分每一秒。

在整个培训辅导中，我既努力上好《唐诗》课，还听了《论语》和《趣味数学》的很多课，每天晚上参加了点评讨论，学到了很多新颖的东西，得到了手把手的指导，真是受益匪浅。

中央民族大学的大学生志愿者杨贞兰在《又是一周过》一文中这样写道：

刚刚一阵雨过后，天终于凉了下来。老天似乎在考验着我们这群志愿者，一周都是烈日炎炎的。在这种天气下，我的脑子时时停止转动，但帮助孩子们的激情一点也没减。照样是早起，跑步、早读、上课、讨论、开会……日子是平平静静地过，但内心经受的洗礼是一点没停。这一周，我们又进步了。会议上争论的问题越来越少，老师们的教学水平有了极大的提高，孩子学到了更多的知识……所有人都进入了状态。时间越来越少，大家都想尽自己最大的努力把我们的志愿行动进行到底。

这一周，我们之间的感情增加了。孩子们不像刚来几天那么害羞了，他们敢跟我们开玩笑，给我们讲他们的故事，谈他们的心里话了。他们还经常跑到我们宿舍，“霸占”我们的地盘。看着他们越来越开朗的性格，我就开心。我不希望他们幼小的心灵没有快乐，孩子的童年应该是快乐、没有烦恼的。这一周，我们都很快乐。二十九号，我们给美美过了她十岁的生日，应该是她第一次过生日吧。昨天，西山和三台山的校长来看望孩子们，带来了很多水果，分完水果后，孩子们欢快地高声呼喊着：“有水果了！”仿佛向世人宣告：“瞧，我们有多么幸福！”要知道，对于这些农家的孩子，除非自己家里栽种，才能吃上水果。这一周的课堂，孩子们在欢声笑语中学会了很多英文歌曲。我时常被孩子们的可爱及聪明逗得哈哈大笑，仿佛又回到了童年，不用再为世俗的东西烦恼。

下一周，我们会继续努力！努力为孩子们留下点什么，为这的教育事业留下点什么……

云南省德宏傣族景颇族自治州潞西市中山乡中心小学的志愿

者教师杨忠怀在《原来教学方法如此重要》一文中这样写道：

2008年8月8日下午第一节课，因为杨老师生病不能为学生上《论语》课。这一节《论语》课就由我来顶替。本节课，我一共为学生准备了三则《论语》。学习第一、第二则时，我是先泛读，接着讲意思，创设情景画面，再让学生熟读、背诵，最后默写。结果学生们连读带背共十二遍就全记住了。而最后一则，我是先让学生熟读、背诵，再讲的意思，最后默写。结果学生读背了十八遍，还是记不住。这节课也没按计划完成任务。

到了晚上，老师们为我点评课时，有的说，没有把握好时间，有的说讲得不到位。这时我也在想主要问题到底是什么？就在激烈的争论中，李博士发话了："根据学生们的认知心理，最主要的原因是教学方法不对，教学顺序颠倒了，顺序应该是理解、熟读、背诵、默写。"我听了这一番话，才深深地领会到：原来教学方法如此重要。

杨忠怀老师在其《教师培训总结》一文中这样写道：

2008年7月22日到2008年8月20日，中央民族大学李博士带着其"红绿青蓝"的四位本科生志愿者到我校，为老师"手把手"、"面对面"地培训，为我校二十余位学生及其他乡镇十位学生们辅导。在这短短的一个月的培训中，我也亲自上了六节《论语》课，亲身体验了博士指导下的教学方式方法。听了六节《唐诗》、八节《论语》、八节《趣味数学》。每天晚上都参加了关于白天上课的点评指导会。积极参加了各项后勤协调工作，也为学生们辅导。在这短短的一个月的培训中，我学到了许多终身受用的东西。现主要总结如下：

首先，在思想上，我深深地体会到了什么叫敬业，什么叫奉献。李博士从到我校之时，从来不浪费一分钟，而是时时刻刻都把心思放在学生的学习和生活上。在我校培训的日子里他为了制作课件等，曾经有三个夜晚没睡觉，平时都到凌晨三点多才休息。对老师培训时时出现的问题，总是那么耐心、细致，有针对性地指导、讲解。对学生们更是无微不至的关爱。他的这一行动深深地打动了我的心，让我情不自禁地说："您真是我们学习的好榜样"，我们的老师只要有您一半的敬业就好了。

其次，关于语文的教学方法。我们从前教语文时，只要求学生能读会背、记下来就行了，通过培训我们清楚地认识到教学语文时除了认真备课之外，还要根据学生的认知心理，采用先理解，后朗读，再背诵，最后默写等的方法。学生才会在最短的时间内学习记住更多的知识，从而提高我们的教学效率。在学生理解课文时，还要千方百计地创设情境画面，让学生们很好地理解课文。教学时还要结合生活实际，不断加强思想教育。

再次，关于数学的教学。我们从前教数学时，是为学生会做题而教，而李博士是为了开发学生的抽象思维、形象思维、逆向思维、发散思维、辐合思维、批判思维而教，所以，学生的兴趣不断得到了培养，从以前的觉得数学难，变成了现在的爱数学。

最后，关于英语教学。英语是学生们最怕的一门学科，而李博士教学时采用意象英语教学法，让孩子们在玩中学，从中得到快乐。

云南省德宏傣族景颇族自治州潞西市中山乡中心小学在其《"红绿青蓝——中山乡教师认知能力建设"培训总结》一文中这样写道：

六朵金花，如娇如艳，阳光普照，如此灿烂。旺妹（遮放镇小学）、美美（西山乡小学）、跃跃（三台山乡小学）、巧巧（江东乡小学）、荷荷（中山乡小学）、婧婧（芒市中学）。

以上六位家境不同的同学得到"红绿青蓝"的"1+1"资助。李剑博士对孩子们的学习、心理等作了全面的了解，决定从中央民族大学安排四位本科生，以"红绿青蓝"志愿者的身份来到潞西，对这些学生进行为期一个月的学习兴趣辅导，同时开展教师认知能力建设培训活动。李博士把辅导和培训地点确定在中山乡小学，中山乡中心校班子成员十分重视，在全乡教职工中做了宣传，并组织教师报名参加志愿者活动，李博士把辅导和培训的事同市教育局领导商量后，市领导班子高度重视这项活动，2008年7月21日局班子召集五个乡（镇）中心校校长及负责人开会，研究辅导和培训方案。成立了专门领导小组，对培训的安全、生活做了周密安排，确保辅导和培训活动有序开展。对资助学生进行了健康检查。中山乡中心校对资助学生到中山乡辅导的生活做了恰当的安排。

2008年7月22日，李博士，四位本科，受资助学生进驻中山。晚上，所有志愿者开会，讨论和研究辅导及培训工作，具体辅导科目有：《论语》、《唐诗》、《趣味数学》和《意象英语》。培训的方式：由中山乡小学志愿者具体给孩子们上课、李博士做指导、四位本科生分学科辅导中山志愿者开展教学活动。培训教材由北京红绿青蓝教育科技培训中心提供，除星期天外，每晚九点，志愿者都要利用一个多小时的时间进行交流互动，共同总结或反思当天的教学效果或教学得失。各个学科都有明确要求，教师必须围绕学科的各个指标组织备课和上课。数学指标：兴趣和思维；英语指标：认知的、人本的、活动的。语文指标（本期是《论语》和《唐诗》）：了解/理解、朗诵、背诵、默写，其最终指标是：底蕴、境界。

当地学生家长听说中央民族大学博士和本科生来中山对学生进行兴趣辅导，从来还没有听说过博士来到过中山，博士还来中山进行义务兴趣辅导，这是一件新鲜的事。家长们怀着对李博士敬仰之心，想让李博士在孩子们的学习上给予点拨。2008年7月23日，小街小学来了大大小小的学生，还有亲自送孩子的家长，校园恢复了往常的喧闹。报名参加兴趣辅导的有小学、初中、高中不同学段的学生。根据不同学生的要求，将这些学生分为小学、初中、高中三个班。初中和高中以辅导英语为主，上午进行初中英语授课，下午进行高中英语授课。

在兴趣辅导和师资培训过程中，市教育局领导十分关心这次活动。杨连升局长、晏家荣书记、张兴维副书记、袁文武副局长、市教科中心李正龙副主任、李文豪等同志亲临中山乡小街小学对学生兴趣辅导和师资培训进行调研，并对此次工作给予肯定。西山乡中心校校长杨顺品、三台山九年制学校校长段建华、江东乡中心校负责人柴六生、遮放镇中心校副校长张国庆，他们分阶段到中山乡小街小学看望来这里参加兴趣辅导的孩子们，并带来了大量的水果，了解了学生的学习情况，他们勉励孩子们要好好学习，认真听李博士的教导，不辜负李博士的希望和厚爱。中山乡党委副书记、副乡长何春荣也亲自到学校看望师生，并同师生共餐，体验师生生活。

这次辅导和培训，给我们的体会是：

第一是李博士的人文关怀精神。为了资助的孩子，他给了孩子物质上的支持和精神上极大的关注。他自己为孩子们买运动鞋，给个别学生买衣服，每到街天（赶集的日子）都给孩子们买水果，为孩子支付体检费，为学生支付伙食费。受资助学生都是家境不同的，针对学生暴露出的心理障碍和不良行为，都采用不同方法给予矫正。经过一个月辅导活动，受资助学生发生很大变化，如：跃跃，不爱说话，心里充满忧郁，现在变得学习积极，敢说敢讲，主动和老师接触。

第二是李博士的敬业精神。他白天指导教师上课，负责辅导小学、初中、高中英语。晚上，同教师们一起回顾、反思当天的教学及出现的问题。深夜还在写材料。如：为了学生学好唐诗《长恨歌》，他通宵达旦地赶制多媒体课件。

第三是李博士的精细化思想。时间上严格按作息时间表开展活动，什么时间做什么事都是井井有条；纪律上只要教师和学生有一点偏差，都要严格对待；教学上必须按各学科的标准逐渐落实。一个内容结束必须做到清清楚楚、干干净净。

第四是四位本科生尽职尽责，积极为任课教师做好课前准备服务。每节课都要有人负责到课堂听教师上课，课后认真做好点评。课外每位本科生分别负责住校生的生活、学习、指导和管理。

第五是中山乡中心校志愿者们自强不息、兢兢业业。他们立足边远山区的孩子，不惜牺牲暑假时间，有的亲人病倒在床上，有的亲人躺在医院，有的打算在暑假到医院做手术，他们都静下心来辅导孩子和接受培训。况且除吃工作餐外，不拿一分钱。一个月的培训人人都有收获，甚至有的教师说："到外地参加培训，只能听到专家讲授的理论，看到别人的操作，这次培训在自已的学校里就得到博士的教导，有博士理论的传授，本科生的热心辅助，我们能操手术刀，做临床实践，真是学到一些东西。"

第六是中山乡中心校的领导班子，同李博士一道，组织好辅导和培训工作，班子成员除管好师生的食住行以外，还深入课堂听课，亲自参加上辅导课，聆听博士和四位本科生以及老师的指导。

良好的开端是成功的一半。中山乡领导班子以及教师深受这次师资培训的影响，感受至深，有感性上升到理性，有如下的今后打算：通过本次辅导和培训，为中山乡中心校今后开展辅导和师资提供了一个很好的基础。参加的人员都成为骨干，中心校有信心继续与"红绿青蓝"真诚合作。在九月开学之前拿出辅导和培训计划。把《论语》、《唐诗》、《趣味数学》、《意象英语》的精华与教育教学理念和方式与日常教学相结合，系统地纳入学校教学任务之中。通过有组织有计划的活动，使孩子们的文化底蕴得到积淀，人生境界逐渐提升，认知水平（学会学习）稳步提高，教师专业化水平在本质上得到不断提高。

总之，这次培训，得到了领导的关心和支持。志愿者们经过一个月的辛勤工作，师资培训收效显著，赢得了当地群众的好评，如此培训将成为中山乡中心校未来师资培训的一个具有意义的导航。

由云南省德宏傣族景颇族自治州陇川县教育局选送的志愿者教师张全欢老师在《我轻轻地来》一文中这样写道：

我轻轻地来，我却不想轻轻地走，我似乎想留下点什么似的。在这里，我看到了我从未看到过的孩子，从他们的可爱、单纯、善良、美丽中我似乎看到了他们比同龄的孩子多了一份忧伤，一份美丽的忧伤……

我喜欢这里，喜欢这里的孩子，喜欢孩子们在文字的世界里徜徉，喜欢孩子们在知识的世界里寻觅那份静谧，喜欢在夜深人静的时候，倾听孩子们美丽的忧伤……

孩子，也许我们的昨天不够好，但是今天我们在努力，我相信我们的明天一定会更好。

由云南省德宏傣族景颇族自治州陇川县教育局选送的志愿者教师朱春改老师在《金钱无法买来的东西》一文中这样写道：

今天是我们来到三台山中学的第四天（2010年7月19日），虽然没有想象中的那样好，没有软软的大床，更不要说睡懒觉，但看到来自全国各地的学生们和志愿者老师们千里迢迢到我们偏远山区，吃的和住的都和我们一样，心里感到特惭愧，特别是老教师蒋老师夫妻俩的无私精神真让人崇敬，还有年轻的龙老师、王老师、刘老师还有高老师，真的很感谢你们。在这里，我还想说说李博士，知识渊博就不用说了，我深深地从他身上看到了作为一位父亲和一位老师的魅力，从孩子们的眼里我更证实了这点。

回想一下我这四年的教书经历，特别是这么久了还有很多学生打电话来聊天，感觉自己留给了他们很多不应该。真羡慕这儿被救助的孩子，因为他们人生道路上虽有了不幸，但得到了更多用金钱无法买来的东西——爱。

中央民族大学的大学生志愿者高琼仙在其工作日志中这样写道：

2010年7月21日　星期三

昨天晚上看了荷荷小同学精彩的告别“演唱会”，我们都被震惊了，尤其是“特邀嘉宾”刘堃老师显得很感动，这是孩子们用自己的方式为她举办的告别会，看了这场特别的表演，我也激动得半夜笑醒了好几次，也导致我今天早上听课的时候困得睁不开眼睛，不过心里觉得很值得，因为这是世界上无与伦比的“演唱会”。我发现这里的孩子都很擅长唱歌跳舞，尤其是本地的几个女孩子会跳傣族舞，荷荷还为我们献上了一首景颇族的《思母曲》（可能也是因为她想念妈妈吧），略带沙哑的童声让我又想笑又感动。

今天的学习比较轻松，尤其是李剑老师的《新概念英语》课，我们在笑声中学习了三节课，学习并快乐着，这是对今天的课堂最好的诠释。晚上的教学评议会应培训老师的要求，我对今天初次上《诗经》课、培训老师上的《诗经》课做了一个简短的点评。我对老师今天的课堂点评是：《诗经》解释得过于简单直白，此言一出马上引起了培训老师的反驳，他们的观点是对于年龄偏小的中小学生就应该讲的直白易懂。我当时想解释自己的观点，但面对那么多老资历的老师，我又说不出话来了。唉……我总是在关键时刻嘴拙。李剑老师点评的时候，把这个当做一个讨论的话题，他也说了一些自己的看法，他说：对于古文经典，除了做到让孩子们理解以外，还要注意古文的文化底蕴以及古人想表达的哲理。之前一直很不喜欢教学评议会这个环节，但今天我觉得评议会很重要以及很必要，我也学到了很多东西。

（4）培训内容：在2020名被调查者中，有858名教师和教育管理人员最喜欢的培训内容是所任学科的思维训练与视野拓宽，占总人数的42.48%。

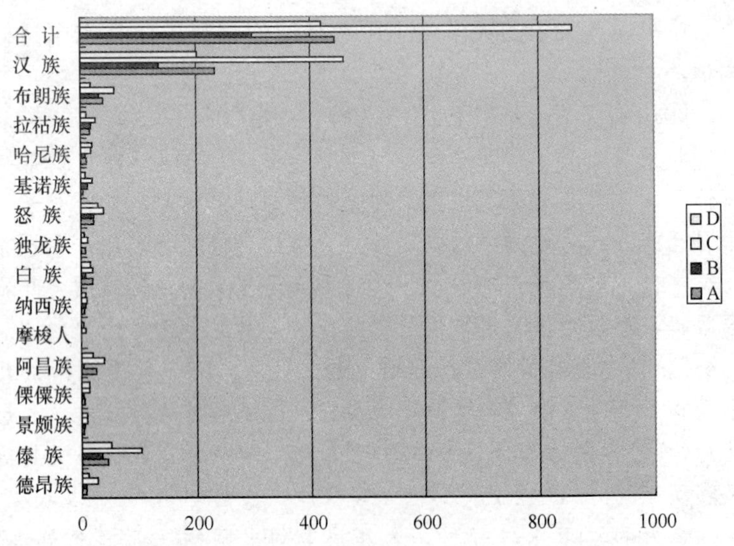

图 059 教师最希望接受哪方面的师资培训

A. 化理念于教学技术的分科培训 B. 有关新课改的通识培训 C. 所任学科的思维训练与视野拓宽 D. 超越而不背离新课标的认知能力建设

资料来源：笔者调研的数据统计，日期截止到 2008 年 12 月。

2008 年 7 月 20 日至 8 月 20 日、2009 年 7 月 15 日至 8 月 13 日、2010 年 7 月 17 日至 8 月 8 日，笔者及其所率领的调研组依托“红绿青蓝”自愿者组织在潞西市的中山乡和三台山乡分别进行了为期一个月的“临床指导式”师资培训（行动研究）。因为不能为当地老师进行正式课堂教材内容的预习与复习，所以，在语文学科上选定了《唐诗》、《论语》、《宋词》、《道德经》、《诗经》和《易经》（只讲授八个本卦的故事和《系辞传》的上传第一章），在英语学科上选定了《意象英语》和《新概念英语》（第二册），在数学学科上选定了《趣味数学》。《唐诗》、《论语》、《宋词》、《道德经》、《诗经》和《易经》实际上属于“红绿青蓝”进行师资培训时所用的十二个板块中的六个，其内容都是精中选精，而数学则主要是针对调动儿童学习数学的兴趣和训练数学思维来设计的，英语则是以意象牵动的活动课程，设计儿童的认知与“做中学”。

几乎任何一种培训，都会在抽象思维方面的学科知识方面，对被培训者的知识有所增进，但是，培训后，学科知识在质上是否清楚？在量上是否干净？笔者调研发现，在679名被调查者中，有365名教师和教育管理人员认为，以往的培训使自己的学科知识在质上不清楚，占总人数的53.76%。

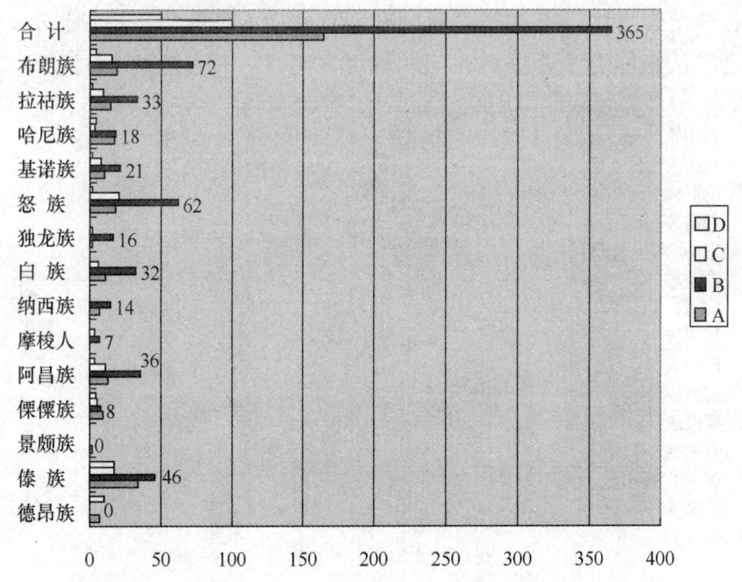

图060　以往的培训使教师在抽象思维方面的学科知识

A. 在质上清清楚楚　B. 在质上不清楚　C. 在量上不干净

D. 在量上干干净净

资料来源：笔者调研的数据统计，日期截止到2008年12月。

然而，在实际的“临床指导式”培训中，要以认知科学为主线，关键是形象思维是否有助于境界的形成（以《唐诗》、《论语》、《宋词》、《道德经》为例），抽象思维是否做到干净，培训师需要按一定的学科标准进行师资培训：

语文标准：底蕴、境界；其操作标准：了解/理解、朗诵、背诵、默写；

数学标准：兴趣和思维（逆向思维、发散思维、辐合思维、批判性思维）；

英语标准：认知的、人本的、活动的。

关于在“临床指导式”培训中要进行认知能力建设，在917名被调查者中，有323名教师和教育管理人员认为，被培训者自己的认知能力主要提高在问题解决方面，占总人数的35.22%。

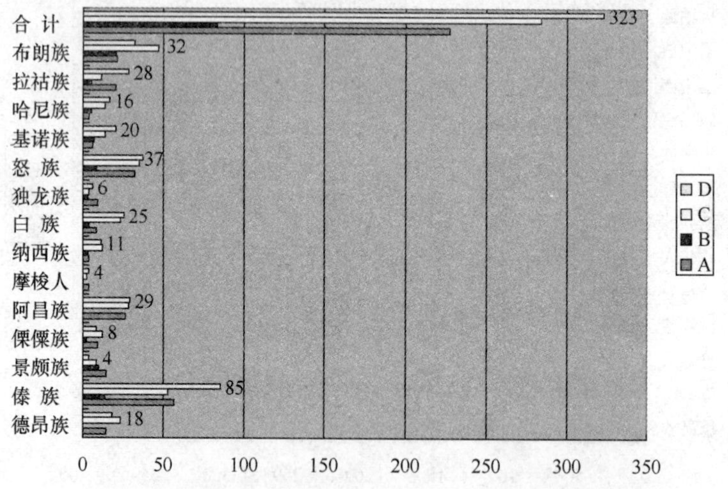

图061 通过培训，教师的认知能力主要提高在哪些方面

A．形成概念 B．提炼规则 C．理论迁移 D．问题解决

资料来源：笔者调研的数据统计，日期截止到2008年12月。

师资培训不仅要有学术性标准，而且还要有师范性标准。如果说教师活用的认知心理学用于学科教学标明教师的学术性，那么，教师进行课堂教学的师范性则主要表现在培养兴趣、关爱学生、启迪智慧、讲求课堂教学最优化等方面。在1203名被调查者中，有350名教师和教育管理人员认为，培训使自己的教学的师范性主要表现在讲求课堂教学最优化方面，占总人数的29.09％，其次是表现在培养兴趣方面。

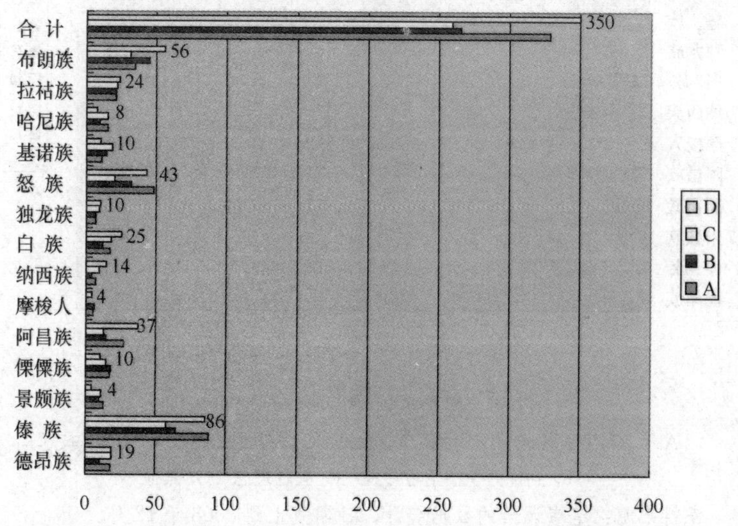

图062　通过培训，教师教学的师范性主要表现在哪些方面

A. 培养兴趣　B. 关爱学生　C. 启迪智慧　D. 讲求课堂教学最优化

资料来源：笔者调研的数据统计，日期截止到2008年12月。

至于被培训者最迫切需要得到何种培训内容，在1526名被调查者中，有380名教师和教育管理人员认为，到优秀学校学习参观是最迫切需要的，占总人数的24.90％。另外，有322名教师和教育管理人员选择了学科专业技能，占总人数的21.10％。

师资培训内容与标准的确定是由目前当地教师状况决定的。在本调研组自2008年6月至2009年8月所调查的14个民族中，各个民族的中小学教师学历达标率均在95％以上，无研究生学历；实需专任教师都低于实有专任教师，缺口很大。比如：迪庆

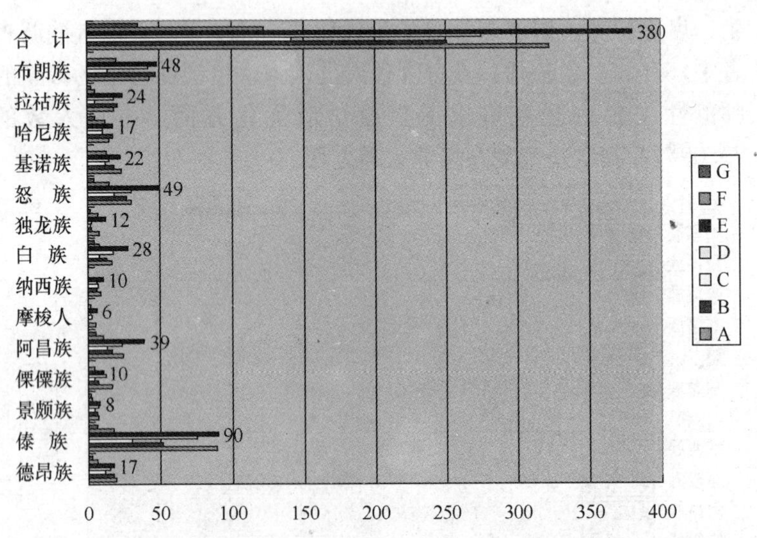

图 063　教师最迫切需要得到何种培训

A．学科专业技能　B．学科专业知识　C．新课改理论　D．信息技术

E. 到优秀学校学习参观　F. 教育理念　G. 其他

资料来源：笔者调研的数据统计，日期截止到 2008 年 12 月。

藏族自治州维西县小学和幼儿园按下达编制共缺编 133 人次（几乎每个学校都缺编），按下达编制超编数仅 11 人次（永春校区缺 5 人，潘天阁校区缺 1 人次），全县师生比例平均为 1∶15.29；中学共缺编 45 人，超编 26 人，师生平均比例为 1∶18.91；各地中学都存在专业学历重叠、所学专业与所授学科不对口的情况，有些学校存在某些学科教师过剩，而有些学科无专业教师的情况。

虽然各地教育局目前十分重视教师队伍建设，近年来严把教师的入口，所招录的中小学教师必须具有专科以上学历、具有教师资格证、所学专业对口才能参加教师招录考试、择优录取等等，但是，由于目前各民族聚居区经济发展水平不甚相同，存在着许多教师由山区到坝区，从坝区再到市区的、不合理流动的，导致出现教育资源不平衡配置的倾向。尽管各地建立了教师合理流动的机制，特别是调往县城的教师，严格按程序进行，比如宁蒗县明确规定程序是：个人提出申请，请县人事局编办审核编制，交由县长批准后，由人事局下文件调动，这样一来，为县直学校配备了一批德才兼备的好教师，但是，也有一部分教师，从乡下调往县城后，惰性有所抬头，不思进取，在生活上懒懒散散，在工作上得过且过，影响不好，家长和社会的反响比较大。

由于云南省的高山区交通不便，信息闭塞，培训机会少，教师的教育观念落后，教学方法和手段单一，难以适应新课程理念下的教育教学工作，存在着教师学历合格率高而综合素质偏低的现象；另外，小学到高中都存在学科结构不合理的问题，紧缺学科教师的招聘和引进比较困难。高寒地区条件艰苦，教学资源匮乏，严重影响了教育公平，政府对高寒地区教师扶持力度不够。比如福贡县的县政协、县工商联合向全县非公经济组织和相关人士发出募捐倡议，设立了“贫困山区教师特别奖基金”，专门表彰高寒地区的优秀教师，但是从设立以来，两年内共有 64 人获表彰，每年只给 232 名高寒区老师人民币 30—100 元，这个数目无法吸引更多的优秀教师到当地任教。

面对这样的情况，除了有关部门要加大教育投入（加大岗位津贴额度的力度）、确保师资培训经费、科学合理因地制宜地确定生师比、克服缺编和教师包班现象外，切实加强有效的师资培训才是提升教育教学质量的最直接手段。

新一轮课改后，各地纷纷开始进行课改培训，初期集中在理论通识和教材方面，比如丽江自 2000 年以来，逐步开展《走进新课程》、《新课程中教师行为的变化》、《合作学习的理念与实践》等 10 多个科目的新教材理念的培训。但是，到目前为止，在认知心理培训方面比较欠缺。许多一线老师反映：学生认知心理不懂得把握，不了解学生的学习心理、学习特点、教学心理和教学适应学生等完全没有涉及，所以，在培训内容上，认知心理水平的提升空间是很大的。

云南省各个民族的师资培训形式以集中培训和校本培训为主，多数是将两者结合起来，实现分级培训，比较典型的是贡山县的分级培训：Ⅰ级——以集中形式，骨干教师到省培训；Ⅱ级——以校本培训形式。Ⅰ级的教师回来后，以网络形式，培训其他教师。因为各地师训资金匮乏，工作与参加培训的矛盾严重，所以，分级培训形式普遍在各地运用，并且很适合当地实际情况。由于各地经济状况不一，因此网络培训实现情况也不一。兰坪县的网络教育已普及到各镇完小，每个学校教师都可通过网络及时了解课改信息和网络教学资源。贡山、沧源等地经济制约网络配置，网络教育还没有发挥作用，在当地无法展开，不适合当地。至于外地参观，由于经费有限，全省统一的2％－5％的师资培训经费，多数没有落到实处，外地培训必须教师自费，严重阻碍了师资培训的展开。不过，各地都存在与上海和昆明（云南师范大学）的合作项目，有骨干教师外出培训的先例，各地外出人数和当地经济状况直接存在联系。为切实加强有效的师资培训，当地教育局应当在现有的培训水平基础上，积极引进合作项目，制定可行的师资培训激励政策，切实加强由有实战经验的且理论水平较高的培训师来对当地进行“临床指导式”的师资培训。

教育资源配置的结构性失衡也显示着教育有失公正，表现为教育经费投入结构在义务教育、中等职业教育和高等教育三级学校教育中的不均等划分。从表012中可以看出2000年中国对中等职业教育（含中等专业学校、技工学校和职业中学）的教育经费支出的比例比对高等教育经费支出的比例要低15.90个百分点。

表 012　2000 年中国三类教育的经费投入结构（节略）单位：%

2000 年	全国教育经费			财政预算内事业费			中央财政预算内事业费		
支出种类	教育	事业	基建	教育	事业	基建	教育	事业	基建
高等教育	26.26	23.75	47.55	25.17	22.79	63.49	96.22	95.76	98.49
中职教育	10.36	10.49	9.69	9.22	9.39	6.66	2.39	2.67	1.01
义务教育	49.84	52.39	27.84	54.73	56.92	18.89	0.12	0.14	0.00

资料来源：《中国教育经费统计年鉴（2001）》，中国统计出版社，2002 年版。

两次现代化的历史经验表明，作为发展中国家，中国现在的教育投入应重在普及初中等教育和中等职业教育，而不重在高等教育的大众化。如果把公共资金过多地分配给大学教育，使耗费最高的大学教育对学生来说反而成为最便宜的教育，因为大部分费用由国家财政负担了，而处于社会利益底层的群体在向国家交纳税款、资助了社会利益顶层的富人的教育的同时，自己的子女往往因为贫困的限制而失去享有高质量教育和高一级教育的机会。这种使多数人的利益服从于为少数人提供机会的现象，在发展中国家屡见不鲜。尤其是在集权制盛行的国家，地方教育系统的任务是从一年级开始就为学生在未来的学士入学考试竞争中获得好成绩，以便能享有高质量教育和高一级教育的机会做准备，[①] 但是没考上高中或大学的青年在不得已的情况下才考入职业学校或留乡务农或外出打工，而多数中等职业学校的毕业生很难找到合适的工作，因为他们在校所学的专业课程落后于市场节奏数个节拍，因此中等职业学校在校生减少。例如，中国“1998 年以后中等职业教育在校生占高中阶段

① ［美］菲利普·库姆斯著，赵宝恒等译，王英杰校：《世界教育危机》，人民教育出版社，2001 年，第 222 页。

在校生的比例在逐年下降，从1990年的45.70%下降到2003年的38.75%”[①]（当然不排除普通高中人数增加的因素），中等职业教育形成恶性循环，尤其对于西部农村来说，当地的支柱经济如果没有更多的、得力的职业人才去支持，那么，职业教育的恶性循环又会导致经济的恶性循环。而如果将教育资源配置的区域性失衡和结构性失衡画个交集，可见中国西部农村中等职业教育的苍白无力。作为农业人口居多的世界最大的发展中国家，中国应有效克服教育资源配置的这种双面失衡，在夯实基础教育的基础上，大力发展职业教育，尤其农村中等职业教育。

中国当今的职业教育一直未摆脱困境而发展缓慢，这除了有教育资源配置结构性失衡、历史和文化（如士农文化的思想意识严重地影响中国职业教育科学化的进程）等方面的原因以外，还有教育决策方面的原因。由于全球化扩张主要依托于全球资本主义的市场运行，所以，决策部门看准市场是应该的，但不能缺乏足够的前瞻性，也不能一切都为了经济发展，而忽视职业人才的复合能力培养、忽视在岗工人的可持续发展。在面临全球化扩张、传统行业结构面临着知识经济的挑战和社会转型的情况下，决策部门对世界范围的产品替代的形势和未来职业市场的共需状况，以及准职业人应具有什么样的职业现代性，要有清楚的认识和前瞻性，以改变职业教育的下列诸种状况：职业教育的投入机制不够完善；双师型师资匮乏；实训条件较差、课群建设与专业设置的市场针对性不强、落后于市场的快节奏；中等职业学校毕业生的职业能力不强、生计准备不足和职业流动不畅；职业教育人才结构不合理、高级技术技能

① 袁振国著：《缩小教育差距　促进教育和谐发展》，载《教育研究》，2005年第7期，第4页。

型人才缺乏，远远不能满足企业及用人单位的需求；[①] 高职高专毕业生的第二次就业面临潜在的危机；农村剩余劳动力的职业能力的可持续性不强。上述七个问题的核心问题是职业现代性的培养问题。包括农村剩余劳动力在内的职业人才，其职业现代性的培养涉及的现代素质至少有以下七个方面：文化能力、专业知识、生产体验、操作技能、职业策略、职业智慧和学以致用（如表013所示）。[②]

表013　职业现代性的素质能力目标

文化能力	时代感、独立性、责任心、正义感、信任感、尊重性、自治力、心理承受力
专业知识	对生产及其过程的知晓、认知力
生产体验	对新经验的适切性、见解的渐增性、世界观的开放性
操作技能	反应、组织、执行工作任务的能力、效能感
职业策略	交流、合作、监控过程中的计划性、反思性、守时惜时
职业智慧	处世的豁达性、认知的灵活性
学以致用	学习和科学工作方法综合应用能力和公民参与力

考虑到中国职业人的个人现代性在其本质上，将不再仅仅是工具主义或人本主义的，而是两者合一的生命存在方式和生命质量讲求，所以，这七个方面的素质能力目标，综合了“必要的个人现代性”、“达成的个人现代性”、“转换的个人现代性”、德国职业人才培养所聚焦的“关键能力”和“操作能力”以及当代认知心理学研究的成果。这些目标在本质上都是现代性目标，针对发展中国家的职业教育而言，培养准职业人达到这些目标，相对

① 国家教育发展研究中心：《2003年中国教育绿皮书——中国教育政策年度分析报告》，教育科学出版社，2003年，第107页。

② 李剑著：《我国传统工业振兴过程中农村剩余劳动力的职业现代性培养》，载《辽宁教育研究》，2005年第5期，第9页。

来说比发达国家要难得多，因为面对现代性高速流变，发达国家的适应性要比发展中国家的适应性强得多。以德国为例，其双元制的课程模式具有阶梯训练的性质，其分段教学是由基础逐渐向专业化发展，分为文化基础、专业基础、专业和专长四个阶梯。其中，在文化基础阶段侧重“关键能力”的培养，后三个阶梯的教育以专业实践活动为中心，侧重“操作能力”的培养，专业基础教育强调同一课程类群下的宽泛性和专业设置的现代性，进而侧重专业课程方案的开放性、教材的实用性、先进性和可操作性以及职业教育的终身性。① 但是，不能知难而退，因为培养准职业人达到这些目标，是中国职业教育能否摆脱困境的第一个关键。在这些目标的指引下构建以能力为中心的职业课程模式，这是第二个关键，即吸纳多元弹性模块整合与职业性群集的特点，以文化能力为基础，渐至专业知识、生产体验、操作技能、职业策略、职业智慧和学以致用的能力。在这种课程模式的基础上，中国职业教育能否摆脱困境还需要采纳职业学校、城郊企业和农村乡镇三方统筹的办学模式，这是第三个关键，即职业学校要意识超前地进行专业调整、加强专业基础、实现基础学科综合化以形成课群，以有利于宽、厚、精、尖能力的养成。农村乡镇中学要加强在校生的文化基础教育和职业导向的作用、摆正升学与就业的关系；城郊企业要更加注重培养职业人的职业现代性。唯其如此，才能有效避免城郊企业职工的再度结构性失业，避免农村剩余劳动力转移的低效，避免教育不公正的现象在更长的人生纵向上发生。

与农村剩余劳动力向城市转移相比，农业现代化和农村城镇化更能显现出中国农村的出路。农业现代化意味着高效农业在一

① 李剑著：《德国中等职业教育人才培养模式评析》：《世界职业技术教育》，2001 年第 1 期，第 9—13 页

定程度上缓解人地关系的高度紧张，农村城镇化意味着城乡二元对立的体制性矛盾在某种程度上的解决。而中国农业经济与追求效率的市场经济的天然对抗、城市工商业资本和技术的增密对农民劳动的排斥以及与全球化扩张密切相关的国际资本及其技术标准所衍生出来的制度力量，都迫使农民必须接受足够的和良好的教育，才能抵制住全球化扩张的威逼和打破城乡二元结构的制度性封锁。这就需要培养本地的职业人才去面向农业现代化和当地的支柱经济，推进农村的成人教育（终身教育）。教育主管部门对已在岗的成人以及需要职业性流动或地域性流动的成人进行职业现代性再培养，而不要简单地任由市场对上述两种流动起作用，对已经就业但未受完九年义务教育的成人要进行扫盲的基础教育。要长期而有效地实现基本扫除青壮年文盲，除了巩固普及率以外，还要激发农村学校自身的主体性，鼓励它们与社区建立紧密联系，把学校作为农村乡镇社区文化的中心，关注弱势群体的教育需求，通过家长学校的形式，把扫除青壮年文盲、科技脱贫与面向农业现代化的任务结合起来。就农村职业教育，尤其对农村中等职业教育来说，地方主管部门不要因为忙于促进农村剩余劳动力的转移，而忽视面向当地支柱经济的准职业人的职业现代性培养。在这一点上农村职业学校应起到中坚力量的作用，让教育双轨的职业轨既通畅又强势，才是中国农民突破封锁的根本出路。总之，在中国广大农村，只有实现基础教育、职业教育和成人教育的三教统筹，中国农业现代化才有出路。对此，有必要引用陶行知（1891—1946）先生当年的一段话，以起警示作用。

中国乡村教育走错了路！它教人离井乡下向城里跑，它教人吃饭不种稻，穿衣不种棉，造房子不造林。他教人羡慕奢华，看不起务农。它教人分利不生利。它教农夫子变成书呆子。它教富的变穷，穷的变得格外穷；它教强的变弱，弱的变得格外弱。前面是万丈悬崖，同志们务须把马勒住，另找生路![1]

全球化扩张是作为一种得失分配不平衡的、极为不平等的过程出现的，其直接后果是贫富两极分化，即少数城市地区的少数人的利益群体从中获利，而多数农村地区的多数人蒙受损失和被挤到了社会的边缘。[2] 教育作为缩小贫富差距的有效途径之一，有助于减小严重的社会不均，因此，教育自身的公正与否是缩小贫富差距的关键之一。在广义上说，教育资源的区域性均衡和结构性均衡，是普及教育、职业教育、终身教育的必要前提，而普及教育、职业教育和终身教育能减少发达国家与发展中国家的教育差别，一国之内不同利益群体的贫富差别以及城乡差别对狭义的人之发展所形成的障碍。总之，对现在处于社会主义初级阶段的中国来说，教育机会均等问题和教育资源配置均衡问题，都是教育公正的“pH 试纸”，只要蘸一蘸民意的试剂，就能测出教育是否公正。

二、教育关系和谐

从本质上说，教育求公以教育关系和谐为基础。如果教育关系失和，那么，教育事业的公共性就会受损，从而有碍于和有害于人之发展。就教育内部关系来说，主要涉及受教育者的身心和谐、师生关系和谐、教师与教师之间的关系和谐、教育管理者与教师之间的关系如何受到商品化腐蚀或官僚化强制而失和；就教

① 陶行知著：《中国乡村教育之根本改造》，见方明著：《陶行知教育名篇》，教育科学出版社，2005 年，第 85 页。

② ［德］赖纳·特茨拉夫主编，吴志成、韦苏等译：《全球化压力下的世界文化》，江西人民出版社，2001 年，第 12 页。

育外部关系来说，主要涉及以新自由主义和新保守主义为基础的独霸文化如何使国际关系失和，从而使教育发展和人之发展遭到困扰而失去良好的环境条件基础。

1. 道器结合与重树教师集体形象

二元对立的世界观衍生出的理性感性对垒以及工具理性猖獗，导致现代人的人格分裂。人在各方面都遇到分裂，有些社会结构蔑视一切有关公正与和谐的规律，这不可能不影响到人生存的各个领域，社会的诸多因素，包括身心之间或物质价值与精神价值之间分为两端，都在促使一个人的人格产生分裂。① 换言之，隐含在功利主义思想与行为中的猖獗的工具理性已经牢牢地束缚住了人们的心灵，用朱光潜的话来说，社会中的一切都被“利害”两个字系住，一般人很难逃脱。这使人身心不和谐，即道与器发生了分裂。如果从人生纵向的角度来看待人格分裂的问题，未成年人的人格分裂或道德滑坡会令成年人惊惧。儿童在上小学以前，其身心是和谐的（当然这时候儿童之心还与“道”没有太大的关系），因为这时期的儿童的文化能力具有一种内生的特质。之后，儿童通过符号化记法来展开他（她）的文化渠道，教育是一种渐进的文化化的过程。② 然而，是现代社会的（或说是成年人的）工具理性使儿童（或说是未成年人）的人格发生分裂。“在一个世界里，儿童像一个脱离现实的傀儡一样，从事学习；而在另一个世界里，他通过某种违背教育的活动来获得自我

① UNESCO，华东师范大学比较教育研究所译：《学会生存——教育世界的今天和明天》，教育科学出版社，1996 年，第 96 页。

② ［美］H. 加登纳，兰金仁译：《智能的结构》，光明日报出版社，1990 年，第 358 页。

的满足"[1]。那么，如何克服现代人的人格分裂？席勒在必然王国和自由王国之间介入了一个审美王国，蔡元培也提倡以美育代宗教，朱光潜讲求出世入世相结合，本研究也类似地主张在席勒的审美王国里嵌入蓦然、浩然、澄明的境界，即无论是对教育者还是对受教育者，都需三才统一的世界观在其意识形态里扎根。

三才统一的"三才"，即天、地、人。人，对应于形；天，对应于形而上之道；地，对应于形而下之器。就人的全面素质来说，人之形，对应于多重智能；由形而上，是人之道，对应于文化素养；由形而下，是人之器，对应于创造性。经由教育，完成人由狭义和谐向广义和谐的跃进，一直是人类追求的境界。关于文化素养与多重智能及创造性三者的和谐，是塔基、塔身和塔尖的关系，前文已有论述，在此主要论及由道与器相和谐所体现出的身心和谐。"形而上者谓之道，形而下者谓之器"（《系辞·上十三》），举而措之于民谓之事业。道与器，有着辩证统一的关系。人若能实现道与器的有效结合，可成就事业。在中国文化中，儒道两家皆景仰形而上之道，重在修心、养性、得道，而不屑形而下之器。现代的一些中国人，因受西方主客体二元对立思维和世界观影响，反而崇尚形而下之器、重在物器为用、轻视形而上之道，是文化根性消隐的内因之一。中国古代传统文化需扬弃，现代中国需反抗西方文化殖民，以保持民族文化根性。古与今、中与西，需要和而不同，需要教育为之付出努力，这就要有效地结合道与器。道与器的结合，需要剔除东、西方文化各自的糟粕、持守和发扬光大本民族的优秀文化传统，也从西方文化中汲取真谛，让道与器，双管齐下、和谐统一、不顾此失彼，即以器入世、以道出世，以出世之心去做入世之事。无论是钱权系

① UNESCO，华东师范大学比较教育研究所译：《学会生存——教育世界的今天和明天》，教育科学出版社，1996 年，第 12 页。

统，还是独霸文化，都不能动我出世之心；无论是现代性的何种断裂，都不能继续困扰我之教育事业。三才统一，要求教育者具有蓦然境界、浩然境界、澄明境界，要求教育者通过教育使受教育者逐渐具有蓦然境界、浩然境界、澄明境界。

要想身心和谐与有境界，并非易事。因为人之身心和谐、人与自然和谐、人际和谐这三者相互制约，但也相互促进。以二元对立的思维和世界观来对待和谐，和谐根本就不可能成其所是；以三才统一的思维和世界观来对待和谐，和谐根本就是其所是。论及人与自然和谐，印度文化中的精粹可为借鉴。代表东方文化的两个重要国度是中国和印度。西方学者，以其所谓世界体系的角度来看中国和印度，认为两国是最大的边缘国。但若以印度文化强调人与自然和谐和中国文化强调人际和谐的角度来看，中国和印度应是世界的中心，可谓远古世界文明的光源来自东方，未来世界文明的归宿在于和谐。印度人崇尚精神，认为"真正的幸福在于发现和保持精神、心智和身体的天然和谐。文化评价需要达到这样一种程度：这种文化已经发现了这种和谐的关键……文明必须以这样一种方式来判断：这种文明的全部原则、理念、形式、生活方式，对和谐的胜出起作用……文明也许主要是物质的，就像现代欧洲文化；文明也许主要是心智的，就像古希腊、罗马文化；文明也许主要是精神的，就像持存的印度文化。"①如果说印度文化的精粹在于崇尚精神，那么，中国文化最主要的思想基础是：道德主义、农本主义和情感主义。其中，天地人三才统一中的道德主义是中国文化的核心源流。人与自然的二元对立，是西方近现代工业文明价值观的基础，需扬弃。当代世界，

① Sri Aurobindo. *The Foundations of Indian Culture*, first published serially 1918—1921, first edition 1959, third edition 1971, Sri Aurobindo Ashram Trust 1971, India, p. 2.

人与自然的紧张，导源于这种二元对立。人不背离自然，需要选择自然、修补自然。可见，中国文化崇尚三才统一和天人协调，也值得西方人学习。关键是中国人在学习西方的时候，不能丢掉民族文化的精华，因为“天人协调”强调人是自然界的一部分，“三才统一”强调道德原则与自然规律的一致，人要服从“人法地，地法天，天法道，道法自然”（《老子·混成》）的自然之理和顺任而然。可见，通过教育达到三才统一的人之和谐发展的教育境界，有其深厚的本民族文化底蕴作为坚实基础。

论及人际和谐，哈贝马斯的交往理论可为借鉴，同时也要剔除中国式的任人唯亲的实用主义。人际和谐需要人与人之间的相互理解。交往理性把理解当成效用的尺度，即强调理解的效用性。本于交流理性，通过交往活动而达到相互理解是当代人类的共同追求。哈贝马斯主张交往理性应努力消除任何一种二元紧张关系、克服以主体为中心的理性模式，代之以一种以主体间性为中心的、以话语和沟通为主导的开放性的多元协调的理性模式。[①] 就人际和谐而论，实际上在说生产关系的和谐会持续着和促进生产力的发展。生产力与生产关系这两者关系的和谐，不仅是马克思主义的美学追求，也是全人类为之而奋斗的目标。当然，二者的矛盾永远处于向二者不断趋于和谐的运动过程之中，本来就是对立统一的。如果像爱尔维修（C. A. Helvetius，1715—1771）所说，政府的两件要务是法律和教育，相对应的是监狱和学校，前者抑人作恶，后者催人从善，那么，仅就教育来说，通过交往理性来协调极端的工具理性和极端的人文理性，以达到人际关系中的有效理解，来保持三才统一的和谐就是更高一层次的善。可见，三才统一是各民族国家要通过其教育而达到的

① 曹卫东著：《交往理性与诗学话语》，天津社会科学院出版社，2001年，第109页。

高格境界。

马卡连柯（A．C．Макаренко，1888—1939）曾倡导用教师集体的力量来促进学生的发展，因为教师集体的力量和在学生心目中的形象对学生的发展具有巨大的牵引和促进作用。然而，教师集体形象在当今学生的心目中是淡化的，甚至是苍白的。原因何在？这是因为资本主义契约思想破坏了教育内部诸关系的和谐，主要表现在以下三个方面：首先是隐含在全员合同制中的资本主义契约思想，“从一开始就忽视了团结”[①]，强化了官僚化的强制性，恶化了教育管理者与教师之间的教育关系，使教师失去了作为国家主人翁的自豪感，觉得自己像“雇佣工人”。其次是资本主义契约思想，冲淡了教师与教师之间的团结，即对教师来说，在教育的职场上成功地出卖自己劳动的教师，同时还受到职位或岗位之外的、巨大而满溢的劳动力蓄水池的威胁。再次是资本主义契约思想使有些受市场化影响较大、消费观念较强的学生，把教师的两种服务，即商业性服务和公益性服务，简单地混同为单一的商业性服务，而有些教师也放松了对教学的教育性和师范性的追求，于教学过程之中鲜见“尊重”、“关爱”、“激励”之师德和“觑巧”、“行布”、“竹化”之教学美，因此而形成的师生关系与曾点所描述的“莫春者，春服既成，冠者五六人，童子六七人，浴乎沂，风乎舞雩，咏而归”（《论语·先进》）之和谐情境及自由境界相对照，形成巨大反差。

对此，教育者应首先致力于教育这一公共领域内的团结合作。团结之所以存在于公共领域，是因为它基于自由的美德，而

① ［德］尤尔根·哈贝马斯著，曹卫东译：《包容他者》，上海人民出版社，2002年，第15页。

自由的美德又是一种面向所有公众开放的、普遍的公共之善，[①]并且只要公共之善保持其自身的公正性，它就具有使公众和谐而自由的美，并得到广泛承认。[②]这就需要教育管理者、教师和学生三方之间以理解为效用的尺度来践行交往理性、加强交往、促进团结，摆脱猖獗的工具理性和极端化的人文理性，积极构建良好的教育关系，培育哈贝马斯所论述的客观世界之真理性、社会世界之正当性和内心世界之诚实性，以教育求公之标准，共同抵抗钱权系统对教育的殖民。其次教师在面对钱权系统在物质领域、情感领域和精神领域对教育的殖民，不要被“利害”两字罩住，以出世之心做入世之事，对学生不仅尊重、关爱和激励，而且依然要晓之以理，即符合教育之道，动之以情，即把教育爱投放于全体学生的心中。最后是教师要执著于对教学师范性的追求。在备课时，对无法尽全尽美地展现的大量客观知识要简而约之，取其精妙之处作为教授内容，就像艺人必须对自然进行一番简择取舍加工而成盆景那样，以体现教师本质力量对象化了的劳动美和简约美，即做到“觑巧”；在课堂上，教师通过强调和强化知识要点而实现重点突出，把知识难点在不同的教学时段上展开，并面向不同的学生有不同的分布而实现难点分散，即有情有艺地突出重点和分散难点，做到“行布”；鉴于学科结构和认知结构都具有累积性，因而教师要对学科结构及其内容做到胸有成竹、学以致用、“节节而为之”、有条不紊、“叶叶而累之”、循序渐进，把心中所想、眼中所见都作为学生全面素质的增进和创造性增强的要素，做到“竹化”。总之，教师要在教育教学过程中

① ［美］迈可·桑德尔著，《对罗尔斯政治自由主义的回应》，罗尔斯等著，万俊人等译：《政治自由主义：批评与辩护》，广东人民出版社，2003 年，第 185 页。

② ［德］哈贝马斯著，曹卫东、王晓钰、刘北城等译：《公共领域的结构转型》，译林出版社，1999 年，第 4 页。

不仅要通过有效理解而达到与学生、其他教师、教育管理者之间的团结，而且要有符合教育之道的教育爱撒向全体学生，以营建和谐的教育关系，把自己连同所从事的教育从钱权系统的殖民中解放出来，重新树立教师集体在学生心目中的鲜活形象。

2. 抵御西方独霸文化

是三才统一，要求教育者具有蓦然境界、浩然境界、澄明境界，以抵制钱权系统对教育的殖民；也是三才统一，要求教育者发挥比较教育的批判性和审美性、抵御独霸文化对教育的殖民，以促进国际关系和谐。在东方人看来，西方文化最核心也最不和谐的根源在于二元对立的世界观。这种世界观在国际关系中经常表现为狭隘民族性与天下主义之普世性的失和。超级发达国家的狭隘民族性决定其全球政策中的霸权主义本性。这种本性制约着国际关系的和谐，进而阻碍着人之发展。国际关系是放大的生产关系。诚信是生产关系和谐的重要因素，国际关系和谐也需要诚信。如果任凭国际关系中只有利害而无诚信，那么，国际法就会因不被遵守而继续遭到践踏、国际关系和谐与世界和平就会处于危险之中。显然，维持国际关系和谐、实现世界和平，要同时凭靠天下主义、非狭隘的民族主义和国际的诚信文化。汤因比（A. Toynbee，1889－1975）曾说，中国自汉以后就形成了天下主义的文化；梁漱溟（1893－1988）在对比中西文化时也曾说，西方人重个人和国家，中国人更重家庭和天下。[①] 康有为（1858－1927）曾把“小康”与“大同”相联，建构了经由乱世至小康世，再达大同世的乌托邦体系。“小康”对应“天下为家”；“大同”对应“天下为公”。在“大同世”中，强调诚信，

---

① 盛洪著：《从民族主义到天下主义》，参见乐山著：《潜流：对狭隘民族主义的批判与反思》，华东师范大学出版社，2004 年，第 191－192 页。

即“大道之行也，天下为公。讲信修睦，故人不独亲其亲，使老有所终，壮有所用，幼有所长，鳏寡孤独废弃者，皆有所养。……故外户而不闭，是谓大同”（《礼记·礼运》）。可见，“讲信修睦”是天下为公的根本前提。从小康到大同，各民族国家需要批判和抵制狭隘的民族主义，要凭靠对一代一代的国民施以天下为公的国际教育，而天下为公的思想与爱国主义和小康主义有着对立统一的关系，即修齐治平，层层推进，天下为家与天下为公也不顾此失彼，因为“中国的民族主义仍是包含了天下主义的民族主义”[①]。然而，不同文化之间的冲突显示着某种现代性断裂。这种断裂表现为全球化动态图景中的新自由主义和新保守主义与天下主义的民族主义之间的冲突。

全球化的关键是帝国主义和垄断资本，而新自由主义鼓吹全球化，宣扬自由化、市场化和私有化，其本质是国际垄断资本的理论体系。新自由主义推动资本主义由国家垄断阶段向国际垄断阶段过渡，为满足国际垄断资本主义的需要和国际垄断资本向全球扩张提供理论依据。自1990年“华盛顿共识”出笼之后，新自由主义开始向全球扩张，为从头到脚都沾满资本主义血腥的垄断资本开辟全球空间，而垄断资本又借助经济全球化全速进行国际扩张，蔓延到全球的各个角落和包括教育在内的所有领域。以新自由主义为经济基础的新保守主义，在实质上是狭隘的民族主义。为了“自然的正当”，可以蔑视或抛弃所有现存的道德和法律。这种所谓自然权利，一旦被人信奉，其最大功能就是超越法律，包括国际法和国内法。出于对基督教原教旨的信仰，即认为美国是上帝优选的国度，美国人认为美国应对人类社会的发展与命运负有特殊责任。这种主张把美国的力量与其文明使命相联，

① 盛洪著：《从民族主义到天下主义》，参见乐山著：《潜流：对狭隘民族主义的批判与反思》，华东师范大学出版社，2004年，第19页。

并为建立世界帝国而不择手段。而建立世界帝国的诱惑，被新保守主义学者认为是美国在当今国际体系中的“一枝独秀”的地位的合乎逻辑的结果。[①] 新保守主义认为，对美国的最大威胁，过去来自以苏联为代表的极权体制，今天则来自“激进的伊斯兰”。新保守主义的理论派别是文明冲突论和历史终结论。文明冲突论把伊斯兰文明，甚至把伊斯兰文明与儒家文明的联合作为基督教文明的敌人，其中潜在着一个活生生充满敌对感的“我对他者”的主客体二元对立的世界观，而不是文明共生的天地人三才统一的世界观。历史终结论也受制于主客体二元对立的世界观，因为它以一种单向性、行进式的思维，将人类社会的终点归结为泾渭分明的两个世界的历史终点：一是坚持所谓“自由民主”与“市场资本主义”的西方国家已经到达的终点；二是应该走向这一历史终点的其他国家。文明冲突论和历史终结论，二者貌异质同。“9·11事件”以后，美国进行的两场战争使前者得到验证，使后者“自信”。总之，西方超级发达国家的狭隘民族性，因有新自由主义和新保守主义的作祟，即经济上的国际垄断（独占）因素与政治上的世界霸权因素相混合的独霸文化使国际关系失和，梗阻着发展中国家的教育发展和人之发展，并且殖民着发展中国家的一些知识分子的思想意识形态，使其以“西化”的、主要是“二元对立”式的思维和世界观作用于教育行为和诸种教育内部关系，造成教育关系失和，使教育失美。

如何应对教育关系失和？那就是：发挥比较教育的批判性和审美性，培养既爱本民族、祖国又以天下为公的国际性人才，以促进民族关系、国际关系的和谐。民族关系和谐、国际关系和谐是人之三维发展的重要条件。促进民族关系和谐、国际关系和

---

① 吕磊著：《美国的新保守主义》，江苏人民出版社，2004年，第191、第380页。

谐，涉及国际政治、经济、文化、军事、教育等方方面面。仅就教育来说，各民族国家都要为此而努力培养既爱本民族、祖国又以天下为公的国际型人才来促进民族关系、国际关系的和谐。

总之，对国家而言，面对现代性高速流变（如信息科学、生命科学、认知科学及其技术的迅猛发展）、面对国际垄断资本主义的经济全球化扩张及其带给发展中国家现代民族教育的诸多影响，应运筹帷幄，“举而措之天下之民”（《系辞·上十三》），以迎接挑战，“善世而不伐，德博而化”（《易·乾》）[①]，共谋发展。对个人而言，现代中国的广大教育者，面对现代化断裂对民族教育发展的困扰、面对钱权系统和独霸文化对民族教育的双重殖民，不仅要追求蓦然境界、浩然境界和澄明境界，以克服殖民、解脱困扰，更需要认清使命、有谋有略、行之有效、利国益民，可谓“士不可以不弘毅，任重而道远”（《论语·泰伯》）。

① 高亨著：《周易大传今注》，齐鲁书社，1998年，第50页，“伐”，即“夸”。

结　论

现代性断裂困扰民族教育发展的根由是：二元对立的世界观决定理性、感性对垒，虽然理性中的启蒙工具理性决定西方自然科学的发达，因而科技引领现代性高速流变，但在资本主义社会条件下，当资本主义自由竞争演变为国家垄断，工具理性越发猖獗，从而使生活世界与社会系统之间产生分化，由经济和政治两根支柱所支撑的社会系统嬗变为钱权系统，且对包括教育及其民族教育在内的生活世界进行第一重殖民。

猖獗的工具理性继而又以钱权系统为载体，驱动资本主义由国家垄断演变为国际垄断，开始了消解民族国家单元的全球化扩张，继而渗透他国之疆土境内的各民族区域。伴随全球化扩张，资本主义商品化的现代制度固有特性与地方化发生碰撞后，在发展中国家又有其新特点："拜金"与"取仕"相结合、技治主义与人治主义相结合。伴随全球化扩张，伏流在西方文化中的感性理性对垒，演化为民族性与普世性失和，进而有基于新自由主义和新保守主义的独霸文化对包括民族教育在内的生活世界进行第二重殖民。

天地人三才统一的世界观决定了东方人文艺术的发达。中华文化虽然缺少西方自然科学工具理性之锋利，但能涵养真善美统一，包括教育真善美统一，并能使美彰显在教育关系和谐、主在蓦然、浩然和澄明的教育境界。教育本真是人自身质的进化与生产和面向未来的社会性创造；教育臻善是教育者为实现人之全面、充分、和谐发展而使受教育者具有正义之善和普遍之善的教育过程；教育至美是教育真善美统一、教育关系和谐、教育者蕴有教育境界这三者的统一。由此，教育求是的标准是：彰显教育本原、尊重教育生机；教育求诚的标准是：尽心尽力、有益于民、促进发展、符合规则；教育求公的标准是：教育公平、教育正义、关系和谐、公共事业。按上述标准，对教育失真、失善、失美的原因进行的理性反思和文化清理，在教育的境界、理念、技术上提出建议。

针对教育失真：

1. 教育商品化违背教育规律，因而使民族教育迷失了全面素质之目标和人之全面发展的唯一途径。对此本研究提出文化素养、多重智能和创造性的全面素质目标构成，通过学以致用，来实现地域性流动和职业性流动，从而指出了坚持教劳结合的人之全面发展唯一途径的一种方式。与此同时，呼吁制度性安排，让民族学生和民族干部自由选择自己是学习英语还是民语，抑或民语、汉语、英语兼学，考试制度应为此亮绿灯，并且一通到顶。

2. 教育体制僵化扼制教育生机，因为教育体制僵化表现出全球化扩张威逼出的政府相对有限性，教育公益性因而不能充分彰显。为挑战全球化、降低有限性程度，政府应该化合更多的社会资源。例如，在国家教育投入不足的情况下，民族地区的各级政府以及教育部门要进一步解放思想，大胆地做教育创收；再如，大力扶持民间非营利志愿组织从事专业化的教育公益行动，以巩固普及教育。

针对教育失善：

1. 西方文化侵袭导致的教育殖民化使素质教育无根，民族教育因此既失真又失善，因为教育者如果忽视各民族优秀文化根性的培养就是没有尽心尽力地有益于民，因而失忠于民。教育者应对受教育者进行民族优秀文化根性的培养。

2. 教育官僚化的内因是本土的为官取仕的人治主义，其外因是西方的工具理性猖獗的技治主义。内外因结合的结果是仕欲膨胀、权力弥张，从而导致管理与服务的关系的颠倒、人才误用、非发展性评价、规则滥用，因而失信于民，使教育专业人员边缘化和离心化，使从教者无心或无力关注使学生充分发展的教育理念和技术，缺失通过实施发展性教学来促进人之充分发展的有效途径，从而忽略培养学生的多种潜能以及创造性，造成严格意义上的误人子弟，因而也失信于民。

针对教育失美：

1. 有损教育公正的教育机会不均和教育资源配置失衡，其外因是资本主义经济全球化扩张拉大了发展中国家的城乡贫富差距和教育差距，其内因是由于自身的历史惯性和经济发展水平的限制。这就需要制度创新和英明决策：在农村基础教育的资金和师资的“双缺”问题上，要鼓励教育创收，除了教育硕士计划、特岗计划等措施外，还要加大对民族教育师资培养培训的力度；在制度上，要坚决履行《教育法》关于教育资源平衡的规定，坚决杜绝优秀教师和优秀学生选拔式的不合理流动，以“临床指导式”的师资培训为主要形式，切实做好提高民族教育教学质量的前提条件工作。在教育资源配置地域性和结构性“双面”失衡的问题上，需以职业现代性培养为目标，采用能力中心的课程模式和职业学校－城郊企业－乡镇学校三方统筹的办学模式，面向农业现代化、农村城镇化和当地的支柱产业，来发展农村中等职业教育，为实现三教统筹和终身教育奠定基础。

2. 有损教育公共的教育关系失和，于内是道器分离的人格分裂和教师集体形象的淡化，于外是使民族教育发展失去良好环境条件基础的外域文化殖民与民族问题国际化。未成年人的人格分裂由成年人工具理性之功利心和商品化言行所致，而克服人格分裂的唯一方法就是通过教育在审美王国里追求蓦然、浩然、澄明的境界，即需要三才统一的世界观扎根于人的意识形态。教师集体形象的淡化是由钱权系统殖民所致，而要想重新树立教师集体在学生心目中的鲜活形象，就必须先把自己连同所从事的教育从钱权系统殖民中解放出来。这就需要致力于基于理解的团结合作来营建教育关系的和谐，把符合教育之道的教育爱奉献给全体学生，促进学生的全面素质充分而和谐地发展。外域文化殖民与民族问题国际化，对发展中国家来说，则主要归咎于以新自由主义和新保守主义为基础的独霸文化。因此，必须发挥比较民族教育的批判性和审美性，以培养既爱本族和祖国又以天下为公的国际型人才来促进民族关系、国际关系和谐。

总之，教育者应以天地人三才统一的文化去涵养主客体二元对立的文化，以首先蕴有蓦然、浩然和澄明的境界，然后有研究者、决策者和实践者合谋的制度创新、英明决策、先进的教育理念和过硬的教学技术，来消融钱权系统和独霸文化对民族教育的双重殖民，最终解脱现代性断裂对民族教育发展的困扰。

参 考 文 献

1.[英]A. 汤因比著，徐波等译：《人类与大地母亲——一部叙事体世界历史》，上海人民出版社，2001年。

2.[瑞]阿图尔·布津迈尔：《裴斯泰洛齐选集》(第一卷)，教育科学出版社，1994年。

3.[英]安东尼·吉登斯、克里斯多弗·皮尔森：《现代性——吉登斯访谈录》，新华出版社，2001年。

4.[英]安东尼·吉登斯著，胡宗泽等译：《民族一国家与暴力》，生活·读书·新知三联书店，1998年。

5.[英]安东尼·吉登斯著，田禾译：《现代性的后果》，译林出版社，2000年。

6.[英]安东尼·吉登斯著，赵旭东等译：《现代性与自我认同》，生活·读书·新知三联书店，1998年。

7. 安继民、高秀昌、王守国：《道家双峰——老庄思想合论》，河南大学出版社，2001年。

8.[法]保尔·朗格朗著，周南照等译：《终身教育引论》，中国对外翻译出版公司、UNESCO，1985年。

9.[德]鲍姆嘉滕著，简明、王旭晓译：《美学》，文化艺术出版社，1987年。

10. 曹卫东：《交往理性与诗学话语》，天津社会科学院出版社，2001年。

11.[加]查尔斯·泰勒著，程炼译：《现代性之隐忧》，中央编译出版社，2001年。

12. 陈望衡：《境界本体论》，载《中国美学》，2004年第2

期，商务印书馆，2004 年。

13.[英]达尔文著，潘光旦等译：《人类的由来》，商务印书馆，1983 年。

14.[德]费迪南·费尔曼著，李健鸣译：《生命哲学》，华夏出版社，2000 年。

15.[美]菲利普·库姆斯著，赵宝恒等译，王英杰校：《世界教育危机》，人民教育出版社，2001 年。

16.[德]弗里德里希·席勒著，冯至、范大灿译：《审美教育书简》，北京大学出版社，1985 年。

17. 冯友兰：《中国哲学简史》，北京大学出版社，1996 年。

18.[德]弗洛姆著，刘小枫译：《生产性的爱和生产性的思维》，《人的潜能和价值》，华夏出版社，1987 年。

19. 佛雏：《王国维诗学研究》(第 2 版)，北京大学出版社，1999 年。

20. 高亨：《周易大传今注》，齐鲁书社出版，1998 年。

21. 顾明远：《我的教育探索》，教育科学出版社，1998 年。

22. 顾明远、薛理银：《比较教育导论——教育与国家发展》，人民教育出版社，1998 年。

23. 顾明远：《中国教育的文化基础》，山西教育出版社，2004 年。

24.[德]哈贝马斯著，曹卫东译：《后民族结构》，上海人民出版社，2002 年。

25.[德]哈贝马斯著，曹卫东等译：《公共领域的结构转型》，译林出版社，1999 年。

26.[德]哈贝马斯著，谢地坤译：《哈贝马斯在华演讲集》，人民出版社，2002 年。

27.[德]哈贝马斯著，曹卫东译：《包容他者》，上海人民出版社，2002 年。

28.[德]黑格尔著，朱光潜译：《美学》(第一卷，第2版)，商务印书馆，1979年。

29.[德]黑格尔著，贺麟译：《小逻辑》，商务印书馆，1980年。

30.[德]海德格尔著，孙周兴译：《荷尔德林诗的阐释》，商务印书馆，2000年。

31.[德]海德格尔著，陈嘉映、王庆节译：《存在与时间》，生活·读书·新知三联书店，1987年。

32. 何秉孟：《新自由主义评析》，社会科学文献出版社，2004年。

33.[美]赫茨菲尔德著，刘珩等译：《人类学——文化和社会领域中的理论实践》，华夏出版社，2009年。

34.[法]亨利·伯格森：《创造进化论》，商务印书馆，2004年。

35.[德]胡塞尔：《纯粹现象学通论》，[荷]舒曼编，李幼蒸译，商务印书馆，1992年。

36.[德]胡塞尔著，倪梁康译：《现象学的观念》，上海译文出版社，1986年。

37. 黄裕生：《时间与永恒——论海德格尔哲学中的时间问题》，社会科学文献出版社，1997年。

38.[德]加达默尔著，夏镇平、宋建平译：《哲学解释学》，上海译文出版社，1994年。

39.[德]康德著，邓晓芒译：《判断力批判》(第2版)，人民出版社出版，2002年，

40.[法]克洛德·列维-斯特劳斯著，张祖建译：《结构人类学》，中国人民大学出版社，2006年。

41. 孔智光：《中西古典美学研究》，山东大学出版社，2002年。

42.[德]赖纳·特茨拉夫著，吴志成等译：《全球化压力下的世界文化》，江西人民出版社，2001 年。

43.[德]M. 兰德曼著，阎嘉译：《哲学人类学》，贵州人民出版社，1990 年。

44.[美]卢克·拉斯特著，王媛、徐默译：《人类学的邀请》，北京大学出版社，2008 年。

45.[法]卢梭著，何兆武译：《社会契约论》，商务印书馆，2002 年。

46.[美]露丝·本尼迪克特著，王炜等译：《文化模式》，社会科学文献出版社，2009 年。

47. 刘放桐等：《新编现代西方哲学》，人民出版社，绪论，2000 年。

48.[美]卢克·拉斯特著，王媛、徐默译：《人类学的邀请》，北京大学出版社，2008 年。

49. 鲁芳：《道德的心灵之根——儒家"诚"论研究》，湖南师范大学出版社，2004 年。

50.[英]罗素著，马元德译：《西方哲学史》，商务印书馆，1976 年。

51. 吕磊：《美国的新保守主义》，江苏人民出版社，2004 年。

52.[英]N. 拉伯特、J. 奥弗林著，鲍雯妍、张亚辉译：《社会文化人类学的关键概念》，华夏出版社，2009 年。

53.[美]诺姆·乔姆斯基著，徐海铭、季海宏译：《新自由主义和全球秩序》，江苏人民出版社，2001 年。

54. 潘知常：《中西比较美学论稿》，百花洲文艺出版社，2000 年。

55. 蒲震元：《中国艺术意境论》(第 2 版)，北京大学出版社，1999 年。

56.[美]M. 奇凯岑特米哈伊著，夏镇平译：《创造性：发现和发明的心理学》，上海译文出版社，2001 年。

57. 钱锺书：《谈艺录》(补订本)，中华书局，1984。

58. 桑新民：《呼唤新世纪的教育哲学——人类自身生产探秘》，教育科学出版社，1993 年。

59. 尚新建：《重新发现直觉主义——伯格森哲学新探》，北京大学出版社，2000 年。

60. 石硕：《藏彝走廊：文明起源与民族源流》，四川人民出版社，2009 年。

61.[美]斯塔夫里阿诺斯著，吴象婴等译：《全球通史：1500 年以后的世界》，上海社会科学院出版社，1992 年。

62. 孙立平：《断裂：20 世纪 90 年代以来的中国社会》，社会科学文献出版社，2003 年。

63. 陶行知：《中国乡村教育之根本改造》，参见方明编：《陶行知教育名篇》，教育科学出版社，2005 年。

64.[英]特里·伊格尔顿著，王杰等译：《审美意识形态》(第 2 版)，广西师范大学出版社，2001 年。

65. 汪行福：《走出时代的困境——哈贝马斯对现代性的反思》，上海社会科学院出版社，2000 年。

66. 徐祗朋：《当代民族主义与边疆安全》，民族出版社，2009 年。

67.[美]L. P. 维塞尔著，毛萍、熊志翔译：《活的形象美学——席勒美学与近代哲学》，学林出版社，2000 年。

68.[希]亚里士多德著，廖申白译注：《尼各马可伦理学》，商务印书馆，2003 年。

69.[希]亚里士多德著，陈中梅译注：《诗学》，商务印书馆，1996 年。

70. 叶嘉莹：《王国维及其文学评论》(第 2 版)，河北教育出版社，2000年。

71. 叶朗：《中国美学史大纲》，上海人民出版社，1985年。

72. [美]约翰·罗尔斯著，何怀宏、何包钢、廖申白译：《正义论》，中国社会科学出版社，1988年。

73. [美]詹姆斯·皮科克著，旺丽华译：《人类学透镜》，北京大学出版社，2009年。

74. 张岱年：《文化与价值》，新华出版社，2004年。

75. 张志建：《王国维学术思想研究》，教育科学出版社，1992年。

76. 赵祥麟：《外国教育家评传》(1—4卷，第2版)，上海教育出版社，2002年、2003年。

77. 周振甫、冀勤：《钱锺书〈谈艺录〉读本》，上海教育出版社，1992年。

78. 周春生：《直觉与东西方文化》，上海人民出版社，2001年。

79. 朱光潜：《文艺心理学》，安徽教育出版社，1996年。

80. 宗白华：《中国艺术意境之诞生》，参见宗白华：《美学散步》，上海人民出版社，1981年。

81. Alex Inkeles: *Exploring Individual Modernity*, Columbia Unoversity Press, New York, 1983.

82. Alex Inkeles and David H. Smith: *Becoming Modern: Individual Change in Six Developing Countries*, Harvard University Press, Cambridge, Massachusetts, 1974.

83. Alnoor Ebrahim: *NGOs and Organizational Change—Discourse, Reporting, and Learning*, Cambridge University Press, 2003.

84. António Teodoro: *Paulo Freire, or Pedagogy as the Space and Time of Possibility*, Comparative Education Review,

vol. 47, no. 3. 2003.

85. Barry Kanpol: *Critical Pedagogy: An Introduction* (2nd Edition), edited in 1999 by Henry A. Giroux, Bergin & Garvey Westport, Connecticut, London.

86. Brain Holmes. The Problem Approach in Comparative Education: Some Methodological Consideration[J], Comparative Education Review, vol. 2, Jun, 1958.

87. H. A. Giroux: *Disturbing pleasures: Learning popular culture*, 1994, New York: Routledge.

88. Jim Campbell, Leonidas Kyriakides, Daniel Muijs & Wendy Robinson: *Assessing Teacher Effectiveness — Developing a differentiated model*, Routledge Falmer, Taylor & Francis Group, Landon & New York, 2004.

89. John A. Weaver and Toby Daspit: *Critical Pedagogy, Popular Culture and Creation of Meaning: Reading, Constructing, Connecting from Popular Culture and Critical Pedagogy*, edited by Toby Daspit and John A. weaver, Garland Publisher, InC. A member of the Tailor & Francis Group New York and London, 1999.

90. John P. Miller: Education and Soul: Toward a Spiritual Curriculum, published by State University of New York Press, Albany, 2000.

91. Judith J. Slater, Stephen M. Fain, and Cesar A. Rosatto: *The Freirean Legacy: Educating for Social Justice*, reviewed in *Paulo Freire, or Pedagogy as the Space and Time of Possibility*, by Antonio Teodoro in Comparative Education Review, vol. 47, no. 3.

92. Michael W. Apple: Power, *Meaning, and Identity*:

Essays in Critical Educational Studies, 1999, Peter Lang Publishing, InC., New York.

93. Nicholars C. Burbules and Rupert Berk: *Critical Thinking and Critical Pedagogy: Relations, differences, and Limits in Critical Theories in Education: Changing Terrians of Knowledge and Politics*, published by Thomas S. Popkewitz and Lynn Fendler, Editors in 1999, Routledge New York and London.

94. Nicholas C. Burbules & Carlos Alberto Torres: Globalization and Education: An Introduction, in Globalization and Education: Critical Perspectives, edited by Nicholas C. Burbules, Carlos Alberto Torres, published in 2000 in Great Britain by Routledge.

95. P. K. Kubow & P. R. Fossum: Comparative Education: Exploring Issues in International Context, 2003 by Pearson Education, InC., Upper Saddle River, NEW jersey 07458.

96. Peter McLaren: *Paulo Freire's Pedagogy of Possibility in Freirean Pedagogy, Praxis, and Possibilities: Projects for the New Millennium*, edited by Stanley F. Steiner, H. Mark Krank.

Peter McLaren, and Robert E. Bahruth, Falmer Press, A member of the Taylor & Fracis Group, New York & London, 2000.

97. R. F. Arnove: Reframing Comparative Education: The Dialectic of the Global and the Local, in Comparative Education: The Dialectic of the Global and the Local, edited by R. F. Arnove & C. A. Torres: 1999 by Roman & Littlefield Publishers, InC.

98. R. Freeman Butts. *The Education of the West: a Formative Chapter in the History of Civilization*, 1955, 1973, by McGraw－Hill, InC. printed in the United States of AmericA.

99. Ramond Morrow & Carlos Alberto Torres: *Reading Freire and Habermas: Critical Pedagogy and Social Change*, *reviewed in Paulo Freire*, *or Pedagogy as the Space and Time of Possibility*, by Antonio Teodoro from Comparative Education Review, vol. 47, no. 3.

100. Rolland G. Paulston: Imagining Comparative Education: past, present, future, Compare, Vol. 30, No. 3, 2000.

101. Sandra B. Rosenthal: *Time*, *Continuity*, *and Indeterminacy*, State University of New York Press, Albany, 2000.

102. Siebren Miedema and Willem L. Wardekker: *Emergent Identity Versus Consistent Identity: Possibilities for a Postmodern Repoliticization of Critical Pedagogy*, *in Critical Theories in Education: Changing Terrians of Knowledge and Politics*, published by Thomas S. Popkewitz and Lynn Fendler, Editors in 1999, Routledge New York and London.

103. Sri Aurobindo: The Foundations of Indian Culture, first published serially 1918－1921, first edition 1959, third edition 1971, Sri Aurobindo Ashram Trust 1971, India.

104. Suzanne Young & Dale G. Shaw: Profiles of Effective College and University Teachers in The Journal of Higher Education, Vol. 70, No. 6(November/December 1999).

后 记

诗，美。思，苦。

美就美在我是一个理想主义者；苦就苦在我之心太大，又天资愚钝，还想脚踏实地、改善现实。所以，我的博士论文以及在此基础上形成的这本书稿一半在天、一半在地，道于天、器于地。在天：追求归真、臻善、至美之教育理想，追求蓦然、浩然、澄明之教育境界；在地：反思钱权系统对民族教育的殖民，清理独霸文化对教育的殖民。道之器：求是、求诚、求公之教育审美标准和批判标准。道器结合：全面发展——素质教育之目标，普及教育之推进；充分发展——发展性教学之理论和技术，终身教育之基础；和谐发展——身心和谐、教育关系和谐，比较教育之于族际关系和谐、国际关系和谐。

然而，天与地、道与器，似乎总是不能统一。幸亏有导师、老师、同事，指导我、帮助我弥合。

感谢导师顾明远先生不辞辛苦，指导我修改论文，涉及政治、经济、中国传统文化和美学境界等论文的方方面面，包括我过“盛”的形象思维。因为他的辛苦，所以我总是愧疚。只有躬行于教育实践、改善教育现实，才能对得起他的辛苦和期望。感谢阎光才教授对我论文初稿多次提出建设性意见，他思想犀利、逻辑严密，令我感到我之浅薄。感谢朱旭东教授帮助我拓宽研究的视野和理清研究的学科分野。

感谢王长纯教授、王英杰教授、李守福教授、曲恒昌教授、肖甦教授、项贤明教授、马健生博士、刘保存博士、鄢圣华博士对论文的选题和结构提出过建设性的意见。感谢张玉婷老师、陈纨老师、李明秀老师、孟祥玲老师在我学习生活方面的殷切关照。

感谢汤杰琴、杨新伟、许志明、张立奇、陈顺中、马广成、阙建华、汪知春、孙贵聪、梁虎、廖晓雪、王亚琪、杨晓波、薛小松、崔剑、雷锋一、雷锋三、雷锋五、雷锋六、雷锋七、雷锋八、雷锋九、徐宝妹、朱秀霞、谢玲、郭安丽、冯芳、金欣、尧江英、曹珊、杨贞兰、杜莉、高琼仙、刘堃、王帅、龙春来、王雨潇等同学的良好合作与支持。

感谢中央民族大学教育学院的苏德院长、中国教育发展基金会的张中原秘书长、陈希原副秘书长。

特别感谢的是：红军长征沿线以及云南等中西部省份的领导及其民族地区贫困县（市）的教育局局长们（杨连升、赵文胜、李永义）、校长们（蒋永城、段建华、陶顺元、杨忠怀、保孔龙、李晓东、李刚、祝学建、宋淑书、赵东波、岩甩、周羽、排勒腊、独龙江乡高校长、普拉迪乡张校长）、老师们（尼玛草、杨彩、孔恩扫、何建英、雷春娥、张恒书、杨祥娣、杨翠香、李翠林、康世芹、马贵强、刘洪涛、周竹钰、措姆卓玛、陶艳辉、李维信、撒俊英、梅宏伟、晏美文、孔建荣、杨静、寸桂仙、彭相留、赵仁婷、张全欢）和其他工作人员（施湖飙、和碧华、恒开言、番在礼、张俊春、熊云健）在我实地调研和教育实践过程中所给予的照顾和支持。

最后要感谢的是我的家人。